新配额制下新能源电力参与多市场耦合交易路径及协同优化

汪 鹏 宋晓华 著

中国财经出版传媒集团

经济科学出版社
Economic Science Press

·北京·

图书在版编目（CIP）数据

新配额制下新能源电力参与多市场耦合交易路径及协同优化/汪鹏，宋晓华著. ‐‐北京：经济科学出版社，2024.1

ISBN 978‐7‐5218‐5608‐8

Ⅰ.①新… Ⅱ.①汪…②宋… Ⅲ.①新能源‐电力市场‐市场交易‐研究‐中国 Ⅳ.①F426.61

中国国家版本馆 CIP 数据核字（2024）第 041685 号

责任编辑：李晓杰
责任校对：蒋子明
责任印制：张佳裕

新配额制下新能源电力参与多市场耦合交易路径及协同优化
汪 鹏 宋晓华 著
经济科学出版社出版、发行 新华书店经销
社址：北京市海淀区阜成路甲 28 号 邮编：100142
教材分社电话：010 ‐ 88191645 发行部电话：010 ‐ 88191522
网址：www. esp. com. cn
电子邮箱：lxj8623160@ 163. com
天猫网店：经济科学出版社旗舰店
网址：http：// jjkxcbs. tmall. com
北京密兴印刷有限公司印装
710 × 1000 16 开 14.5 印张 280000 字
2024 年 1 月第 1 版 2024 年 1 月第 1 次印刷
ISBN 978 ‐ 7 ‐ 5218 ‐ 5608 ‐ 8 定价：58.00 元
（图书出现印装问题，本社负责调换。电话：010 ‐ 88191545）
（版权所有 侵权必究 打击盗版 举报热线：010 ‐ 88191661
QQ：2242791300 营销中心电话：010 ‐ 88191537
电子邮箱：dbts@ esp. com. cn）

前　言

近年来，在"双碳"目标及配套政策的支持下，我国风电、光伏新能源电力高速发展，其发展具有间歇性和波动性，大规模发展会导致严重的并网消纳难题。政策机制和市场机制是促进规模化新能源消纳的重要保障。2015 年，我国新一轮电力体制改革全面开启，着力构建主体多元、竞争有序的电力市场；2017 年，全国碳市场以发电行业为突破口率先铺开，碳市场与电力市场呈现交互联动的态势；2019 年，建立了可再生能源消纳责任权重（"新配额制"）及配套绿色证书的可再生能源消纳机制，绿证市场与电力市场共同发展。新形势下，电力市场、绿证市场和碳市场之间存在复杂共生和互促的关系。因此，本书以风光新能源电力（以下简称"风光新能源"）参与市场交易为研究主线，研究风光新能源参与多市场耦合交易问题，对促进风光新能源可持续发展具有重要的研究价值。本书主要研究内容如下所示：

（1）梳理了风光新能源参与多市场交易的国内外研究成果、相关理论和政策机制。首先，从电—绿证—碳多市场交易机制、风光新能源参与电力市场交易、风光新能源参与电—绿证—碳多市场交易三个方面总结了国内外研究现状。其次，介绍了电—绿证—碳多市场交易的内涵与典型特征，并明确了多市场交易的概念和特点。最后，论述了多市场交易基础理论，重点分析了新配额制等相关政策与机制，为后续研究奠定了基础。

（2）研究了风光新能源参与电—绿证—碳多市场耦合交易路径。首先，根据新配额制和碳排放权交易机制，建立了电—绿证—碳多市场交易系统动力学模型，分析了多市场交易的互动机制和作用关系。其次，分析了多市场之间的耦合关系。最后，根据多市场交易机制与耦合关系，确立了风光新能源参与多市场耦合交易路径，并为本书后续开展多市场耦合交易模型研究奠定基础。

（3）提出了考虑不确定性的风光新能源参与电力时序市场耦合交易模型。首先，立足电力中长期市场提出风光新能源参与年度双边协商和月度集中竞价市场的交易优化模型，采用多代理深度确定性策略梯度算法求解风光新能源参与中长期市场的最优策略；建立了中长期合约分解的多目标优化模型，采用自适应加权和法对模型求解并得到均匀的帕累托解。其次，考虑风光新能源出力不确定、现货市场电价、偏差惩罚等影响因素，引入条件价值风险理论，从风险中立、风险偏好两个角度建立中长期合约分解约束下的现货市场交易优化模型，以求解风光新能源现货市场交易策略。研究结果表明，在中长期市场中，风光新能源经过多轮竞价交易会获得最优的市场策略，中长期合约分解结果可以跟踪风光的实际出力保障新能源消纳；在现货市场中，风险偏好交易优化模型可以量化风光不确定性导致的潜在损失，有助于风光新能源现货市场风险防控。

（4）提出了考虑绿色价值的风光新能源参与电—绿证市场耦合交易模型。首先，根据新配额制及绿证交易机制，提出一种考虑绿色价值的风光新能源绿证测算模型。其次，建立了风光新能源参与电—绿证市场双层耦合交易模型。上层模型考虑风光新能源电—绿证市场收益最大化，下层模型实现日前现货、实时现货和绿证市场联合出清，并采用混沌麻雀算法对模型进行求解。研究结果表明，在电力市场的发展初期，风光新能源报量不报价参与市场，日前，市场电价波动较为稳定，有利于电力现货市场平稳起步。市场逐步发展成熟后，风光新能源以报量报价参与市场，可以最大化电—绿证市场收益，并充分激发风光新能源的市场活力。

（5）建立了考虑国家核证减排量（CCER）的风光新能源参与电—碳市场耦合交易模型。首先，梳理了我国当前CCER交易核证机制，提出一种考虑风光预测精度的CCER测算模型。其次，针对风光新能源和常规煤电发电商的博弈，引入非合作博弈理论，建立风光新能源参与电—碳市场的非合作博弈优化模型。上层模型分别以风光新能源和常规煤电发电商收益最大化为优化目标，下层模型以电—碳市场福利最大化为优化目标。最后，将双层优化问题通过卡罗需—库恩—塔克条件转化为均衡约束数学规划问题，利用强对偶定理、二进制拓展法，将均衡约束数学规划问题进一步转化为混合整数线性规划问题，再采用对角化算法求解纳什均衡解。研究结果表明，风光新能源可以通过电—碳耦合市场交易提升出清量，同步压缩常规煤电出清量，间接增加全社会福利，而风光出力不确定性和装机容量增加会使风光新能源收益降低。

（6）提出了风光新能源参与电—绿证—碳多市场耦合交易模型。首先，由于新配额制和碳市场交易机制均涉及风光新能源绿色环境属性问题，为避免风光新能源环境价值在绿证市场和碳市场中被重复计量，设计了考虑减排量的绿证—碳配额等价交互机制及模型。其次，立足我国电力供需实际，建立了风光新能源参与电—绿证—碳市场的主从博弈模型，将受端省购电商作为博弈主体，考虑在受端省内市场和省间市场购电成本最小；将送端省风光新能源作为博弈从体，考虑在送端省内市场和省间市场的售电收入最大化，同时还考虑环境价值在绿证市场和碳市场中收益最大化。研究结果表明，所构建的多市场耦合交易模型可以精确刻画风光新能源的博弈互动行为，能够使风光新能源在电价、绿证价格、碳价影响下实现自身收益最大化。

本书承蒙国家自然科学基金面上项目"新配额制下可再生能源电力多尺度耦合交易体系及协同优化机制研究"（72074074）的资助，特此致谢。

华北电力大学李翘楚、郭姊璇、张晟宇、周若西等参与了本书的校对工作，在此表示衷心的感谢。由于作者水平所限，书中难免存在疏漏和不足，敬请读者批评指正。

汪　鹏　宋晓华

2023 年 12 月

目　录 Contents

第一章

绪　　论

第一节　研究背景及意义

一、研究背景

2020 年 9 月，习近平总书记在第七十五届联合国大会一般性辩论上提出我国在 2030 年实现碳达峰，2060 年实现碳中和的目标[①]。同年 12 月，明确提出到 2030 年我国非化石能源占一次能源消费比重达到 25% 左右，风电、太阳能发电总装机容量达到 12 亿千瓦以上[②]。2022 年 1 月，习近平总书记在中央政治局第三十六次集体学习中明确提出，要加大力度规划建设大型风光新能源基地。2022 年 5 月，国务院办公厅转发国家发展改革委、国家能源局《关于促进新时代新能源高质量发展实施方案》，明确促进风光新能源高质量发展的基本路径。近年来，在"双碳"目标及配套政策的支持下，我国风电、光伏新能源电力高速发展。截至 2022 年 12 月底，风电、太阳能源发电装机容量分别为 3.7 亿千瓦、3.9 亿千瓦，稳居世界首位[③]。推动风光新能源发展是达成低碳减排目标，满足能源转型和消费的重要基础和有效途径。

[①]　习近平在第七十五届联合国大会一般性辩论上的讲话 [EB/OL]. 2020 - 09 - 22. 新华网，http：// www. xinhuanet. com/politics/leaders/2020 - 09/22/c_1126527652. htm.

[②]　习近平在气候雄心峰会上的讲话 [EB/OL]. 2020 - 12 - 13. 人民网，http：//paper. people. com. cn/rmrbwap/html/2020 - 12/13/nw. D110000renmrb_20201213_1 - 01. htm.

[③]　国家能源局发布 2022 年全国电力工业统计数据 [EB/OL]. 2023 - 01 - 18. 国家能源局，http：// www. nea. gov. cn/2023 - 01/18/c_1310691509. htm.

　　风电、光伏的发展具有天然的间歇性和波动性，风光新能源大规模发展会导致严重的并网消纳难题。目前，我国存量风光新能源实行固定上网电价补贴机制，补贴资金缺口不断增加，中央财政支出困难。中央财政不再补贴增量风光新能源项目，实行平价上网。市场化机制是促进新能源消纳、缓解补贴压力、保障平价项目收益的重要手段。截至2022年底，全国已有20多个省份的风光新能源参与电力市场化交易，例如，宁夏、陕西、内蒙古"保障收购小时数"之外的电量基本通过市场交易消纳，青海、云南等新能源发电已经全部市场化。我国当前的诸多实践为风光新能源参与电力市场奠定了良好的基础。

　　为促进新能源消纳和推动电源结构优化，我国推出了新配额制和碳排放权交易政策。新配额制是保障新能源消纳的重要政策工具，核心是确定各省级区域的可再生能源电量在电力消费中的占比目标，即"消纳责任权重"，目的是促使各省级区域优先消纳可再生能源，加快解决弃风弃光问题，使各类市场主体公平承担消纳责任，形成风光新能源消费引领的长效发展机制。与此前配额制不同的是，新配额制以"消纳责任权重"强制约束各地最低消纳责任的同时，试图引进市场交易机制，并推动消纳责任权重实施和电力市场衔接。如果规定承担风光新能源消纳责任的市场主体在电力市场交易中未能完成消纳量责任权重对应的消纳量，可向消纳量市场中的超额完成者买入或参与绿色证书市场认购两种方式来完成消纳量，绿证对应的可再生能源电量等量记为消纳量。新配额制使电力市场、绿证市场关联更为紧密。碳排放权交易市场（简称"碳市场"）是我国推进"双碳"行动的一个重要的政策工具。碳市场运作的基本原理是根据不同企业碳减排成本的不同，鼓励减排成本低的企业超额减排，并将其所获得的剩余配额或减排信用通过交易的方式出售给减排成本高的企业，从而帮助减排成本高的企业实现制定的减排目标，以最低的社会总减排成本控制碳排放总量。电力、绿证、碳市场三个市场虽然独立运行，但在政策目标、市场机制、参与主体等方面存在复杂的依存关系，三个市场之间具有强一致性关系且通过互相作用彼此影响。现有政策机制促使电力、绿证、碳市场交互关系更加紧密，激发市场参与主体共生互促，为解决风光新能源发展与消纳的关键问题提供了灵活的市场机制。因此，亟须以电力市场交易为核心，研究风光新能源参与多市场交易问题。

　　本书以风光新能源为研究对象，依托新配额制下电—绿证—碳多市场耦合特征、运作机制，分析了风光新能源参与多市场耦合交易关系，建立了风光新能源参与多市场耦合交易路径。以风光新能源能量和环境价值收益最大化为目标，建立风光新能源参与多市场耦合交易模型，研究风光新能源参与多市场耦合交易策略，以期为风光新能源参与多市场交易提供决策依据和发展建议。

二、研究意义

新的政策和市场机制是促进大规模新能源消纳的重要机制，当前，我国逐步深化电力市场建设，并积极推进新配额制及配套绿证市场、碳排放权交易政策及配套的碳市场。因此，本书以风光新能源为研究对象，研究风光新能源参与多市场交易的行为与策略，对促进风光新能源的开发与利用具有重要的研究价值。本书的研究意义主要包括以下三个。

（1）系统梳理可再生能源配额制、电力市场、绿证市场和碳市场交易的相关政策，厘清现有政策运行机制以及衔接关系，并梳理多市场交易的基本理论，为开展风光新能源参与多市场研究提供全面的理论基础。基于多市场交易的基本现状、相关政策，剖析多市场交易存在的主要问题，进一步明确多市场交易机制及耦合关系，确立风光新能源参与多市场耦合交易路径，为风光新能源参与多市场耦合交易提供借鉴与参考。

（2）根据电力商品交易的时序耦合特征，分析电力中长期市场和现货市场的耦合关系；从风光新能源能量价值变现视角建立风光新能源参与电力时序市场耦合交易模型，以为风光新能源参与电力中长期—现货交易决策提供辅助支持。

（3）根据电—绿证—碳多市场的耦合特征，从风光新能源能量和环境双重价值变现视角分别建立风光新能源参与电—绿证市场耦合交易模型、参与电—碳市场耦合交易模型、参与电—绿证—碳多市场耦合交易模型，这样既可以为不同价值变现需求的风光新能源参与多类型耦合市场交易提供决策依据，也可以为多市场机制的设计和制定提供坚实的保障机制。

第二节　国内外研究现状

一、电—绿证—碳多市场交易机制研究

国内外学者对电力市场、绿证市场和碳市场交易机制研究较为丰富，主要包括碳市场、绿证市场的作用效果研究，电力市场、碳市场、绿证市场的

衔接与互动研究，考虑碳和绿证交易机制的电力市场出清模型或调度优化模型研究等。

在碳市场、绿证市场的作用效果研究方面，冯天天等（Feng T T et al.，2021）研究发现，碳交易与绿证交易机制可以优化电源结构，促进电力行业碳减排。王心昊等（2023）提出，应该在保障各项政策机制平稳、有效运行的基础上，加快出台绿证、碳配额等权证衔接的具体方案。张宁等（2022）针对国家核证自愿减排量（Chinese certified emission reduction，CCER）供给、抵销和价格形成等关键机制问题，运用一般均衡（computable general equilibrium，CGE）模型，模拟在取消电价补贴的背景下全国碳市场引入风电及光伏 CCER 交易及抵销机制的经济影响。冯昌森等（2021）提出一种绿证和碳联合交易市场模式，通过全局优化配置绿证和碳排放权资源以激励可再生能源发电和限制传统化石能源机组的碳排放量。虞先玉等（Yu X Y et al.，2021）基于系统动力学理论和场景设计方法建立仿真模型研究发现，实施可交易的绿色证书和碳排放交易机制有助于控制电力行业的碳排放。

在电力市场、碳市场、绿证市场的衔接与互动研究方面，尚楠等（2023）剖析了碳市场、电力市场、绿证市场之间的关系与交互影响机制，探索了促进市场间协调发展的衔接机制。舒塞尔等（S Schusser et al. 2018）通过实际数据验证电力、绿证和碳三市场价格的相互作用。冯天天等（2018）基于均衡理论和系统动力学模型，分析和模拟了绿证市场和碳排放市场对电力市场的双重影响。

在考虑碳和绿证交易的电力市场出清模型或调度优化模型研究方面，刘可真等（2023）提出，需求响应下考虑碳—绿色证书交易机制的新能源跨省出清模型。王洪亮等（Hongliang et al.，2021）构建了含风光新能源的虚拟电厂参与电力交易和绿色证书交易的两级协同优化模型。张磊等（Zhang L et al.，2021）和颜清宇等（Yan Q Y et al.，2021）将碳交易机制和绿色证书交易机制引入包括风力发电、光伏发电、燃气轮机和储能设备在内的虚拟电厂优化调度模型。袁桂丽等（2022）建立以绿证交易为基础，结合碳交易制度和高载能需求侧响应的"源—荷"双侧协调优化调度模型。

评述：当前，学者的研究主要涉及碳、绿证市场的作用效果分析，电—绿证—碳市场互动关系研究以及碳交易和绿证交易影响下的电力市场出清或调度。部分学者在新能源参与电力市场中考虑了配额约束下的绿证收益，绿证价格为固定价格或制定一定的变化比例，并未对绿证的价格形成机制以及风光新能源利用市场力进行价格干预展开深入的研究。部分文献研究了碳交易对传统能源发电商的影响，着重考虑碳成本对发电商收益和调度的影响，而且碳价格也基于固定价格或制定一定的变化比例开展研究，并未有效结合碳价的市场形成机制。风光新能源主体可以同时参与碳市场和绿证市场交易，碳市场和绿证市场如何避免风光新能源环境价值被重复计量未有文献进行明确的叙述。因此，本书拟详细分析绿证市场、碳市场的价格形成机制，研究电—绿证—碳多市场的交易机制和耦合关系，进一步明确风光新能源参与多市场耦合交易机制，以为整体研究提供机制保障。

二、风光新能源参与电力市场交易研究

国内外学者关于风光新能源参与电力市场交易的研究主要包括以下三个方面：（1）电力市场交易体系研究；（2）电力市场出清模型研究；（3）风光新能源参与电力市场交易决策研究。

在电力市场交易体系研究方面，国内外学者尝试对现有中长期和电力现货市场交易机制中的不足进行完善，张书盈等（2023）分析了中长期月度电量偏差产生的原因，设计了三种不同的月度偏差电量平衡机制，并对电力市场月度偏差电量机制进行补充和完善。为适应新能源参与电力市场，朱婵霞等（2023）分析了国内外可再生能源参与市场交易的经验和教训，提出适应我国可再生能源参与的电力市场机制。王坤等（2023）提出可再生能源在绿证市场交易引导下参与现货市场的过渡机制。考虑到现有的基于节点电价的现货市场出清机制难以满足新能源的交易需求，杜超等（Du C et al.，2016）提出了一种新的双市场平行交易机制，包括用户侧的价格出清市场和发电侧的价格出清市场，以提高竞争性电力市场的效率。陈启鑫等（2021）将可再生能源的保障性消纳纳入电力市场的机制设计。为鼓励新兴主体参与电力市场，部分学者根据新兴主体的特点进行了交易机制的设计研究。孟繁林等（2021）根据电量约束型机组的特点，设计了基于电量量价曲线的现货市场申报机制。李淑静等（2022）、萨德吉·萨利赫等（S Sadeghi et al.，2021）、张婷等（Zhang T et al.，2019）则提出虚拟电厂参与辅助服务、中长期、现货等多级电力市场模式。王剑晓等（2021）设计出基于多市场均衡的综合能源市场体系。此外，部分学者还进行了电力和天然气市场联合的机制研究。王晛等（2022）则从合作联营和租用联营角度研究风电商与其他能源转换设备参与电力和天然气市场交易。王晛等（2019）建立了电力市场和天然气市场的多能源市场联合博弈均衡模型。宋嘉启等（2023）将非合作博弈和鲁棒思想应用于多虚拟电厂日前市场竞标博弈中。阿尔斯凯夫等（AlSkaif et al.，2022）提出

一种 P2P 的电力和热力多能源交易机制。

在电力市场出清模型方面，国内学者尝试将电能量和备用市场进行联合出清，以实现电力市场高效运行。邢单玺等（2022）提出一种能量—调频—备用联合运行日前市场智能代理仿真模型，以促进新能源消纳。吕小秀等（2022）提出能量与备用市场主体自调度的电热综合能源系统两阶段优化模型。此外，也有部分学者将电能量和备用与电力多级市场进行联合出清。陈熠等（2023）研究省内、省间两级市场协调下，日前和实时市场两阶段联合的电力市场出清调度优化模型。部分学者考虑将清洁能源、需求响应、需求侧用户、虚拟电厂主体引入电力市场出清优化模型。例如，李凌等（2023）基于梯级水电出力的特点，建立了梯级水电站的优化出清模型，加强梯级水电站参与电力市场出清以挖掘清洁能源价值。任景等（2023）基于源荷特性，提出了源荷参与的电能量和备用联合调度模型。高洪超等（2023）提出了虚拟电厂能量价值和灵活性价值的现货市场出清模型。张杰等（Zhang J et al.，2019）提出了大用户的电力市场两阶段交易模型。吴彪等（2022）则研究了多个综合能源服务商参与电力和天然气市场的双层决策模型。王杰等（Wang J et al.，2022）提出一种基于强化学习求解的日前市场的鲁棒出清模型。

在风光新能源交易决策研究方面，国内外学者主要研究风光新能源与其他电源侧主体、购电侧主体共同参与电力市场交易决策。在风光新能源与电源侧主体交易决策优化方面，解瑞硕等（2023）提出风光新能源与热电联产机组进行合作，以实现多主体的合作收益。李宏仲等（2022）将储能作为一个主体参与电力市场交易，为风光新能源提供功率支撑，也建立了新能源和储能协同参与的双层博弈模型，实现新能源加储能总收益的最大化。于娜等（2023）分析蓄热电采暖用户参与调频辅助市场的运行成本变化，建立风电与蓄热电采暖用户联合运营参与调频市场的优化决策模型。部分学者考虑将风光新能源聚合为虚拟电厂参与电力市场交易。例如，祖文静等（2022）则考虑了新能源出力的不确定性以及主电能量市场与调峰辅助服务市场价格的相关性，并构建风光新能源聚合虚拟电厂参与主辅市场的联合交易优化模型。萨德吉·萨利赫等（S Sadeghi et al.，2021）虚拟电厂参与日前频率调节市场和电能量市场的最优投标策略，采用了一种双向长短期记忆网络的深度学习方法，以精确体现调频市场的虚拟电厂性能。潘郑楠等（2023）、时维帅等（2022）提出风—氢聚合虚拟电厂参与现货市场的合作决策优化。在风光新能源与购电侧主体交易决策优化方面，张尧翔等（2023）提出建立以新能源购电国为主导层、售电国为随从层的主从博弈模型，以此来研究跨境新能源供、需双边交易决策优化。刘可真等（2023）提出风光新能源与需求响应互动下的优化出清模型。李鹏等（2022）采用信息间隙理论描述风电出力的不确定性，并提出了风火储与需求响应互动的低碳调峰交易优化模型。

评述：现有文献对电力市场交易体系的研究涉及中长期市场和现货市场机制的完善、适应新能源特点的电力市场交易机制设计、新兴主体参与电力市场的方式和市场模式等，这为本书的研究奠定了良好的基础，但未明确梳理中长期和现货市场运行的耦合机制，这是本书研究风光新能源参与电力市场交易首先要解决的关键问题。在电力市场出清模型方面，现有文献考虑将电能量、备用、省内与省两级市场进行联合出清，并在将清洁能源、需求响应等方面引入电力市场出清模型，重点聚焦电力现货市场出清，从而忽略了中长期市场交易对现货市场出清的约束和限制。针对风光新能源的交易决策研究，国内外学者关注风光新能源、储能、需求响应等多主体的协同交易问题，尚未根据现货市场机制开展风光新能源独立参与中长期和现货市场耦合交易中决策优化。因此，本书聚焦中长期和现货市场互动机制，研究风光新能源如何在电力时序市场中进行交易决策。

三、风光新能源参与电—绿证—碳多市场交易研究

国内外学者关于风光新能源参与电力市场交易研究主要包括以下两个方面：（1）风光新能源参与电—绿证市场交易研究；（2）风光新能源参与电—碳市场交易研究。

关于风光新能源参与电—绿证市场交易的研究，国内外学者主要进行电—绿证市场的交易运作机制、风光新能源参与电—绿证市场的交易决策研究。

在电力—绿证市场交易运作机制方面，国内外学者依托各国的可再生能源配额制政策及配套的绿证机制展开研究，主要包括配额制的基本情况、参数设计及效果等。例如，和军梁等（2020）将可再生能源消纳保障机制与电力现货市场进行集合，提出了新的市场机制设计方案及建议。萨德吉·萨利赫等（S Shayegh et al.，2021）通过计算实现配额制所需的补贴量来分析市场结构对配额有效性的影响。杨立兵等（2020）梳理了电力市场和绿色证书市场之间的资源传递关系，构建了市场主体进行绿色证书和电力交易的基本框架，搭建起包括发电商、电力市场和绿色证书等耦合模块的系统动力学模型。徐磊等（Xu L et al.，2021）运用演化博弈模型解构配额制与电力市场主体行为的共生演化，进一步明晰绿证与电力市场交易的运作机制。张玉卓等（Zhang Y Z et al.，2017）采用系统动力学模型梳理我国绿证市场以及电力市场的逻辑路线。赵新刚等（Zhao X G et al.，2019）基于系

动力学构建中国绿色证书交易市场模型，以更好地分析配额制下的绿证市场与电力市场之间的互动关系。在电力—绿证市场交易机制设计方面，皮内达等（S Pineda et al.，2016）提出在给定配额义务的自由化市场中进行电力和绿证交易的扩展模型，为可再生能源发电的支持机制设计提供了有益参考。裴哲义等（2018）研究富余可再生能源跨区现货交易机制和方式。董福贵等（2019）设计保障绿色证书供需平衡的可再生能源配额制以及配套的绿色证书交易机制，并进行模拟仿真。结果表明，设计的机制对促进可再生能源消纳具有显著的作用。

在风光新能源参与电力—绿证市场的交易决策研究方面，部分学者研究电—绿证均衡状态下市场主体的行为和策略。例如，赫尔格森等（P I Helgesen et al.，2016）提出在纳什－古诺竞争的假设前提下建立考虑绿证交易和电力市场交易的市场均衡模型。王辉等（2021）考虑在电力需求突然变化的情况下，建立风光新能源以及常规电力需求函数，构建电力供应链各交易主体的最优利润模型。王辉等（Wang H et al.，2021）评估市场参与者的策略行为对绿证交易的影响，并将策略行为模型嵌入绿证交易，以模拟市场参与者在绿证市场中的策略行为。林内鲁德等（K Linnerud et al.，2017）研究瑞典－挪威绿证机制的设计特征与实施现状，揭示电力系统不同主体的反应机制。李嘉龙等（2016）基于经典的古诺博弈竞争模型，对燃煤、燃气、水电、风光新能源以及储能系统参与市场进行建模，并构建电力市场双层优化均衡模型。安学娜等（2017）采用寡头竞争均衡理论建立了一个绿色证书交易市场和电力批发交易市场的两阶段联合均衡模型。刘婷婷等（Liu T T et al.，2021）则研究了不同市场规则对风力发电商行为的影响，以确定可再生能源友好型现货市场均衡机制。齐莫普洛斯等（E G Tsimopoulos et al.，2021）研究传统能源发电商和风电商参与集中电力市场竞争的纳什均衡解。S. 莫赫塔里等（S Mokhtari et al.，2021）基于供给函数模型研究了大规模风电对投资者的激励作用。郭鸿业等（Guo H Y et al.，2020）提出了一个综合考虑电力和绿证市场的均衡模型，该模型包括日前和实时两个阶段，用于制定可再生能源的复杂决策。商波等（2021）构造了发电商三种不同市场权力结构下的绿色生产决策模型，讨论了敏感参数对异质权力发电商最优决策结果的影响，并基于参数范围分析了不同权力结构下的最优决策效果。张旭等（2019）提出一种针对高比例风光新能源系统的输配电网分层分布式多源协调优化调度体系，以充分消纳集中式与分布式的可再生能源。武群丽等（2021）搭建了配额制下的跨省区电力交易市场架构，建立起火电交易市场与绿电交易市场联合的均衡模型。李雅超等（2021）梳理可再生能源发电商、常规能源发电商与售电公司等交易主体间的电力、绿色证书供需关系，以各发电商的利益最大化为目标，建立考虑绿色证书的能源经济调度模型。随着研究的逐步深入，部分学者尝试将博弈理论引入电—绿证市场交易。例如，徐江等（2020）给出了政策变动下火电商和绿电商可能采取的策略行为，并采用斯塔克尔伯格（Stackelberg）博弈模型和合作博弈模型分析不同政策参数对发电商策略行为及市场均衡点的影响。张璐路等（2019）建立风电商参与电力市场竞价的双层模型。骆钊等（2021）分析了基于配额制的绿证交易流通机制，设计了不同链域间绿色证书跨链交易框架及交易流程。

评述：现有研究在电—绿证市场交易机制方面形成了良好的研究基础，为本书的研究提供了有益的参考与借鉴。但现有研究多基于旧版配额制（相对于2019年的新配额制而言），相关交易机制假设与当前的政策机制存在一定的差异。与此同时，也有部分学者探讨了新配额制对单个电力市场的影响，但并未考虑对绿证市场的影响以及二者之间的互相作用。因此，本书需要结合最新的政策机制来明确电力市场和绿证市场的耦合关系。在电—绿证耦合市场中，风光新能源既可以从电力市场中获得收益，也可以从绿证市场中获得收益，风光新能源要针对电力和绿证两个市场制定交易策略以获得最大化收益。风光出力具有不确定性，要考虑出力偏差的惩罚成本，这进一步增加了风光新能源参与电—绿证市场交易的复杂性。因此，本书将探索研究风光新能源如何在电—绿证耦合市场中进行交易决策。

国内外学者针对电—碳市场的研究成果比较丰富，主要集中在碳市场政策作用效果、电—碳市场交易机制设计、传统能源发电商参与电—碳市场交易决策方面。

在我国碳市场作用效果及存在的问题方面，张彦峰等（Zhang Y F et al.，2020）对比中国经济欠发达的西部地区和发达地区的东部地区的 CET 效果，发现东部地区的减排效果更加明显，碳市场交易还可以显著提高试点城市的碳排放效率，但不能显著增加产量。部分学者梳理了中国碳交易市场的政策进程和发展状况，并指出中国碳交易市场中存在的问题，例如，配额分配还不准确、交易机制仍不完善。

电—碳市场交易机制设计方面，薛贵元等（2022）指出我国碳市场与电力市场发展中存在的问题，提出全国碳市场与电力市场协同发展机制。邓盛盛等（2023）研究了电力市场和碳市场的互相影响，提出电力市场和碳市场发展的政策建议。王一等（2020）提出一种研究碳排放交易市场与中长期电力市场交互机制的多代理模型。冯永晟等（2021）分析了碳市场与电力市场间的经济关系以及面临的主要挑战。罗莎莎等（2014）建立了碳市场和电能量市场均衡交易模型，量化分析了碳市场与电能量市场的出清情况。叶晨等（2023）、高旭等（Gao X et al.，2022）建立了电碳耦合市场出清模型，分析碳价和电价的互动机制。王喜平等（2022）基于广义方差分解谱构建溢出指数，从频域视角考察中国碳市场与电力市场在多时间尺度的溢出效应。为探索电碳市场的内在耦合机制，靳冰洁等（2023）将碳交易中的单位碳排放成本计入发电商报价函数中进行统一出清，以体现碳交易与电力现货市场运营的耦合。

在市场参与主体的行为和策略研究方面，段声志等（2022）、胡明车等（Hu M C et al.，2012）、J. 麦科马克等（J MacCormack et al.，2012）建立了碳市场和电力市场交易的均衡模型。邓盛盛等（2022）建立了发电商参与碳市场与电力中长期市场联合决策模型，同时实现了发电商配额的灵活动态分解策略。马云聪等（2023）提出了一种考虑碳排放权交易的光热电站市场竞价策略，并建立了参与电力市场与碳市场的双层鲁棒优化模型。

评述：现有文献研究涉及碳市场政策的作用及参数设计、电—碳市场的衔接与耦合机制、常规能源主体参与电力及电—碳市场的策略行为，较少的文献研究风光新能源参与电—碳市场的交易耦合交易问题，且电力和碳市场的耦合关系还需要进一步明确。风光新能源既可以参与电力市场，也可以以国家核证自愿减排（CCER）的方式参与碳市场。那么，风光新能源如何根据电力市场和碳市场供需的价格信号实现自身收益最大化，需要深入研究。与此同时，常规煤电机组作为重要的控排企业，参与电—碳市场会进一步影响耦合市场的出清，在研究风光新能源参与电—碳市场交易时则需要考虑常规煤电发电商的市场行为。

文献综述总结：风光新能源具有能量和环境双重价值，在现有政策和市场机制下，风光新能源能量价值可以通过电力市场交易兑现，而能量与环境双重价值可以通过参与电—绿证、电—碳、电—绿证—碳多市场进行兑现。由此，本书进行了电—绿证—碳多市场交易机制研究、风光新能源参与电力市场交易研究、风光新能源参与电—绿证—碳多市场交易研究。

针对电—绿证—碳市场多市场交易研究，学者主要聚焦绿证、碳市场的作用效果分析，电—绿证—碳多市场交易互动机制分析，以及考虑碳和绿证交易价格或成本的电力市场出清或调度研究，尚未结合碳市场、绿证市场的价格形成机制进行电—绿证—碳多市场的交易机制和耦合关系研究。因此，本书首先研究风光新能源参与下的电—绿证—碳多市场耦合交易机制，充分分析电—绿证—碳多市场的互动机制与耦合关系，为开展风光新能源参与多市场耦合交易决策奠定基础。

风光新能源参与电力市场交易研究方面，适用于新能源参与的电力市场交易机制设计，并考虑能量—备用、省间—省内、源荷互动等多尺度电力市场优化出清建模，以及风光新能源与储能、需求响应等多主体的合作交易决策问题。目前，学界尚未明确梳理电力中长期和现货市场的耦合机制，也未根据耦合机制进行风光新能源独立参与中长期和现货市场耦合交易决策优化研究。因此，本书将研究风光新能源参与电力时序市场的交易决策优化问题。

风光新能源参与电—绿证—碳多市场交易研究方面，国内外学者主要从风光新能源参与电—绿证市场交易、电—碳市场交易进行研究工作。在风光新能源参与电—绿证市场交易方面，现有文献研究多基于旧版配额，且主要关注新配制对电力市场的影响，并未深入研究风光新能源参与电—绿证耦合市场的交易决策。在风光新能源参与电—碳市场交易方面，国内学者关注碳市场政策的作用及参数设计、电—碳市场的衔接与耦合机制、常规能源主体参与电力—碳市场的策略行为，较少有文献研究风光新能源参与电—碳市场的交易耦合交易研究，且电力和碳市场的耦合关系还需要进一步明确。在风光新能源参与电—绿证—碳多市场交易研究方面，学者主要关注电—绿证—碳多市场交易互动关系，既未研究风光新能源参与的情况下，绿证和碳市场交易机制如何避免环境价值被重复计量的问题，也未充分讨论风光新能源的交易决策问题。因此，本书将根据电—绿证—碳多市场的交易机制和耦合关系，建立风光新能源参与多市场耦合交易模型，研究风光新能源的交易优化决策行为。

第三节　主要研究内容和创新点

一、主要研究内容

近年来，我国风光新能源装机规模稳居世界首位，新能源发电量占比也稳步提升，随着技术的不断迭代升级，风光新能源成本不断下降，逐步进入平价无补贴发展的新阶段。然而，我国电力系统对大规模高比例新能源并网的适应性不强，新能源消纳矛盾仍然突出，如何借助市场促进新能源消纳备受各方关注。随着新一轮电力体制改革向深水区推进，我国电力市场建设也取得了显著成效，但随着新能源电力逐步进入市场，新矛盾和新问题也逐步显现。此外，新配额制及配套绿证交易机制、碳市场交易机制的完善，进一步增加了新能源参与市场交易的复杂性。因此，本书基于国内外相关的文献研究，研究风光新能源参与电力、绿证和碳多市场耦合交易优化问题，为促进风光新能源参与多市场耦合交易提供支持。主要研究内容如下所示：

（1）新配额制下风光新能源参与电—绿证—碳多市场交易相关理论及政策机制。梳理风光新能源参与多市场交易的国内外的研究成果、相关理论和政策机制。首先，从电—绿证—碳多市场交易机制、风光新能源参与电力市场交易、风光新能源参与电—绿证—碳多市场交易三个方面总结了国内外的研究现状。其次，介绍了电—绿证—碳多市场交易的内涵与典型特征，明确了多市场交易概念和特点。最后，论述了多市场交易基础理论、相关政策与机制，并为本书后续奠定了基础。

（2）新配额制下风光新能源参与电—绿证—碳多市场耦合交易路径研究。分析风光新能源参与多市场交易的现状与问题，基于系统动力学理论分析多市场交易机制，分析了多市场耦合交易关系，确立风光新能源参与多市场耦合交易路径。首先，搭建电—绿证—碳多市场交易因果关系，构建多市场耦合交易的系统动力学模型，进而分析了电价、绿证和碳价的互动机制和作用关系。其次，基于多市场交易机制，分析风光新能源参与多市场耦合交易关系。最后，建立风光新能源参与多市场耦合交易路径，以为本书后续开展多市场耦合交易模型研究奠定基础。

（3）风光新能源参与电力时序市场耦合交易模型研究。基于电力市场交易的时序特征，风光新能源需要考虑参与电力中长期—现货的优化决策。首先，分析金融合约性质和物理合约性质的中长期和现货市场的耦合关系，建立电力中长期交易优化及合约电量分解模型，并考虑风光新能源在年度双边合约和月度集中竞价市场收益的最大化，然后采用多代理深度确定性策略梯度算法对模型进行求解；提出了一种兼顾新能源消纳和常规能源合约执行进度偏差的中长期合约电量多目标分解模型，采用自适应加权和法求解均匀的帕累托解。其次，根据中长期合约电量分解约束、现货市场电价、出力不确定性，引入条件风险价值理论，提出风光新能源风险中立和风险偏好下的现货市场交易模型，以实现风光新能源现货市场交易决策。最后，结合算例数据分析了风光新能源在中长期市场和现货市场的交易决策行为。

（4）风光新能源参与电—绿证市场耦合交易模型研究。绿证交易机制为风光新能源的长远发展提供了有效保障，风光新能源既可以从电力市场中获得收益，也可以从绿证市场中获得收益，要考虑参与电—绿证市场的优化决策。出于对风光新能源绿色价值差异的考虑，提出基于熵权－CRITIC－改进 TOPSIS 的绿证测算模型。首先，建立风光新能源参与电—绿证的双层耦合交易模型，上层模型为新能源收益模型，以保障电—绿证市场总收益最大化；下层模型为电—绿证市场出清模型，以获得耦合市场社会福利最大化。其次，考虑到双层模型中含有机组启停的状态变量，无法使用卡罗需—库恩—塔克最优性条件及对偶理论获得等价最优解，提出一种混沌麻雀算法对模型进行求解。最后，结合算例研究风光新能源参与电—绿证市场交易决策行为。

（5）风光新能源参与电—碳市场耦合交易模型研究。电力市场和碳市场参与主体高度重合，市场交易过程联系紧密，风光新能源既可以参与电力市场交易，也可以以 CCER 形式在碳市场中进行交易。以 CCER 兑现环境价值的风光新能源需要进而有针对性地对电—碳市场制定科学交易策略。首先，将 CCER 机制与风光新能源出力预测精度相结合，提出建立预测精度的 CCER 测算模型。其次，建立风光新能源参与电—碳市场的非合作博弈优化模型，上层模型以发电商收益最大化为目标，并引入经典非合作博弈理论研究发电商博弈互动行为；下层模型为电—碳市场出清模型，电力市场中考虑电能量与备用、日前和实时交易联合优化，碳市场中考虑社会福利最大化。再次，使用卡罗需—库恩—塔克条件将双层优化问题转化为等价的带均衡约束的数学规划问题，并采用对角化算法求解模型的纳什均衡解。最后，以我国南方某区域电力系统为算例对象，分析风光新能源电力参与电—碳市场的策略行为。

（6）风光新能源参与电—绿证—碳市场耦合交易模型研究。风光新能源参与电—绿证—碳市场耦合交易可以使自身能量价值和环境价值收益最大化。首先，为避免风光新能源环境价值在绿证市场和碳市场中被重复计量，研究考虑建立碳减排量的绿证—碳配额等价交互机制和模型。其次，立足我国电力供需的实际，建立风光新能源参与电—绿证—碳市场的主从博弈模型，将受端省购电商作为博弈主体，受端购电商考虑在受端省内市场和省间市场购电成本最小，将送端省风光新能源作为博弈从体，以实现风光新能源参与电—绿证—碳市场收益最大化。最后，提出风光新能源参与多市场耦合交易的保障建议。

基于以上研究内容，提出本书研究的技术路线，如图 1－1 所示。

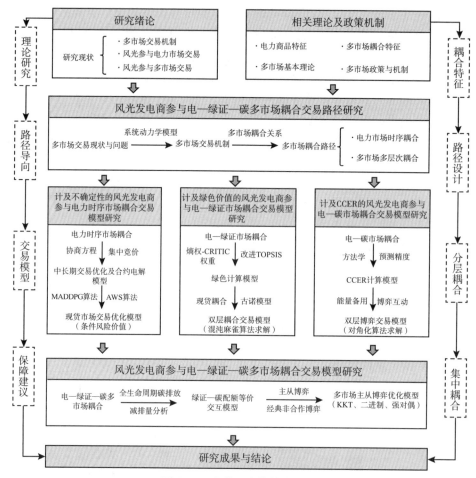

图1-1 本书研究的技术路线

二、主要创新点

新配额制、碳排放权交易等政策促进电力、绿证、碳市场交互关系更加紧密，激发市场参与主体共生互促，为解决风光新能源发展与消纳的关键问题提供了灵活的市场机制。研究视角方面，本书丰富和拓展了风光新能源参与多市场交易的研究范畴及应用空间，为进一步解决风光新能源发展与消纳问题提供了全新的研究视角。研究对象方面，本书将电力市场、绿证市场、碳市场进行多层次耦合，研究风光新能源参与多市场耦合交易的决策问题，并且研究对象被赋予了新的内涵。研究方法方面，考虑到现有方法的不足，引入系统动力学、运筹优化、综合评价、博弈理论等模型方法，建立了风光新能源参与多市场耦合交易模型。具体创新点如下所示。

（1）分析了电力时序市场耦合交易关系及路径，提出了风光新能源参与电力时序市场耦合交易的模型。首先，建立了风光新能源中长期交易优化模型，采用多代理深度确定性策略梯度算法实现最优策略的迭代求解，解决了市场环境不稳定导致的收敛困难问题。其次，建立了中长期合约分解的多目标优化模型，采用自适应加权和法算法求解帕累托解，有效保障了风光新能源和常规能源发电商的利益。最后，出于对风光出力的不确定性、现货市场电价、偏差惩罚的考虑，从风险中立和风险偏好两方面建立中长期合约分解的现货市场交易模型，有效解决了风光新能源面对复杂现货市场交易的决策问题。

（2）分析了电力市场和绿证市场的耦合关系及路径，提出了风光新能源参与电—绿证市场耦合交易模型。首先，根据电力市场和绿证市场耦合机制，提出了风光新能源参与电—绿证市场双层耦合交易模型，上层模型设计双侧偏差电价惩罚机制，以风光新能源收益最大化为优化目标；下层模型考虑能量和备用、日前和实时市场耦合，建立电—绿证市场优化出清模型，实现电—绿证市场出清的精细化建模。其次，考虑到模型中含有机组启停的状态变量，无法采用卡罗需—库恩—塔克最优条件对模型进行转化，故提出混沌麻雀智能求解算法，提高了模型求解的效率。

（3）分析了电力市场和碳市场的耦合关系及路径，提出了风光新能源参与电—碳市场耦合交易模型。首先，建立了风光新能源参与电—碳市场耦合交易的非合作博弈优化模型，上层模型考虑系统备用成本分摊，以发电商利润最大化为优化目标；下层模型建立电—碳市场联合出清模型，实现了市场主体决策与市场出清的联合优化。其次，采用卡罗需—库恩—塔克条件将非合作博弈模型转化为均衡约束数学规划问题，利用二进制拓展法、强对偶定理，将均衡约束数学规划问题转化为混合整数规划问题。最后，采用对角化算法求解纳什均衡解，有效降低了模型求解的复杂度。

（4）分析了电—绿证—碳多市场的耦合关系及路径，提出了风光新能源参与电—绿证—碳市场耦合交易模型。首先，建立了风光新能源参与电—绿证—碳市场的主从博弈模型，将受端省购电商作为博弈主体，受端购电商考虑在受端省内市场和省间市场购电成本最小，将送端省风光新能源作为博弈从体。其次，在博弈从体内部，考虑送端风光新能源与送端常规煤电发电商的非合作博弈，精确刻画了风光新能源参与多市场耦合交易的博弈行为。

第二章

新配额制下风光新能源参与电—绿证—碳多市场交易相关理论与政策

大力发展风光新能源是我国实现"双碳"目标和构建新型电力系统的重要保障和有效途径。风光新能源参与市场交易能够激励风光的规划、建设、运行和消纳。国内外学者虽然开展了有关风光新能源参与多市场交易的理论和应用研究，但尚未形成系统的理论框架。首先，本章梳理了电—绿证—碳多市场交易的内涵和典型特征。其次，整理了风光新能源参与多市场交易的相关理论，包括电力市场均衡理论、电力市场出清理论、绿证市场基本理论和碳市场基本理论。最后，整理了风光新能源参与多市场交易的政策与机制。

第一节　电—绿证—碳多市场内涵与典型特征

一、多市场交易内涵

（一）电力市场交易内涵

电力市场的概念可以从广义和狭义两个角度进行解释。从广义角度来说，电力市场是指电力生成、传输、使用和销售关系的总和；从狭义角度来说，电力市场是指电能生成者和使用者通过协商、竞价等方式就电能及相关产品进行交易，并通过市场竞争机制确定电力商品的成交价格和数量。电力市场的主要要素包括以购电和售电为代表的市场主体，以电能、输电权、辅助服务为代表的市场客体以及市场规则、价格机制等。

电力市场交易是发电企业与售电公司或电力大用户通过市场化进行电力交易活动的总称。按照交易的对象划分，电力市场分为电能量市场、容量市场、辅助服务市场和输电权市场等。按照市场的性质划分，电力市场可以分为物理市场和金融市场。按照时间划分，电力市场分为中长期市场、现货市场、实时市场。电力市场时序交易是本书的研究重点，下面详细介绍电力中长期和现货市场交易。

《关于进一步深化电力体制改革的若干意见》及配套文件构建了我国电力市场建设的基本框架，明确要求建立中长期交易规避风险、现货市场发现价格的功能完善的电力市场，"中长期＋现货"的电力时序市场交易是我国电力市场交易的基本模式，基本原理如图 2－1 所示。

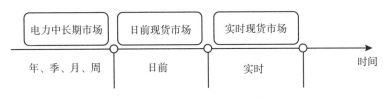

图 2－1　中长期＋现货市场交易基本原理

1. 电力中长期市场交易

现阶段，我国电力中长期市场交易主要包括电能量交易、发电权交易以及合同转让交易，根据电力市场发展的成熟情况，未来根据需要会组织开展输电权交易、容量交易等。本书重点研究了电力中长期电能量交易，除特殊说明外，下文所述的电力中长期市场均指中长期电能量市场。中长期市场交易标的为中长期电能量，交易结算价格为合同约定的价格，交易双方可以约定交易曲线也可以不约定交易曲线，如果不约定交易曲线，交易曲线就由交易中心进行统一分解，并与现货市场衔接。中长期市场交易方式包括双边协商、挂牌、集中竞价。

双边协商交易是场外交易的一种，电力供求双方一般通过以下三个步骤完成交易。第一，市场主体自行开展线下的协商交易，双方可以根据自身预期的价格区间进行多轮协商。第二，双边协商结果的提交与确认，交易双方初步达成交易意向后，卖方会根据交易中心的要求在规定的时间期限内填报交易信息，卖方在获取交易信息后完成确认。第三，双边协商交易校核及结果发布，交易中心根据电能量交易的限制，对双边交易结果进行安全校核，如果交易结果不能通过校核，交易中心会通知双边协商主体对交易结果进行调整，然后将调整的结果再次提交并经交易中心校核。

挂牌交易是场内交易的一种，类似于柜台交易，电力供求双方通过以下三个步骤完成交易。第一，挂牌交易前发布交易信息，包括净合约电量、累计合约上限、集中交易类型等市场信息。第二，正式进行挂牌交易，包括挂牌、摘牌、结果公布等环节。第三，校核及结果发布，交易中心对挂牌交易结果进行校核，校核通过后公布挂牌交易结果。

集中竞价交易也是场内交易的一种，电力供求双方分别进行报量、报价，电力交易中心则对卖方按照报价从低到高排序，对买方按照报价从高到低排序，在市场供、需双方电量相等时完成统一出清，未完成出清的电量还可以进行下一轮竞价交易。集中竞价交易可以分为以下三个步骤：第一，发、用双方集中申报量价信息；第二，交易中心根据价格优先、时间优先等集中匹配规则进行集中优化出清；第三，交易中心发布集中竞价交易结果。

在我国电力中长期市场中，用户的购电价格由电能量价格、输配电价、辅助服务费用、政府性基金及附加构成。电力中长期市场的集中交易价格申报方法分为价差模式与顺价模式两种。

价差模式：售电公司和电力用户申报或协商价差为与现行目录电价中电量电价的价差，发电企业申报或协商的价差为与批复上网电价（含税）的价差。发电侧结算价格＝上网电价＋交易出清价差，负荷侧结算价格＝目录电价＋交易出清价差。价差模式则通过价差出清的方式形成发、用电价格，只改变目录电价的价格水平，不改变目录电价体系，广东市场初期的售电市场则采用了价差模式。

顺价模式：发电企业、售电公司和电力用户申报或协商的价格是电能量价格。发电侧结算价格＝交易电价，负荷侧结算价格＝交易电价＋输配电价（含线损及交叉补贴）＋政府性基金及附加。顺价模式下，发电侧结算价格是通过市场化方式形成售电市场交易成交价格；负荷侧结算价格由市场交易价格叠加输配电价等形成。浙江、江苏等大多数省份售电市场均采用顺价模式，且《关于积极推进电力市场化交易进一步完善交易机制的通知》，明确提出要完善市场化交易电量价格的形成机制，从政策层面支持以顺价模式的售电市场价格机制，顺价模式成为各省份售电市场主要价格模式。

2. 电力现货市场交易

电力现货市场交易最早起源于美国。电力现货交易，是指电力市场中以实时或近期的电力需求和供给为基础，通过竞价或协商确定交易价格和交易量的一种交易方式。

根据国外的实践经验，目前，电力现货市场模式主要分为两种，分别是"集中式"和"分散式"。具体而言，"集中式"的现货市场采用全电量集中优化竞价，优化的目标是总发电成本最小或市场福利最大化，以美国 PJM、澳大利亚、新加坡等国家的电力市场为代表。美国 PJM 日前市场和实时市场出清都采用相同的算法，即安全约束的机组组合和安全约束的经济调度，日前市场和实时市场采用相同的模型可以减少二者出清结果的不同，引起日前和实时市场不同的主要因素是负荷和新能源出力偏差、机组或者网络的突发性故障，电网容量约束、机组约束等因素不会造成两者的不同。"分散式"市场中日前市场和实时市场的偏差电量通过日前、实时平衡交易进行调节，现货市场中不是全电量竞价，只需要将合约电量分解以外的偏差电量进行竞价，市场优化的目标是电力再调度成本最低，这种市场模式以英国电力市场为代表。一般而言，现货市场由日前市场和实时市场组成。在日前市场中，通过报量报价或者报量不报价等方式向交易中心进行信息申报，交易中心利用机组申报的数据进行集中优化出清，以确定交易日的机组组合方式以及发电机组的出力大小。在实时市场中，交易中心根据超短期负荷预测和发电机组情况进行实时集中出清，以保障电力系统的实时稳定运行。现货市场发电商的收益结算由两部分构成：一部分是日前现货市场出清电价与日前现货市场出清电量的乘积计算得到的日前现货市场收益；另一部分是实时市场的出清电价与偏差电量乘积计算得到的实时市场收益。

（二）绿证市场交易内涵

绿证市场交易，是指通过绿证交易平台，以绿证为标的物的市场交易。市场主体包括风光新能源发电企业、电力用户、售电公司等，绿证市场交易的模式主要有双边协商、挂牌、集中竞价等。

绿色电力证书是国家对发电企业每兆瓦时非水可再生能源上网电量颁发的具有独特标识代码的电子证书，是对非水可再生能源发电量的确认和属性证明以及消费绿色电力的唯一凭证。每个绿证对应 1 兆瓦结算电量，且每个证书都有唯一的编码以说明项目的基本情况。荷兰最早在 2001 年率先进行绿证交易，此后，20 多个主要国家陆续实行绿证交易机制。

目前，我国绿证的功能主要有两个：一是替代可再生能源补贴；二是促进可再生能源消费。在替代可再生能源补贴方面，我国可再生能源发展初期为刺激可再生能源的快速规模化发展，采用固定电价加政府补贴的支持政策，主要补贴资金来自可再生能源发展基金，包括国家财政年度专项资金和依法征收的可再生能源电价附加。然而，随着风电和光伏发电的跳跃式发展，补贴资金缺口越来越大。在促进可再生能源消费方面，"十四五"以后，我国要求风光等主要可再生能源实现全面无补贴平价上网，新增项目已不存在绿证替代补贴的需要，而电力消费端对绿证的需求则迅速增加，因此，绿证的功能定位从替代电价补贴向促进可再生能源消费转变。

（三）碳市场交易内涵

碳市场是通过法律界定、人为建立起来的政策性市场，其设计初衷是为了在特定范围内合理分配减排资源、降低温室气体减排成本，通过建立合法的碳排放权并允许这种权利进行买卖，从而实现碳排放量减少的交易机制。碳市场交易，是指以控制温室气体排放为目的，以温室气体排放配额或温室气体减排信用为标的物进行的市场交易。在控制碳排放总量的原则下，政府将碳排放权分配到各排放源。当排放源的实际排放量小于分到的排放额度时，就可将剩余额度拿到市场上出售获利。而当排放源的实际碳排放量超过分配的排放额度时，就需要到市场上购买超出的部分。碳市场将碳排放成本内化为企业经营成本的一部分，而交易形成的碳排放价格则引导企业选择成本最优的减碳手段，包括节能减排改造、碳配额购买，或碳捕捉等，碳市场交易机制促使国家产业结构从高耗能向低耗能转型，同时保证全社会减排成本保持最优。

（四）多市场耦合交易内涵

本书的多市场耦合是将具有各种交互作用而彼此影响的电力市场、绿证市场和碳市场联合起来产生增力，促使电—绿证—碳多市场协同发展，以促进我国电力行业更加清洁、高效和低碳。

多市场耦合分为两个维度：一是电力时序市场的耦合；二是电力市场、绿证市场、碳市场的多层次耦合。目前，我国电力市场、绿证市场和碳市场之间的联系不够紧密，没能发挥市场耦合的协同功能。因此，本书的重点就是基于电力市场、绿证市场和碳市场多市场交易机制，分析多市场交易机制和耦合关系，进行多市场耦合交易路径分析，明确多市场耦合交易机制，建立风光新能源参与多市场耦合交易模型，并为风光新能源能量和环境价值变现提供方法。

二、多市场交易典型特征

（一）电力交易时序特征

电力可以被看作一种大宗商品，具有一般普通商品的属性，但是相较于传统的金属产品、农产品和能源产品，电力商品在物理属性上又有所不同，电力商品的物理特征主要表现为以下三个方面。

（1）无仓储性。电力与其他商品的最大不同是电力的发电、输电、配电、用电需要瞬时同步完成。电网作为输送电力的渠道，有一定的限制，电能的输送不能超过电网最大送电能力。如果电网过载，就会导致设备损坏、电网失去稳定性甚至崩溃，这就要求电力输送时要满足电网的安全约束条件。

（2）同质性。电力产品具有高度同质性特征，对用户而言，几乎不存在产地与品质的差异。

（3）可预测性。电能需求在较长周期内会以日或周为单位呈现周期性波动。

电力日负荷需求变化较大，且具有明显的季节特性，电力发输配用需要同时完成，无法像普通商品那样通过库存来调整供需，面对用户短周期内的负荷需求变化，受发电机组出力的技术特性约束，发电供给有时难以及时响应。在这种情况下，电价会在瞬间迅速攀升，电力系统在满足用户用电需求后，电价又会迅速回落，电力供求的动态变化会使电力市场电价会发生多种快速的变化。电力市场交易电量规模较大，微小的电价变化经过电量规模效应放大后，会产生较大的市场收益风险。此外，电力商品的替代性不高，难以通过多种商品组合的方式来分散市场风险。因此，电力商品的特殊性以及电力供需的多种不确定性使电力市场产生较大的风险。规避市场风险就成为电力市场运营的前提和基础。在中长期市场中，电力商品可以像普通商品一样，由供、需双方进行自由的双边或集中交易。中长期市场的作用是可以提前锁定量和价格，对冲现货价格的波动风险。从中长期市场来看，其与普通商品期货市场并没有太大差异，这充分体现了电力的普通商品属性。电力商品的特殊属性主要体现在现货市场交易上，现货市场交易出清需要考虑系统供需平衡、发电机组物理参数、电网运行安全等多方面的约束。

（二）多市场交易耦合特征

电力市场具有明显的经济外部性，电力市场与环境之间的关联性主要表现在电力供需优化、电力绿色低碳两方面。科学有序的电力市场有利于优化电力供给结构，有利于引导用户合理消费电能。例如，在供给侧，针对常规燃煤发电，电力市场交易有利于燃煤发电的低碳减排；针对风光新能源，电力市场交易有利于风光新能源投资、利用和消纳。

风光新能源具有能量和环境双重属性，绿证市场作为风光能源环境价值量化的重要载体，可以有效促进风光新能源的开发和利用。碳市场是我国燃煤发电主体碳减排的重要政策市场，可以有效促进煤电行业的低碳转型，同时，碳市场还允许风光新能源以 CCER 方式参与市场交易，新能源企业可以开发 CCER 项目并在碳市场中出售，获得收益可用于支付电力市场中调峰、爬坡、惯量等辅助服务成本，燃煤发电企业通过为新能源提供辅助服务获得收入，其收入可用于弥补其碳排放成本。成熟的电力市场、绿证市场、碳市场运作通常相对独立，借助共同的市场主体、高度自由的市场决策、良好的价格传导过程等实现顺畅衔接。尽管电力市场与碳市场分散运营，但电能生产往往伴随着碳排放的产生，风光新能源发电兼具低生产成本与高环境价值特性；而以煤电、气电为代表的传统能源，虽然其生产成本适中，但环境价值较低。

综上所述，电力、绿证、碳市场具有高度关联性，并通过发电商的市场行为紧密耦合，三个市场呈现相互交叉、相互影响、相辅相成的耦合发展态势。

第二节　风光新能源参与多市场交易基本理论

一、电力市场交易

电力市场均衡，是指电力供给方生产量与电力需求方消费量相等的市场平衡状态。在影响电力需求量和供给量的其他因素均不发生变化的情况下，电力市场均衡取决于电力需求与供给曲线的电量和电价交点。此时，电力市场上的电价达到某一稳定水平，所有的购电用户愿意买入的电力商品数量等于所有的发电商愿意售出的商品数量。在这种情况下，购电用户和发电商双方均没有改变此时成交价格以及其对应成交数量的意愿。市场稳定在均衡状态下的交易成交价格为电力市场均衡价格，与场均衡价格相对应的电力商品成交数量为均衡交易量。在完全竞争的商品经济中，单个需求或者供给个体均不会影响商品的价格，所有的消费者与所有的生产者共同决定商品的价格水平，且均作为商品的价格接受者。决定电力商品成交价格以及交易量的因素有两个：一是所有购电用户个体的集体行为；二是所有发电商个体的集体行为。当发电商提供的电能数量与消费者需求的电能数量一致时，电力市场均衡状态便由此产生。在供给与需求曲线的交点，即在 (q^*, p^*) 处时，需求方和供给方效用都得到满足，市场处在相对稳定的平衡状态，如图 2 - 2 所示。

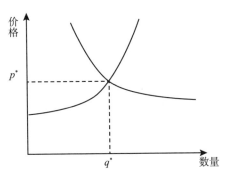

图 2 - 2　电力市场交易均衡示意图

我国电力市场试运行、结算过程中，日前市场出清及调度和实时市场出清及调度均采用节点边际电价，电能分量、网损分量以及阻塞分量共同构成节点电价。节点电价为此节点每增加单位电量的负荷需求所造成的系统总电能量费用的增加值。节点电价的电能分量为不考虑网损与阻塞情况下，系统最优经济调度相应的电能价格，本书所说的电力市场主要指电能量市场，电力市场电价也指电能量价格。电能量市场出清模型主要包括日前市场出清模型和实时市场出清模型。交易中心根据发电机组的报价、用户的负荷需求以及电网系统的相关参数，采用安全约束的机组组合和安全约束的经济调度模型进行集中统一出清，得到日前市场出清电量和统一出清的节点边际电价。

（一）日前电力市场出清

目标函数是整个电力市场运行成本最小，具体公式如下：

$$\min \sum_{t=1}^{T} \sum_{n=1}^{N} \left[C_{g,t}^{n}(P_{g,t}^{DA,n}) + C_{g,t}^{U} \right] \qquad (2-1)$$

其中，$C_{g,t}^{n}(P_{g,t})$、$C_{g,t}^{U}$ 分别表示机组 n 在 t 时段的运行成本、启停成本。

主要约束条件为以下三个方面。

（1）功率平衡约束：

$$\sum_{n=1}^{N} P_{g,t}^{DA,n} U_{g,t} = P_{D,t}^{DA} : \lambda_{t}^{DA} \qquad (2-2)$$

其中，$P_{g,t}^{DA,n}$ 表示日前市场中发电机组 n 在 t 时段的出力，$U_{g,t}$ 为机组 n 在 t 时段的运行状态，$P_{D,t}^{DA}$ 表示日前负荷预测。

（2）机组出力的上、下限约束：

$$P_{g}^{\min} U_{g,t} \leqslant P_{g,t}^{DA,n} \leqslant P_{g}^{\max} U_{g,t} \qquad (2-3)$$

其中，$P_g^{\min}$、$P_g^{\max}$ 分别为机组的最小出力和最大出力。

（3）机组爬坡约束：

$$P_{g,t}^{DA,n} - P_{g,t-1}^{DA,n} \leqslant \Delta P_g^{Up,n} U_{g,t-1} + P_g^{\min}(U_{g,t} - U_{g,t-1}) + P_g^{\max}(1 - U_{g,t}) \quad (2-4)$$

$$P_{g,t-1}^{DA,n} - P_{g,t}^{DA,n} \leqslant \Delta P_g^{Down,n} U_{g,t-1} - P_g^{\min}(U_{g,t} - U_{g,t-1}) + P_g^{\max}(1 - U_{g,t-1}) \quad (2-5)$$

其中，$\Delta P_g^{Up,n}$、$\Delta P_g^{Down,n}$ 分别表示发电机组 n 的最大上爬坡速率和最大下爬坡速率。

（二）实时电力市场出清

实时电力市场出清模型根据日前市场确定的机组启停计划，基于超短期负荷预测，调用安全约束的经济调度模型进行优化出清。因此，实时电力市场不考虑机组的启停成本和机组的运行状态。实时电力市场出清模型如下：

$$\min \sum_{t=1}^{T} \sum_{n=1}^{N} \left[C_{g,t}^n \left(P_{g,t}^{RT,n} \right) \right] \quad (2-6)$$

主要约束条件为以下三个方面。

（1）功率平衡约束：

$$\sum_{n=1}^{N} P_{g,t}^{RT,n} = P_{D,t}^{RT} : \lambda_t^{RT} \quad (2-7)$$

其中，$P_{g,t}^{RT,n}$ 表示实时市场中机组 n 在 t 时段的出力，$P_{D,t}^{RT}$ 表示超短期负荷预测。

（2）机组出力的上、下限约束：

$$P_g^{\min} \leqslant P_{g,t}^{RT,n} \leqslant P_g^{\max} \quad (2-8)$$

（3）机组爬坡约束：

$$P_{g,t}^{RT,n} - P_{g,t-1}^{RT,n} \leqslant \Delta P_g^{Up,n} \quad (2-9)$$

$$P_{g,t-1}^{RT,n} - P_{g,t}^{RT,n} \leqslant \Delta P_g^{Down,n} \quad (2-10)$$

（三）电能量与备用市场联合出清

备用，是指为保障电力系统安全、稳定运行，需要预留的发电机与可调负荷的部分容量，以应对系统中可能发生的机组故障、电网故障、新能源和负荷波动。常规机组备用报价包括两部分：一部分是备用容量价格，容量报价是考虑到参与报价的常规机组这部分容量在日前市场上损失发电的机会成本；另一部分报价是备用实际调用的价格，包括常规机组上调和下调备用的调用价格，实际调用报价对应于平抑风电、光伏不确定性所产生的预期发电成本。

高比例可再生能源并网需要充分考虑风光的不确定性，常规能源发电机组，例如火电机组需要提供备用容量，以确保电力系统安全、稳定运行，如图 2-3

所示。本书将常规能源机组的备用分为正备用和负备用，在负荷需求的高峰时段，火电机组通过增加正备用出力，增加电力供给；在负荷需求的低谷时段或风光新能源大发时段，火电通过调用负备用减少出力。

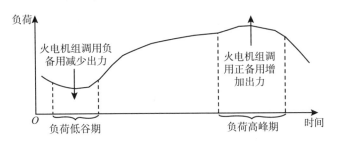

图 2 - 3　火电提供正、负备用的示意图

电能量和备用同时优化可使电力系统运行的总成本最小，还可以充分释放机组的支撑系统的能力，但模型相对复杂。本书归纳和总结现有文献研究，提炼出电能量和备用联合出清的基本模型为：

$$\min F = \sum_{i=1}^{N} (C_{Elec,i}P_i + C_{Bkp,i}R_i) \qquad (2-11)$$

相关约束条件为以下三个方面。

（1）功率平衡约束：

$$\sum_{i=1}^{N} P_i = P_D \qquad (2-12)$$

（2）备用需求约束：

$$\sum_{i=1}^{N} R_i = R_D \qquad (2-13)$$

（3）机组容量约束：

$$P_i + R_i \leqslant P_i^{\max} \qquad (2-14)$$

$$P_i \geqslant 0, \quad R_i \geqslant 0 \qquad (2-15)$$

其中，$\min F$ 表示电能量和备用成本最小，$C_{Elec,i}$、$C_{Bkp,i}$ 分别为发电机组 i 的电能量和备用报价，P_i、R_i 为机组 i 电能量出力与备用容量，P_D、R_D 为负荷和备用需求，$P_i^{\max}$ 为机组的最大容量约束。

联合出清模型对应的拉格朗日函数为：

$$L = \sum_{i=1}^{N} (C_{Elec,i}P_i + C_{Bkp,i}R_i) - \sum_{i=1}^{N} \gamma_i (P_i + R_i - P_i^{\max}) - \lambda (\sum_{i=1}^{N} P_i - P_D)$$

$$-\mu\left(\sum_{i=1}^{N} R_i - R_D\right) - \sum_{i=1}^{N} \sigma_i P_i - \sum_{i=1}^{N} \tau_i R_i \tag{2-16}$$

其中，λ、μ 分别为功率平衡约束、备用需求约束对应的拉格朗日乘子，σ_i、τ_i 分别为电能量和备用下限约束对应的乘子，γ_i 为机组最大容量约束对应的乘子。

λ、μ 分别表示电能量和备用容量的边际价格，如式（2-17）所示：

$$\begin{cases} \lambda = \dfrac{\partial L}{\partial P_D} \\ \mu = \dfrac{\partial L}{\partial R_D} \end{cases} \tag{2-17}$$

根据目标函数最优性的卡罗需—库恩—塔克条件，对电能量和备用变量求偏导，如式（2-18）所示：

$$\begin{cases} \dfrac{\partial L}{\partial P_i} = C_{Elec,i} - \lambda + \gamma_i = 0 \\ \dfrac{\partial L}{\partial R_i} = C_{Bkp,i} - \mu + \gamma_i = 0 \end{cases} \tag{2-18}$$

进一步推导，可以得到：

$$\mu = C_{Bkp,t} + (\lambda - C_{Elec,i}) \tag{2-19}$$

式（2-19）表明电能量和备用联合出清价格包含边际机组的报价和机会成本，这也进一步说明电能量和备用的耦合关系，机组在能量和备用市场中的出清量不能高于机组的最大容量。

（四）风光新能源参与电力市场交易基本模型

在电力市场环境中，风光新能源根据自身出力特点和不完全的市场信息，以自身收益最大化为目标，确定市场交易策略，并将申报信息提交给市场运营机构。市场运营机构则根据市场主体的申报信息和系统的运行参数进行市场优化出清，从而确定发电机组的中标电量和收益，风光新能源据此确定下一阶段的报价策略。

在风光新能源的报价决策层，风光新能源根据机组的出力特性和市规则追求自身利润最大化。本书假设一个风光新能源只拥有一个风电场或者光伏场。风光新能源参与市场优化决策的目标函数为：

$$\max p_i P_i - C_i(P_i) \tag{2-20}$$

其中，p_i 表示风光新能源 i 在市场中的结算电价，P_i 为发电商 i 的中标出力，$C_i(P_i)$ 为发电商 i 的发电成本。在中长期电力市场中，风光新能源的市场收益计算关注自身的平均成本，此时，$C_i(P_i)$ 可以用风电或者光伏的平准化度电成本进行表示。在现货电力市场中，风光新能源的市场收益关注发电的边际成本，相较于传统常规能源的发电商，由于风电和光伏没有燃料成本，边际成本近似为零。

约束条件主要为市场报价的上、下限约束，如式（2-21）所示：

$$C_{min} \leqslant C_i \leqslant C_{max} \qquad (2-21)$$

其中，C_i 表示机组 i 申报的价格；C_{min}、C_{max} 分别表示市场报价的下限和上限。

市场出清模型一般以社会福利最大化为目标，约束条件主要有系统功率平衡约束，机组出力的上、下限约束，机组爬坡约束等，具体可以参考 2.2.1 小节电力市场出清模型。发电商交易决策信息作为市场出清的输入数据；市场出清结果数据作为发电商优化报价决策的依据。

二、绿证市场交易

绿证市场理论基础源于福利经济学及其后续发展的新制度经济学。福利经济学是英国经济学家霍布斯和庇古于 20 世纪 20 年代创立的，研究社会经济福利的一种经济学理论体系。福利经济学以一定的价值判断为出发点，根据已经确定的社会目标，以边际效用基数理论或边际效用序数理论为基础，通过福利最大化原则对经济体系运行予以社会评价。

新制度经济学采用主流的经济学方法分析相关制度的经济学效果，迄今为止，已经形成交易费用经济学、产权经济学、委托代理理论等分支。新制度经济学认为，从经济自由主义的角度提出如果交易费用为零，无论权利如何界定，都可以通过市场交易和自愿协商达到资源的最优配置。根据经济学的外部理论，外部性存在使社会脱离原有的最有效的生产状态，无法实现社会经济运行的帕累托最优。

绿色证书交易是风光新能源外部性的量化体现，赋予市场主体新能源绿色电力证书，并允许其在市场中进行交易，从而使风光新能源企业获得电价额外的收益，以体现风光新能源正外部性价值。对于绿证而言，只要明确了证书的产权，当交易的成本很小甚至为零时，最终都会实现高效的市场均衡结果。

三、碳市场交易

碳市场是通过市场机制解决温室气体排放的外部性问题，这涉及外部性和市场机制两个方面。庇古福利经济学理论对正/负外部性的概念进行了深入的阐释，当私人提供商品或服务时，第三方获益却不能收取对应报酬，或第三方产生损害而无须给予补偿，由此产生了正的或负的外部性，无法实现社会的帕累托最优。

大气等自然环境属于公共产品，具有非竞争性和非排他性，任何企业都可以无成本、不受限制地使用自然环境资源。企业为了实现自身利益最大化，就会无节制地排放二氧化碳等温室气体，进而导致气候变暖而影响到人类，该企业却无须为其行为付出代价，这就产生了负外部性。这种负外部性会使大气自然资源使用的最优配置产生扭曲，使企业过度耗费大气自然资源。

继庇古福利经济学理论之后，科斯定理提出可以用市场机制解决外部性问题。科斯定理提出，在产权明细的前提下，私人之间的契约可以使外部性问题内部化。根据科斯定理，企业在环境资源产权明晰的情况下，可以将环境外部性问题内部化。具体来讲，政府向温室气体排放企业分配或出售"环境资源许可证"，温室气体排放企业可以从市场上购买"环境资源许可证"，企业在市场上进行产权交易，这样有助于解决碳排放引起的全球气候变化问题，于是就形成了碳交易市场的建设思路。

碳交易市场是通过明确企业的温室气体排放权益，实现温室气体排放最低成本的资源配置。具体来讲，碳交易市场的交易标的就是碳资产，是可直接或间接影响温室气体排放的碳排放配额或减排信用。碳配额由政府发放，企业从政府或其他企业购买得到；另一类是碳减排项目的碳减排量通过主管部门确认和核发形成碳减排信用，可以用来抵消企业的碳排放。

第三节　风光新能源参与多市场交易政策与机制

一、多市场交易政策

（一）电力市场相关政策

随着电力体制改革的逐步推进，电力市场化建设也全面深化。根据我国电力资源配置效率较低、市场机制发展不足、新能源消纳困难等制约我国电力可持续发展的实际，2015 年 3 月，国务院发布《进一步深化电力体制改革的若干意见》，开启了新一轮电力体制改革。改革要求电力市场建设应中长期交易和现货交易并举，逐步建立以中长期交易规避风险、现货交易发现真实价格信号为目标的电力市场体系。为进一步深化电力体制改革，我国根据电力市场建设目标，制定了一系列政策，如表 2 - 1 所示。

表 2－1　　　　　　　　　　　我国电力市场体系建设相关政策

时间	文件名称
2015 年 3 月	《进一步深化电力体制改革的若干意见》
2015 年 11 月	《关于推进电力市场建设的实施意见》
2016 年 11 月	《电力发展"十三五"规划》
2017 年 9 月	《开展电力现货市场建设试点工作的通知》
2019 年 11 月	《关于深化电力现货市场建设试点工作的意见》
2020 年 2 月	《关于推进电力交易机构独立规范运行的实施意见》
2021 年 4 月	《关于进一步做好电力现货市场建设试点工作的通知》
2021 年 10 月	《关于组织开展电网企业代理购电工作有关事项的通知》
2022 年 1 月	《关于加快建设全国统一电力市场体系的指导意见》

　　2015 年 11 月，国家发展和改革委员会（以下简称"国家发展改革委"）、国家能源局颁布《关于推进电力市场建设的实施意见》，明确电力市场建设的初期目标，在条件具备的地区逐步建立以中长期交易为主、现货交易为补充的市场化电力电量平衡机制，提出了可选择的两类市场模式及一系列市场交易品种。

　　2016 年 11 月，国家发展改革委、国家能源局正式发布《电力发展"十三五"规划》，在深化电力体制改革、完善电力市场体系的任务说明中，明确建立健全电力现货市场规划。具体来讲，2018 年底前，启动现货交易试点；2020 年全部启动现货市场，研究风险对冲机制。

　　2017 年 9 月，国家发展改革委、国家能源局印发《开展电力现货市场建设试点工作的通知》，为市场主体提供反映市场供需和生产成本的价格信号，选择南方（以广东起步）、内蒙古、浙江、山西、山东、福建、四川、甘肃 8 个地区作为第一批试点，加快组织推动电力现货市场建设工作，为电力现货市场的发展提供指引方向。在《进一步深化电力体制改革的若干意见》的指导下，电力市场改革继续深入推进，在增量配电改革、电力现货市场建设、交易机构股份制改革等方面取得了新的积极进展。

　　2019 年，首批 8 个电力现货试点将陆续启动试运行并全部开市。总的趋势是，继续沿着《进一步深化电力体制改革的若干意见》构建的"三放开、一独立、三加强"的改革框架继续推进。从 2019 年 5 月起，在现有基数计划和年度合同继续执行、月度集中交易正常开展和零售结算不变的基础上，每月选择两个工作日，按照日前申报、日前及实时出清、调度计划执行的全流程开展试结算工作，并将当天的出清结果按现货顺价模式结算，当月其余天仍按照现有价差模式结算。

2020 年 2 月，国家发展改革委和国家能源局联合发布《关于推进电力交易机构独立规范运行的实施意见》，在现货市场条件下，厘清电网调度责任，并且在 2025 年底前，基本建成主体规范、功能完备、品种齐全、高效协同、全国统一的电力交易组织体系。

2021 年 4 月，国家发展改革委、国家能源局发布《关于进一步做好电力现货市场建设试点工作的通知》，要求在上海、江苏、安徽、辽宁、河南、湖北 6 省份推行现货市场试点，并且提出稳妥、有序推动新能源参与电力市场，鼓励新能源项目通过签订长周期差价合约参与电力市场。

2021 年 10 月，国家发展改革委印发《关于组织开展电网企业代理购电工作有关事项的通知》，提出建立电网企业代理购电机制，暂未进入市场的用户由电网企业通过市场化的方式代理购电。同月，国家发展改革委又印发了《关于进一步深化燃煤发电上网电价市场化改革的通知》，要求有序放开全部燃煤发电上网电价。燃煤发电电量原则上全部进入电力市场，扩大市场交易电价上下浮动范围，推动工商业用户全部进入电力市场。

2022 年 1 月，国家发展改革委、国家能源局印发《关于加快建设全国统一电力市场体系的指导意见》，该意见在总体目标中明确：2025 年，国家市场与省（区、市）/区域市场协同运行，电力中长期、现货、辅助服务市场将一体化设计、联合运营；2030 年，新能源全面参与市场交易。11 月，国家能源局发布的《电力现货市场基本规则（征求意见稿）》在近期建设主要任务中再次提到：稳妥、有序推动新能源参与电力市场，并与现有新能源保障性政策做好衔接。

2022 年，山西、甘肃、山东、广东等地区实现长周期不间断试运行，充分发挥了现货市场发现分时电价、反映市场供需的基础作用，并按照"边试边改"的原则不断完善市场规则及配套机制。从第二批试点看，上海、江苏、湖北、河南、辽宁、安徽 6 个试点省份市场建设稳步、有序地推进，其中，江苏完成周以上的结算试运行，安徽完成第一次调电试运行，湖北、河南、辽宁、上海完成至少一次模拟试运行。其他 18 个非试点地区积极推进现货市场建设工作，河北南网、冀北、陕西、江西、贵州、重庆、海南、新疆、黑龙江、青海、广西、天津、宁夏、湖南 14 个地区完成现货市场建设方案的编制，并加紧修改完善规则，同步建设开发技术支撑系统。南方、京津冀区域电力市场试点建设工作稳步推进，南方区域市场已于 2022 年 7 月启动模拟试运行。

总体来讲，我国电力市场建设稳步、有序推进，风光新能源逐步参与电力市场交易，电力商品属性得到进一步还原，初步形成供、需双侧多元竞争主体格局，市场在资源优化配置中的作用同步增强。

（二）可再生能源配额政策

配额制是对有限资源进行管理和分配的手段，可再生能源配额制政策是一个国家或者一个地区政府用法律的形式对可再生能源发电的市场份额作出的强制性规定。我国可再生能源配额政策制定历程如图 2 - 4 所示。

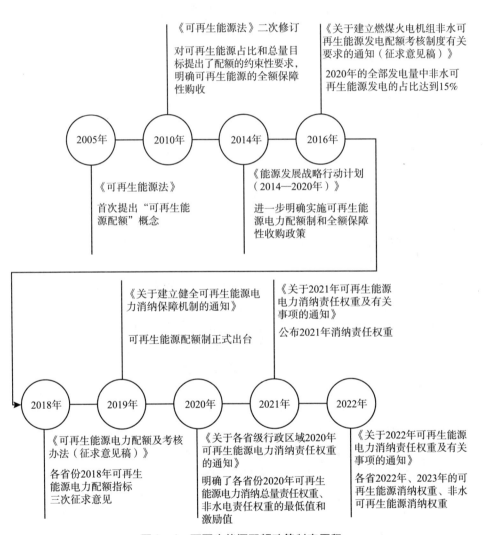

图 2 - 4　可再生能源配额政策制定历程

2005 年，我国《可再生能源法》首次提出"可再生能源配额"概念。

2009 年，我国对《可再生能源法》进行了第二次修订，并对可再生能源占比和总量目标提出了配额的约束性要求，明确可再生能源全额保障性收购，与此同时，可再生能源法也为配额政策提供了必要的法理要求和依据。

2010 年，国务院出台《关于加快培育和发展战略性新兴产业的决定》，首次以官方文件的形式确定施行可再生能源配额制，强调落实新能源发电全额保障性收购制度，为促进新能源的消纳提供了最初的政策支持。

2012 年，国家能源局制定《可再生能源电力配额管理办法（讨论稿）》，明确发电企业承担可再生能源生产义务、电网企业承担保障性收购义务、地方政府承担消纳义务。地方政府和电网企业对自身的配额、惩罚措施、地区间的交易制度等问题存在诸多争议。而且该版文件把省级人民政府作为考核义务的主体，要求政府承担可再生能源消纳责任，并与政绩考核挂钩，但是最终没有落地实施。

2014 年，国务院印发《能源发展战略行动计划（2014—2020 年）》，进一步明确实施可再生能源电力配额制和全额保障性收购政策。

2016 年，国家能源局发布《关于建立燃煤火电机组非水可再生能源发电配额考核制度有关要求的通知（征求意见稿）》，《通知》明确煤电权益装机超过500 万千瓦的企业作为主体来承担配额制，要求 2020 年的全部发电量中非水可再生能源发电的占比达到 15%，以确保 2020 年全国发电量当中有 9% 的来自非水可再生能源。然而将煤电作为考核主体面临着一大难题。即煤电没有合理的成本疏导机制，当煤炭价格上涨时，煤电企业成本同时增加，煤电在固定上网价格政策的约束下，成本无法向下游用户疏导。

2018 年，国家能源局发布《可再生能源电力配额及考核办法（征求意见稿）》，《考核办法》公布了各省份 2018 年可再生能源电力配额指标，从而明确了各地区新能源用电的最低指标。与此同时，国家能源局先后三次就《可再生能源电力配额及考核办法》征求意见。

2019 年，国家发展改革委、国家能源局联合印发《关于建立健全可再生能源电力消纳保障机制的通知》，标志着可再生能源配额制正式出台。相较于 2018 年征求意见稿版本的配额制，新配额制明确了承担消纳责任权重的主体。主要内容包括可再生能源电力消纳责任权重设定、责任落实、消纳量核算方式等。具体内容包括以下三个方面：（1）责任权重设定，按省级行政区域对电力消费规定应达到的可再生能源电量比重；（2）责任落实，各省级能源主管部门牵头承担消纳责任权重落实，售电企业和电力用户协同承担消纳责任，电网企业承担经营区消纳责任权重实施的组织责任；（3）消纳量核算方式，各承担消纳责任的市场主体以实际消纳可再生能源电量为主要方式完成消纳量，同时也可通过补充（替代）方式完成消纳量：一是向超额完成年度消纳量的市场主体购买其超额完成的可再生能源电力消纳量，双方自主确定转让（或交易）价格；二是自愿认购可再生能源绿色电力证书，绿证对应的可再生能源电量等量记为消纳量。

2020 年，国家发展改革委、国家能源局联合印发《关于各省级行政区域2020 年可再生能源电力消纳责任权重的通知》，明确了各省份 2020 年可再生能源电力消纳总量责任权重、非水电责任权重的最低值和激励值。自此，我国的配额制开始正式落地实施。

2021 年，国家发展改革委、国家能源局印发《关于 2021 年可再生能源电力消纳责任权重及有关事项的通知》，公布当年权重目标的同时，也首次提出各省在完成 2025 年消纳责任权重预期目标的前提下，由于当地水电、核电集中投产影响消纳空间或其他客观原因，当年未完成消纳责任权重的，可以将未完成的消纳责任权重累计到下一年度一并完成。2021 年，国家电网和南方电网分别组织了区域内的 2020 年度可再生能源电力超额消纳量交易，作为买方和卖方，青海、河南实现了 12 亿千瓦时的非水可再生能源超额消纳量交易，浙江、宁夏实现了12.55 亿千瓦时的非水可再生能源超额消纳量交易，广东 5 家售电公司与贵州电网公司进行了 271.6 万千瓦时的非水可再生能源超额消纳量交易。

2022 年，国家发展改革委、国家能源局联合下发《关于 2022 年可再生能源电力消纳责任权重及有关事项的通知》，公布了各省份 2022 年、2023 年的可再生能源消纳权重、非水可再生能源消纳权重。

（三）绿证市场交易相关政策

2016 年，国家能源局发布《关于建立可再生能源开发利用目标引导制度的指导意见》，并首次提出绿证交易机制。为了引导全社会消费绿色电力，完善风电、光伏发电补贴机制及拓宽可再生能源补贴资金来源渠道，2017 年 1 月，国家发展改革委、财政部、国家能源局联合发布了《关于试行可再生能源绿色电力证书核发及自愿认购交易制度的通知》，标志着我国绿证制度的正式试行。该通知规定了绿证的核发对象——国家可再生能源电价附加补助目录内的陆上风电和光伏发电项目（不含分布式光伏发电）。企业出售绿证后，相应的电量便不再享受国家可再生能源电价附加资金的补贴。

为鼓励平价项目的开发和建设，2019 年，国家发展改革委、国家能源局发布的《关于积极推进风电、光伏发电无补贴平价上网有关工作的通知》，明确风电、光伏发电平价上网项目和低价上网项目可按国家可再生能源绿色电力证书管理机制和政策获得可交易绿证。根据产生绿证的可再生能源项目享受补贴的情况，绿证可分为补贴绿证和平价绿证两类。

2020年10月，《关于促进非水可再生能源发电健康发展的若干意见》发布，明确提出全面推行绿证交易制度，自2021年1月1日起，实行配额制下的绿证交易，持续扩大绿证市场交易规模，并通过市场化方式推广绿证交易。随着可再生能源配额制在我国的落地和实施，绿证逐渐成为特定市场主体履行消纳责任的方式之一。

2022年9月15日，国家发展改革委、国家能源局发布《关于推动电力交易机构开展绿色电力证书交易的通知》，提出要积极、稳妥扩大绿电和绿证交易范围，更好地体现可再生能源的环境价值，推动电力交易机构进行绿色电力证书交易。

2022年10月下旬，国家能源局在一定范围内下发了《关于完善可再生能源绿色电力证书制度的通知（征求意见稿）》，提出要进一步完善可再生能源电力证书制度，明确绿证定义，规范绿证的核发工作，完善绿证交易，强化绿证应用等。

2022年11月16日，国家发展改革委、国家统计局、国家能源局公开发布《关于进一步做好新增可再生能源消费不纳入能源消费总量控制有关工作的通知》，明确将绿证作为可再生能源电力消费量认定的基本凭证。

总体来讲，我国已经初步形成绿证交易政策体系，但绿证交易机制与电力市场、碳市场交易机衔接还需进一步完善。

（四）碳市场交易相关政策

2011年10月，国家发展改革委颁布《关于开展碳排放权交易试点工作的通知》，分别批准北京、上海、天津等八省份开展碳交易试点工作，迈出了我国建立碳排放机制的第一步。截至2021年底，试点的碳市场配额累计交易量近5亿吨，成交金额达122亿元。

2015年1月，国家发展改革委发布《碳排放权交易管理暂行办法》，构建了中国统一碳排放权交易市场的基本框架。

2017年12月，国家发展改革委印发《全国碳排放权交易市场建设方案（发电行业）》，标志着全国碳市场建设工作正式开始。《建设方案》明确指出，以发电行业为突破口，率先启动全国碳排放交易体系。2018年，国家将应对气候变化和减排的工作职能从国家发展改革委转至生态环境部。

2020年10月，生态环境部发布《碳排放权交易管理办法（试行）》，不仅明确了全国碳市场的各项定义，还奠定了全国碳市场稳定运行的基础。11 月，发布了《纳入 2019～2020 年全国碳排放权交易配额管理的重点排放单位名单》，明确 2013～2019 年任一年排放达到 2.6 万吨二氧化碳当量（综合能源消费量约 1 万吨标准煤）的发电实体（含其他行业自备电厂）将被纳入全国碳交易市场。12 月，发布了《2019－2020 年全国碳排放权交易配额总量设定与分配实施方案（发电行业）》，对不同类别机组规定配额分配方法及相应的单位供电（热）量的碳排放限值。

2021 年 2 月，由生态环境部制定的《碳排放权交易管理办法（试行）》正式施行，其从国家层面对全国碳交易市场的建设作出总体设计，并从监管原则、交易主体、制度框架、监管框架、实施流程、各方责任、权利和义务等进行规范，是当前开展碳交易活动的主要制度依据。

2022 年 11 月，生态环境部办公厅发布《2021、2022 年度全国碳排放权交易配额总量设定与分配实施方案（征求意见稿）》，其鼓励大容量、高能效、低排放机组和承担热电联产任务等机组，支持优化电源结构，充分发挥碳市场降低社会减排成本的作用。

总体来讲，我国碳市场交易政策围绕我国碳市场交易情况稳步跟进，但碳市场交易政策与电力市场、绿证市场交易政策还需要进一步衔接。

二、多市场交易机制

（一）电力市场交易机制

1. 中长期市场交易

中长期电力交易市场主要由发电企业、电力用户、售电公司等市场主体，通过双边协商、集中交易等市场化方式进行多年、年、季、月、周、多日等电力批发交易。年度、季度的双边协商和挂牌交易均为传统"一口价"交易方式，在集中竞价和滚动撮合交易前进行，其合同曲线不能自由确定，为标准化的水平直线；在月度交易之前，年度、季度的双边协商和挂牌交易合同均需进行分时段标准化处理，即双边协商和挂牌交易合同均匀拆分为 24 个时段的合同。各市场主体可以在集中竞价交易市场中自主申报购、售电量和电价，申报日期截止后进行统一边际出清，形成该时段的统一出清价格，申报价格等于统一出清价格时，按申报量等比例成交。

2. 现货市场交易

电力交易中心在现货市场交易日前公布电力负荷曲线，常规能源发电商按照机组申报一组或者多组电能量分段报价，并申报机组启停价格、启停时间、机组爬坡、机组出力等数据。风电或光伏风光新能源需要向交易中心提供风电或光伏风光新能源的预测数据和报价。电力交易中心负责建立风电或光伏出力的典型场景。日前阶段，电力交易中心根据发电商申报的机组出力特性数据和报价数据，以发电商发电成本最小化作为市场优化出清目标，考虑电力系统的功率平衡、发电机组运行特性、电网传输容量等约束条件，运行安全约束机组组合和安全约束经济调度程序，形成日前机组的开机组合、发电出力曲线和日前节点电价。实时阶段主要考虑电力系统的再平衡，在 1 小时、15 分钟、5 分钟等更短的时间内实现电力供需实时平衡。交易中心根据中长期交易合同进行交易曲线分解，并以合约中约定的交易价格作为结算依据。日前现货市场出清的电量与中长期电量合同分解形成的交易曲线的偏差量，按照日前现货市场形成的分时节点电价进行结算。

（二）绿证市场交易机制

1. 绿证交易制度

目前，我国实行自愿认购制度，从 2017 年 7 月 1 日起正式进行认购工作，并根据市场认购情况，自 2018 年起，适时启动可再生能源电力配额考核和绿色电力证书强制约束交易，但目前强制约束交易仍未进行。在自愿认购制度下，绿色证书交易的买、卖双方的交易都建立在自愿的基础上，作为卖方的可再生能源发电企业和绿证的买方都可以选择是否进行认购交易，而卖方和买方的相对意愿的程度和规模将决定绿证交易的数量和价格。自愿认购交易制度对进行交易的市场主体的限制和激励都较弱，购买绿证能享受的额外优惠政策还没有制定，目前政府机关、企业或个人购买绿证的主要动力是履行社会责任以及树立企业形象，因此，绿证交易水平较低，若仅靠自愿绿证交易市场，我国的绿证交易发展将会十分有限。

2. 绿证交易方式

绿证交易方式主要有两种：一种是"证电分离"方式，另一种是"证电合一"方式。"证电分离"方式最大的优点是绿证销售不需要受制于电网和电网空余的输送能力，从而促进可再生能源的消纳。在"证电分离"的方式下，购买绿证只是指标对冲的一种方式。绿电交易市场建立之后，"证电合一"的交易模式出现，绿色电力的经济价值和环境效益合二为一，绿色证书的认购者即是绿色电力的消纳者，绿色电力的经济价值和环境效益同步得到实现。"证电合一"的绿色电力交易依托全统一的绿证制度和国家可再生能源信息管理中心提供的绿色电力查证服务，保障绿色电力生产、交易和消纳的全生命周期都能够可追踪，可衡量，可核查。北京电力交易中心在《绿色电力交易实施细则》中提出，将为购买绿色电力产品的电力用户提供绿色电力证书，《南方区域绿色电力交易规则（试行）》明确绿色电力交易的标的为附带绿证的风光发电企业上网电量。由于并非所有可再生能源电量都直接进行绿电交易，所以"证电分离"与"证电合一"模式在近期将并行共存、优势互补，共同构成我国的绿证交易体系。本书重点是绿证市场交易，研究聚焦于"证电分离"的交易方式。

3. 绿证市场交易过程

我国绿证市场交易过程如图 2 - 5 所示。

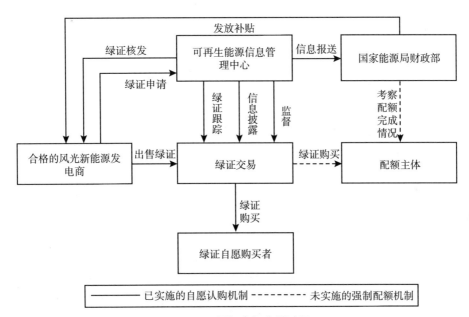

图 2 - 5　绿证市场交易过程

　　风光新能源根据自己的上网电量向可再生能源信息中心申请绿证。可再生能源信息中心根据其发电类型、上网时间、生产地和项目名称向合格的风光新能源发放具有唯一标识的绿证，一张绿证代表 1 兆瓦时的风光新能源电力。绿证供应方在绿证交易平台挂牌出售绿证，并标明出售价格和出售数量，但是标价不得高于对应的补贴价格。认购参与方根据自己的需求在交易平台摘牌，但是不能进行二次出售。在交易过程中，可再生能源信息中心需要做好信息披露工作，力求降低各市场主体获取市场信息的成本，并且消除买、卖双方信息的不对称性以提高市场配置资源的效率，并追踪并记录绿证交易。同时，需要监督市场交易维持绿证市场的公平性和安全性。国家能源局和财政部根据可再生能源信息中心报送的信息考察各配额主体的配额完成情况并向可再生能源发电商发放补贴，其中，发放补贴的原则是出售绿证对应的电量不再享受国家补贴。

（三）碳市场交易机制

1. 纳入行业及企业

2016 年 1 月 11 日，国家发展改革委发布《关于切实做好全国碳排放交易市场启动重点工作的通知》，《通知》确定了全国碳排放交易市场第一阶段纳入重点排放行业为石化、化工建材、钢铁等八大行业。2017 年 12 月 15 日，国家发展改革委又发布了《关于做好 2016、2017 年度碳排放报告与核查及排放检测计划制订工作的通知》，进一步明确了纳入碳排放交易的重点排放行业的具体子类。18 日，国家又出台《全国碳排放权交易市场建设方案（发电行业）》，要求将发电行业作为首批纳入行业，率先启动碳排放权交易，标志着中国碳排交易体系完成了总体设计并正式启动。2020 年 12 月 29 日，生态环境部发布《纳入 2019 - 2020 年全国碳排放权交易配额管理的重点排放单位名单》，明确规定了全国碳市场配额管理的重点排放单位为发电行业，并且划定了具体的企业名单。

2. 主要交易品种

目前，我国碳交易市场有两类基础产品：一类为政府分配给企业的碳排放配额，另一类为核证自愿减排量。

2020 年 12 月发布的《碳排放权交易管理办法（试行）》指出，CCER 是指对我国境内可再生能源、林业碳汇、甲烷利用等项目的温室气体减排效果进行量化核证，并在国家温室气体自愿减排交易注册登记系统中登记的温室气体减排量。第一类，配额交易，这是政府为完成控排目标采用的一种政策，即在一定的时间和空间内，将该控排目标转化为碳排放配额并分配给下级政府和企业，若企业实际碳排放量小于政府分配的配额，则企业可以通过交易多余碳配额来实现碳配额在不同企业之间的合理分配，最终以相对较低的成本实现控排目标。第二类，作为补充，在配额市场之外引入自愿减排市场交易，即 CCER 交易。CCER 交易，是指控排企业向实施"碳抵销"活动的企业购买可用于抵销自身碳排的核证量。CCER 交易允许非重点控排企业进入碳市场，并为这些企业出售 CCER 提供交易平台，从而为我国碳交易体系引入抵销机制。这意味着纳入配额管理的重点排放单位既可以在全国碳市场中购买其他企业的碳排放配额，也可以在 CCER 市场上购买风光新能源等项目的 CCER，用于抵销自己的碳排放量。因此，CCER

抵销机制不仅可以扩大碳市场参与主体的范围，以市场化补偿手段，促进新能源等环境友好型产业发展，还可以降低控排企业的履约成本。

3. 市场分级

根据我国碳市场建设的相关政策，碳市场可以分为一级碳市场和二级碳市场。一级碳市场主要是配额的初始分配市场，政府环境主管机构负责将初始配额无偿或者以拍卖的形式向控排企业核发；二级碳市场主要是碳配额自由交易的市场，控排主体根据自己的减排、生产计划来确定配额的买卖量，以保障配额的履约考核顺利完成。发电商在一级市场上获得初始分配的碳配额后，受负荷需求、新能源出力变化等因素影响，发电机组实际的发电量以及碳排量会发生变化，由此出现碳配额高于或低于实际碳配额的情况。有策略的发电商会根据发电情况、初始的碳配额情况、碳配额价格等因素在二级碳市场上进行交易，进而优化其碳配额使用。我国碳市场一般以年为履约考核周期，碳市场在履约年末考核发电机组的碳配额履约情况。由此，在履约考核周期内，发电商为实现自身收益的最大化，会尽可能地在碳价低的时段购入碳配额，而在碳价高的时段将碳配额售出。

4. 配额分配

中国实施碳排放权交易政策有一段时间，碳配额分配的政策主要有两个：《全国碳排放交易市场电力、水泥、电解铝行业的配额分配方案（讨论稿）》和《2019 - 2020 全国碳排放交易配额总量设定和分配实施方案（发电行业）》（简称"配额分配方案"）。这两个政策分别在不同时期规定了碳配额分配的总体思路和具体办法，指导了控排行业的碳配额计算和分配工作。当前，"配额分配方案"规定发电行业的初始配额实行全部免费分配，并采用基准法核算重点排放单位所拥有机组的配额量。为鼓励燃气机组的发展，分配方案暂不对燃气机组碳排放进行考核，煤电机组的考核主要分为两类，300 兆瓦等级以上的常规燃煤机组和300 兆瓦等级以下的燃煤机组。

5. 交易过程

碳交易过程主要有两种方式：一种是在强制减排市场中，配额不足的企业通过交易所向配额有盈余的企业支付一定金额的资金来购买碳配额；另一种是在自愿减排市场中，碳资源开发公司为新能源项目提供申报 CCER 服务，在配额不足时利用 CCER 来抵销配额不足的部分，配额盈余时出售 CCER 来获得额外收益。北京绿色交易所承建全国自愿减排交易中心，是负责 CCER 交易的全国平台，鼓励不承担强制性减排义务的企业主动开发林业碳汇、甲烷回收利用，以及太阳能、风能利用等温室气体减排项目。碳市场交易过程如图 2 - 6 所示。

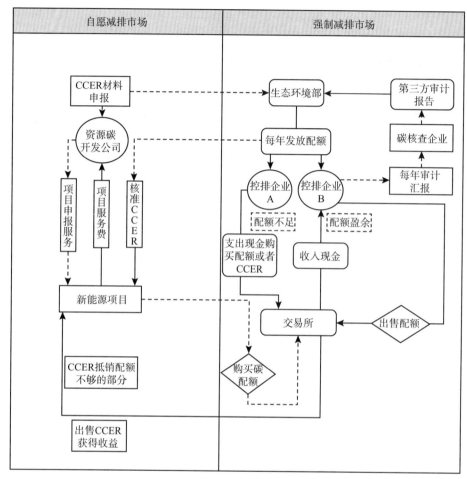

图 2-6　碳市场交易过程

首先，国家确定整体减排目标。温室气体排放单位符合条件的（属于全国碳排放权交易市场覆盖行业、年度温室气体排放量达到 2.6 万吨二氧化碳当量）被列入温室气体重点排放单位名录。国家基于温升控制机制，确定这些排放单位的剩余碳排放预算，然后结合经济社会发展等因素确定年度排放总量限额。目前，首批纳入全国碳排放配额管理的是发电行业，包括发电企业和自备电厂的企业，总计 2225 家。这些企业将成为参与全国碳市场交易的主体，其他机构和个人暂不进入全国碳市场。而对于其他行业，碳市场扩容的原则是"成熟一个行业，纳入一个行业"。其次，采取配额制度。我国碳排放配额总量和分配方案由生态环境部根据国家温室气体排放要求以及综合考虑各方面因素而制定，然后由省级生态环境主管部门根据配额总量和分配方案向区域内重点排放单位分配规定年度的碳排放配额。当前，我国对重点单位实行配额免费发放。最后，利用碳配额进行交易，将所有控排主体纳入统一的碳交易市场，使它们能够直接、充分地进行碳配额交易，以此最大限度地降低减排成本。我国碳市场分为强制性的配额交易市场和中国核证自愿减排量市场。碳市场交易以配额交易为主，CCER 自愿交易是重要补充。

第四节　本章小结

本章首先梳理了电—绿证—碳多市场交易的内涵，分析了电力商品的特征以及电力市场、绿证市场和碳市场之间的耦合特征。其次，整理了风光新能源参与多市场交易的相关理论，包括电力市场均衡理论、电力市场出清理论、绿证市场基本理论和碳市场基本理论等。最后，梳理了风光新能源参与多市场交易的相关政策与机制。

第三章

新配额制下风光新能源参与电—绿证—碳多市场耦合交易路径

电—绿证—碳多市场耦合交易路径是进行新配额制下风光新能源多市场耦合交易建模研究的前置条件。首先，分析我国多市场交易现状与问题。其次，引入系统动力学理论，构建多市场交易机制仿真模型，明确多市场互动机制和作用关系。最后，基于多市场交易机制，分析多市场耦合交易关系，并提出风光新能源参与多市场耦合交易路径。本章的研究为后续章节研究奠定了基础。

第一节　引　　言

中国新一轮电力体制改革以推进省内电力市场建设为起步，经过多年的发展，我国电力市场体系构建稳步、有序地推进，多元竞争主体格局初步形成，市场化交易电量比重大幅提升，市场在资源优化配置中的作用明显增强。为应对气候变化，世界上许多国家都出台了碳减排控制政策和可再生能源发展支持政策，作为世界上最大的发展中国家，我国也陆续制定了一系列相关政策，例如，可再生能源消纳保障机制和碳排放权交易政策。在可再生能源发展初期，我国采用固定电价机制来激励国内可再生能源的大规模发展。然而，重建设轻消纳的发展模式导致可再生能源出现较为严重的"弃风弃光"现象，政府对可再生能源的补贴压力也与日俱增。为建立可再生能源电力消纳的长效机制，中国政府推出了可再生能源配额及绿证交易机制，旨在以市场化的方式激励可再生能源电力发展。目前，全球超过 29 个国家，包括美国、英国和日本、印度、德国已经实施可再生能源配额制。碳市场是我国推进"双碳"目标的重要的政策工具。碳市场鼓励减排成本低的企业超额减排，并将其所获得的剩余配额或减排信用通过交易的方式出售给减排成本高的企业，从而帮助减排成本高的企业实现其设定的减排目标，并以最低的社会总减排成本控制碳排放总量。电力市场与碳市场参与主体一致，电力交易与碳市场交易存在复杂的依存关系，二者具有强一致性关系且彼此影响。碳市场和绿证市场将共同促进电力行业的绿色低碳转型。

当前国内外学者对绿证市场、碳市场和电力市场的作用效果进行了丰富的研究。研究内容主要集中在以下几个方面。

（1）探究绿证交易的影响和实施效果。例如，设计绿证市场交易机制，研究配额制对新能源消纳的效果。在发电侧模拟不同配额比例的情况下新能源装机比例变化，研究其对我国电源结构调整的影响。分析配额参数对电力零售市场中利益相关者策略的影响以及电力市场社会福利改善的效果。

（2）设计绿证市场交易机制，探讨电力与绿证交易互动的关系。例如，分析可再生能源投资组合下的绿证市场与电力市场之间的互动，研究市场对绿证交易成本收益的影响。研究区块链的绿证交易机制，并探究电力市场和绿证市场的表现。

（3）研究电力和绿证交易机制下的市场交易优化决策。例如，构建绿证和电力交易的基本框架，模拟风光新能源参与电力市场与绿证市场的策略。联合电力市场和绿证市场研究发电商的报价策略，进一步考虑新能源的参与，最终确定风光新能源最优交易决策。提出以直流微电网为研究对象的多元化绿色交易体系，构建供电商合作的博弈模型。

（4）研究绿证和碳市场对电力市场运行的优化作用，促进碳减排和激励新能源发展的政策参数设计。例如，建立了基于系统动力学理论和场景设计方法的仿真模型，结果表明，实施可交易的绿色证书和碳排放权交易机制，可以更好地实现控制电力行业的碳排放和促进我国碳减排的国家目标。结合可再生能源消纳责任、绿色证书交易机制、碳排放权交易等，提出了一种区域综合能源系统运行优化模型，经过算例验证发现，该模型可以有效降低系统的运行成本。

国内外相关研究明确了绿证市场、碳市场对电源结构优化和可再生能源消纳的促进作用，但研究基于旧版配额制度，模型的相关假设与当前的政策机制存在一定的差异。研究了电力市场与绿证市场，或者传统能源和新能源共同参与的电力市场与绿证市场的耦合关系，以及耦合市场体系下发电主体的决策行为。还尚未深入研究新配额制下传统能源和风光新能源在电—绿证—碳多市场中的联动关系，以及市场主体参与上述多市场的互动机制和作用机制。

为了解决上述问题，本章首先分析电—绿证—碳多市场的因果关系，并建立多市场交易的系统动力学分析模型，以明确多市场交易的互动机制和作用关系。

其次，根据多市场的交易机制模型与算例验证，进行多市场耦合交易关系分析，提出风光新能源参与多市场耦合交易路径。

第二节　风光新能源参与多市场交易现状与问题

一、多市场交易现状

（一）电力市场交易现状

自新一轮电力体制改革启动以来，我国电力市场建设取得了显著成效。统计数据表明，2022 年在全国各电力交易机构注册的市场主体累计突破 60 万家，同比上年增长约 29%；2022 年全国电力市场化交易规模达到 5.25 万亿千瓦时，同比增长 39%[①]。在电力市场体系方面，我国正在加快推进多层次全国统一电力市场建设。在交易的空间层次方面，形成了覆盖省外、省内联合市场；在交易的多级时序层次方面，现有电力市场体系覆盖多年、年、月、月内等中长期交易以及日前、日内现货交易体系；在交易的品种方面，电力市场体系覆盖电能量、辅助服务等。

接下来，具体从装机容量、发电量、全社会用电量、交易电量等方面详细介绍我国电力市场交易的情况。

在装机容量方面，截至 2022 年 12 月底，全国累计发电装机容量约 25.6 亿千瓦，同比增长 7.8%。其中，水电、火电、核电、风电、光伏的装机容量分别为 4.135 亿千瓦、13.324 亿千瓦、5553 万千瓦、3.654 亿千瓦和 3.926 亿千瓦。2022 年，全国可再生能源总装机超过 12 亿千瓦，水电、风电、太阳能发电、生物质发电装机均居世界首位，风电、光伏发电新增装机达到 1.52 亿千瓦，占全国新增发电装机的 76.2%[②]，风光新能源新增装机已成为我国电力新增装机的主体。2022 年全国累计电源装机结构如图 3-1 所示。

---

① 2023 年一季度新闻发布会文字实录［EB/OL］. 2023-02-14. 国家能源局，http：//www.gov.cn/xinwen/2023-02/14/content_5741481.htm.
② 王大鹏：可再生能源呈现发展速度快、运行质量好、利用水平高、产业竞争力强的良好态势［EB/OL］. 2023-02-13. 国家能源局，http：//www.nea.gov.cn/2023-02/13/c_1310697026.htm.

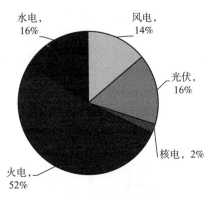

图 3 - 1　2022 年全国累计电源装机结构

资料来源：国家能源局网站，http：//www. nea. gov. cn/2023 - 02/13/c_1310697026. htm.

装机容量中，火电最高，水电和光伏次之，风电与水电和光伏占比接近，核电装机比例最小，风电和光伏装机占比达到 30%。

在发电量方面，2022 年，全国规模以上工业发电 8.4 万亿千瓦时，同比增长 2.2%。其中，风电、光伏发电量达到 1.19 万亿千瓦时，比 2021 年增加 2073 亿千瓦时，同比增长 21%，接近全国城乡居民的生活用电量[①]。2022 年全国各类型发电量结构如图 3 -2 所示。在全国各类型电源发电量结构中，火电最高，水电次之，风电占比 9%，光伏占比 5%，风、电、光伏发电量之和占比为 14%，风光新能源发电量逐步提高，在保障能源供应方面发挥的作用越来越明显。

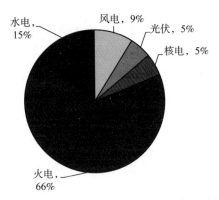

图 3 - 2　2022 年全国各类型电源发电量结构

资料来源：国家能源局网站，http：//www. nea. gov. cn/2023 - 02/13/c_1310697026. htm.

---

① 王大鹏：可再生能源呈现发展速度快、运行质量好、利用水平高、产业竞争力强的良好态势 [EB/OL]. 2023 - 02 - 13. 国家能源局，http：//www. nea. gov. cn/2023 - 02/13/c_1310697026. htm.

在全社会用电量方面，2022 年全社会用电量 86372 亿千瓦时，同比增长 3.6%。分产业来看，第一产业用电量 1146 亿千瓦时，同比增长 10.4%；第二产业用电量 57001 亿千瓦时，同比增长 1.2%；第三产业用电量 14859 亿千瓦时，同比增长 4.4%；城乡居民生活用电量 13366 亿千瓦时，同比增长 13.8%[①]。2022 年全国全社会用电量结构如图 3 - 3 所示。

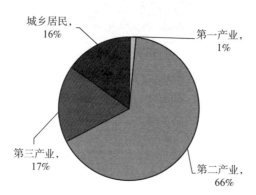

图 3 - 3　2022 年全国全社会用电量结构

资料来源：国家能源局网站，http://www.nea.gov.cn/2023 - 01/18/c_1310691508.htm。

在全国全社会用电量结构中，第二产业全社会用电量比重最高，达到 66%，第三产业和城乡居民占比接近，第一产业全社会用电量占比最小。

在交易电量方面，2022 年全国市场交易电量共 5.25 万亿千瓦时，同比增长 39%，占全社会用电量的比重达 60.8%，同比提高 15.4 个百分点。其中，全国电力市场中长期电力直接交易电量合计为 41407.5 亿千瓦时，同比增长 36.2%。省内交易电量合计为 42181.3 亿千瓦时，其中，电力直接交易 40141 亿千瓦时（含绿电交易 227.8 亿千瓦时、电网代理购电 8086.2 亿千瓦时）、发电权交易 1908.4 亿千瓦时、抽水电量交易 9.6 亿千瓦时、其他交易 122.4 亿千瓦时。省间交易电量合计为 10362.1 亿千瓦时，其中省间电力直接交易 1266.7 亿千瓦时、省间外送交易 8999.8 亿千瓦时、发电权交易 95.7 亿千瓦时[②]。

（二）碳市场交易现状

目前，我国碳市场初步形成了市场化的碳价格，已经可以将温室气体排放的

---

①② 2022 年全社会用电量同比增长 3.6%［EB/OL］. 2023 - 01 - 18. 国家能源局，http://www.nea.gov.cn/2023 - 01/18/c_1310691508.htm.

负外部性内部化，从而引导市场主体主动提高能源效率，自主优化产业结构，进而主动减少碳排放。我国碳市场的建设在降低全社会减排成本和鼓励绿色技术创新方面发挥了积极的作用。

从 2013 年起，北京、天津、上海、重庆、湖北、广东及深圳国内七个试点碳市场陆续上线交易，交易覆盖了电力、钢铁、水泥等 20 多个行业。从覆盖范围来看，试点碳市场主要包括电力、交通、建筑等高碳排放行业；在配额分配方式方面，七个试点市场主要以免费分配为主，根据不同行业特点灵活采用基准线法或历史强度法确定不同行业的配额分配数量；在 CCER 机制方面，各试点抵销比例一般为核发配额量或年度实际排放量的 5% ～ 10%。经过多年的试运行，我国碳排放试点成效显著，湖北省和广东省的碳交易中心的市场规模要远超于其他地区，北京和深圳的碳市场交易相对活跃，北京已经初步建立了较为完善的区域性碳排放交易市场，并有效利用市场机制实现了区域的节能减排，北京市碳强度下降幅度超过 23%，成为全国碳强度最低的地区。

2021 年 7 月 16 日，全国碳排放权交易市场启动上线进行交易。发电行业成为首个纳入全国碳市场的行业，其纳入的重点排放单位超过 2000 家。全国碳市场运营采用"双中心"模式，目前，暂由上海环境能源交易所和湖北碳排放权交易中心代为运营，上海负责交易系统建设，湖北武汉负责登记结算系统建设。此外，北京绿色交易所承建全国自愿减排交易中心，是负责未来 CCER 交易的全国平台，鼓励不承担强制性减排义务的企业主动开发林业碳汇、甲烷回收利用，以及太阳能、风能利用等温室气体减排项目。全国碳市场的分配方法采取基于强度控制的行业基准法，该方法与控排企业的实际碳排放挂钩，将控排企业自身的碳排放量对标行业先进碳排放水平，这样兼顾了当前将排放强度列为约束性指标要求的制度安排。全国碳市场主要分为一级市场和二级市场，一级市场为配额初始分配市场，包括免费发放和拍卖两种方式；二级市场为自由交易市场，包括挂牌交易、单向竞价等方式。根据相关数据，2022 年，全国碳市场碳排放配额总成交量 5088.95 万吨，总成交额为 28.14 亿元[①]。

（三）绿市场交易现状

为激励新能源发展，促进绿色电力消纳，我国先后实施了绿证自愿认购交易、可再生能源电力消纳保障机制、可再生能源电力（超额）消纳量交易、绿色电力交易等系列制度。我国早在 2017 年就推出了绿证交易市场，主要发挥了两

---

① 2022 年全国碳市场总成交量逾 5088.9 万吨［EB/OL］. 2022 - 12 - 30. 中国新闻网，https：//www. Chinanews. com/cj/2022/12 - 30/9924911. shtml.

个作用：一是鼓励新能源发电企业通过绿证交易获得额外收益，特别是对于存量项目而言，可以通过出售绿证替代补贴，从而减少政府可再生能源补贴的财务压力；二是与可再生能源配额配套，并作为新能源消纳责任主体完成消纳责任的替代手段。由于我国绿证市场交易活跃度不高，因此国内绿证核发数量远多于认购数量，整体市场交易活跃。从核发、挂牌、交易情况来看，我国目前绿证交易市场呈现挂牌率、交易率双低的现象，风电的活跃度略高于光伏，而光伏绿证的成交价格又普遍高于风电绿证。

二、多市场交易问题

（一）电力市场交易存在的问题

中长期和现货市场是电力时序交易的基础。中长期市场建设的目的就是要规避电力市场的交易风险，在风险管理中，中长期市场被形象地称为"压舱石"。相较于中长期市场，电力现货市场是指以开展日前及更短时间内的以短时和即时电力交易为主的市场，交易方式一般采取统一出清模式，市场主体通过自愿申报的方式对所形成的交易计划进行交割和结算。电力现货市场交易形成的节点电价，既可以反映电网阻塞情况，引导发、用双方空间上的优化，减少电力系统运行阻塞；也可以形成反映电能供需松紧程度的分时电价，促使需求侧负荷响应，提高系统消纳新能源发电能力，实现源荷的有效互动。电力现货市场的集中出清能够促进发电机组充分竞争，形成反映电力供需平衡和电力生成成本的电价信号，从而实现电力资源的高效配置。基于以上分析，我国电力将逐步建立以中长期交易规避风险、以现货交易集中优化配置电力资源及发现真实价格信号的电力市场体系。目前，中长期市场长期存在人为设置供需比、强制交易比例、市场竞争力弱、容易串谋操纵等问题。这些问题又导致中长期市场与现货市场存在割裂问题。国内外大量的电力市场运行实践表明，电力市场80%以上的交易电量在中长期交易中锁定以规避风险，但是中长期交易合约只确定了电量与价格，未就中长期和现货结算曲线达成一致，中长期与现货市场衔接存在难点。当前，电力中长期和现货市场的割裂与分离问题不仅影响了电力市场的高效运行，也制约了风光新能源发挥市场交易的主观能动性。

（二）绿证市场交易存在的问题

风光新能源具有能量和环境双重价值，可以进入参与电力市场和绿证市场进行交易分别实现能量价值和环境价值变现。我国风光新能源项目在出售绿证时，倾向于使成交价格尽可能接近可再生能源补贴金额，导致绿证价格总体较高，过高的绿证价格又难以被绿证需求主体认购，进而造成绿证市场流动性较弱、绿证价格长期处于高位的不利后果。目前，电力市场和绿证市场运行较为独立，电力市场和绿证市场也并未实现有效协同和耦合，电力市场和绿证市场的价格信号也尚未实现有效联动，风光新能源参与电力市场和绿证市场交易的策略行为都较为独立，无法通过电力市场和绿证市场的共同决策来实现自身能量价值和环境价值的收益最大化。如果电力市场和绿证市场能够协同和耦合，风光新能源自身的低成本优势可以在风光大发的时段降低电价或者绿证价格，并给用户侧积极的价格信号，促使其主动消纳新能源并认购低价绿证，针对风光新能源，低价策略可以保障其上网电量，能够保障自身收益；而对购电用户而言，既可以满足购电需求又可以获得低价绿证。

综上所述，通过电力市场和绿证市场的耦合、协同，可以实现电力市场和绿证市场价格信号的有效联动，风光新能源可以在电力和绿证耦合市场中进行综合决策，能够在实现自身收益最大化的同时促进绿证认购，可以有效解决当前绿证市场流动性不高、认购"疲软"的问题。

（三）碳市场交易存在的问题

碳市场是我国实现"双碳"目标的重要政策性工具。目前，我国碳市场建设已经取得一定的成效，但从中长期的发展来看，碳市场仍然面临交易规模发展后劲不足和碳价稳定性不强的问题。与绿证市场相同，我国碳市场的建设与运营和电力市场相对独立，电价和碳价之间尚未形成联动与传导关系，碳市场交易规模和流动性也较为有限。电力市场和碳市场存在天然的联动关系，电力市场和碳市场旨在通过市场机制实现低碳减排，电力市场和碳市场的主体高度重合，风光新能源可以以 CCER 的方式进入碳市场，传统常规能源发电商可以通过碳配额交易进入碳市场。风光新能源与传统常规能源进入碳市场进行交易直接影响电力市场出清，改变发电商的竞争格局和利益。碳市场的引入使传统常规能源发电商的外部成本得以显现，并转化为排放主体的内部成本，促使常规能源发电商主动碳减排。电力市场将是碳价有效传导的重要基础，传统常规能源发电在碳成本的约束下能够实现更有效的竞争，用户更倾向于选择价格具有优势的发电资源，电源供给侧能够实现绿色低碳转型。电力市场和碳市场互相影响、互相促进，如果电力市场和碳市场有效耦合，可以实现电价和碳价信号的有效联动，既能够保障电力市场充分竞争，也能促进碳市场交易。风光新能源将根据电、碳耦合市场的价格信号制定最佳的交易策略以使自身能量和环境价值收益最大化。

第三节　风光新能源参与多市场交易机制分析

电力市场、绿证市场、碳市场之间存在复杂的交易互动机制，三个市场在运营过程中会有大量的外生变量和内在变量。传统的静态分析方法或定性方法无法全面分析电力—绿证—碳多市场的交易关系，也难以对市场不同因素进行定量对比分析，导致不能全面地描述各市场之间的相互关系和影响机制。鉴于系统动力学适合分析复杂系统随时间的变化态势，可以模拟系统未来的动态行为，已经在市场交易、人口演化、污染物排放等方面得以应用。因此，本书引入系统动力学模型对多市场交易机制进行分析，为多市场耦合关系与路径研究奠定基础。

一、系统动力学原理

系统动力学是一种研究和分析信息反馈系统的方法，其理论原理是根据实际观测到的信息，寻求机会和方法改善系统的性能，并通过计算机的仿真实验对整个系统的未来行为进行预测和分析。目前，系统动力学广泛应用在大型系统和复杂问题的仿真中。系统动力学模型的主要优点是能够处理高阶、非线性和多反馈复杂时变系统问题，可以定量分析系统复杂的结构和功能。

一般来说，系统动力学模型包含三个方程：状态方程、速率方程和辅助方程。其对应三种类型的变量：状态变量、速率变量和辅助变量。系统动力学模型的构建首先要明确系统的边界、影响因素之间的相关关系，形成系统变量互相关联的因果回路图。在因果回路图中，两种因子呈现同向的变化关系，即一个因子增加，另一个因子也增加；一个因子减少，另一个因子也减少，这时则称这两个因子呈正向因果关系；反之，呈负向变化关系。

通过变量之间的因果变化关系可以构建闭合的回路，系统动力学理论称为反馈回路。如果变量 A 增加，导致变量 B 也增加，进而导致变量 C 减少，最终使变量 A 增加，表明此回路是一个不断加强的回路，系统中的任意变量增加将导致这种趋势持续增加，这种回路叫作正反馈回路。相应地，如果变量 A 增加，导致变量 B 也增加，进而导致变量 C 减少，最终使变量 A 减少，这种变化趋势使 A 具有减少的趋势，最终将会通过系统自身的作用而达到稳定状态，这种叫作负反馈回路。复杂系统的运作方式依赖于负反馈回路。

二、多市场交易机制

(一) 模型假设

由于电—绿证—碳多市场交易机制较为复杂，本书对系统动力学模型的假定条件设置如下。

(1) 将电源的供给主体分为两类：一类是风光新能源，此类发电商拥有风电或光伏发电机组；另一类是传统能源发电商，由于我国电源结构以煤为主，故此类发电商指燃煤发电商。进一步考虑将燃煤发电商进行细分，一类是拥有高碳排放机组的燃煤发电商，需要在市场中购买配额或者购买 CCER 证书以完成碳配额考核；另一类是用于低碳排放机组的燃煤发电商，可以在碳市场中出售配额，以实现部分收益。将低碳排放的传统能源发电商记为 A，风光新能源记为 B，高碳排放的传统能源发电商记为 C。

(2) 将负荷需求主体分为两类：一类是用电需求曲线与风光新能源发电曲线契合度较高，此类用户对新能源消纳能力强，可以超额完成消纳义务；另一类用户负荷需求曲线与新能源出力曲线差异较大，且对新能源消纳能力有限，只有购买绿证才能完成可再生能源消纳义务。设定新能源消纳能力高的负荷用户为 α，消纳能力弱的用户为 β。

(3) 风光新能源电力每发出 1 兆瓦时电力，便可以获得 1 个绿色证书；设定碳配额与 CCER 等价。

(二) 多市场交易的因果关系分析

电—绿证—碳多市场交易的因果回路如图 3 - 4 所示。

在电力市场中，传统能源发电商与风光新能源通过报量、报价参与电力市场交易；用户通过报量参与电力市场交易，电力供给和需求决定电力的价格，电力市场完成出清后得到电力价格、传统能源出清量、新能源出清量。电力市场出清量结果影响碳市场配额、CCER 的供求数量，进而影响碳市场配额价格；同理，电力市场的出清结果会影响绿证的供求数量，进而影响绿证价格；碳配额价格、电力价格影响传统能源发电商收益，绿证价格、CCER 价格、电力价格影响风光新能源收益。综上所述，电力市场、碳市场与绿证市场之间通过价格联动和供需关系等相互影响。

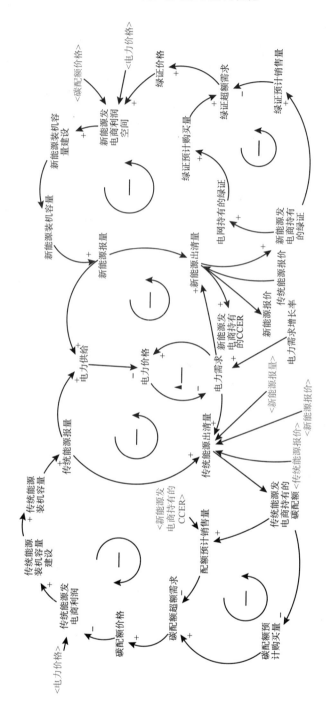

图3-4 电—绿证—碳多市场交易因果回路

1. 电力市场因果关系分析

电力市场由三条反馈回路构成。第一条反馈回路：当电力价格和绿证价格升高时，风光新能源利润增加，驱动风光新能源加大风光新能源装机建设力度，促使新能源装机容量增加，此时风光新能源可以选择向市场申报更多的电量，当新能源供给增加时，绿证价格会逐渐降低。第二条反馈回路：当新能源电力供给增加时，在电力需求不变的情况下，电价会逐渐降低。第三条反馈回路：传统能源发电商的反馈回路机制与风光新能源类似，这里不再赘述。

2. 电力和绿证市场因果关系分析

电力和绿证市场的反馈回路由两条反馈回路构成。第一条负反馈回路：在风光新能源在电力市场中完成交易后，国家绿证颁发机构会向新能源颁发相应数量的绿证，风光新能源持有的绿色证书会增加，风光新能源持有的绿证数量也会随之增加，在市场上倾向卖出绿证，绿证预计销售量就会增加，从而导致超额需求减少，超额需求减少表明此时绿证的供给量相较于需求量增加，绿证价格下降，风光新能源的利润下降，风光新能源装机容量建设水平会降低，市场中的新能源装机容量会减少，新能源在电力市场中的报量会减少，新能源在电力市场中的出清量也会随之减少。第二条负反馈回路：当风光新能源绿证数量增加时，电网持有的绿证数量也会增加，导致绿证的市场需求减少，此时绿证预计的购买量将会下降，绿证的超额需求下降，绿证价格降低，导致风光新能源报量减少，电力市场中的出清量也就随之减少。

3. 电力和碳市场因果关系分析

电力市场和碳市场有两条反馈回路。第一条反馈回路，传统能源发电商在电力市场中完成出清后会对碳配额产生需求，传统能源发电商出清的电量越多，对碳配额的需求就越大，传统能源发电商为保障自身配额的使用，就会倾向选择保守出售碳配额，碳市场中，碳配额预计销售量减少，会使碳配额超额需求增加，进而使碳配额价格提高，碳价提高会影响传统能源发电商的利润，促使传统能源发电商装机容量投资减少，传统能源发电商装机容量减少，影响传统能源发电商在市场中的报量。第二条反馈回路，传统能源发电商在电力市场中出清会进一步刺激碳配额的需求。在供给不变的情况下，碳配额会产生超额需求，进而提高碳配额价格，最终影响传统能源装机建设和电力市场出清电量。需要说明的是，新能源核发的 CCER 会影响碳市场的供给，也会增加配额的预计销售量，减少配额的超额需求，最后使碳价降低。

（三）多市场交易的系统动力学模型

1. 中长期电力市场

中长期电力市场存量流量如图 3 – 5 所示。

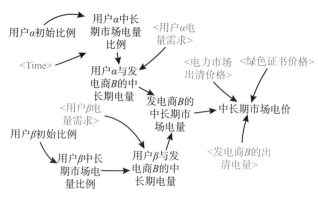

图 3 – 5 中长期电力市场存量流量

《电力中长期交易基本规则》将中长期交易周期规定为年度、月度和月内交易，而交易时间则以年度、月度为主。与此同时，为避免年度中长期交易与现货交易产生较大的偏差，更好地耦合以天为交易周期的电力现货、绿证、碳市场，将中长期市场交易周期设定为 1 个月，并将交易电量按 30 天进行平均分解，使之与现货市场交易的时间尺度进行匹配。

用户 α、β 的中长期新能源电量需求为：

$$Q_{N,LM} = \gamma_{N,LM}(1 + INT(T_{LM}/30)\Delta N)Q_N \tag{3-1}$$

市场中新能源中长期总电量需求为：

$$Q_{LM} = Q_{\alpha,LM} + Q_{\beta,LM} \tag{3-2}$$

市场中用户总电量需求为：

$$Q = Q_\alpha + Q_\beta \tag{3-3}$$

其中，$N = \alpha\ or\ \beta$；$Q_{\alpha,LM}$、$Q_{\beta,LM}$ 为用户 α、β 在中长期市场中的出清电量；Q_{LM} 为发电商 B 签订的中长期市场电量；$\gamma_{\alpha,LM}$、$\gamma_{\beta,LM}$ 为用户 α、β 在中长期市场中的初始比例；ΔN 为中长期市场增长率；Q、Q_α、Q_β 分别为总电量需求、用户 α 和 β 的电量需求。风光出力具有不确定性，为了保障用户 α 和发电商 B 中长期市场合约可以物理执行，设定 $\Delta\alpha$ 为 1%，T_{LM} 为中长期交易周期。

设定用户 α、β 与发电商 B 的中长期市场交易电价相等，由于电力现货价格、绿证价格是锚定中长期市场电价的基础，因此中长期市场电价为：

$$p_{LM} = \sum \begin{pmatrix} (p_{SM}(Q_{B,LM}/Q_{B,LM}) + \\ p_{TGC}((Q_{B,AM} - Q_{B,LM})/Q_{B,LM})) \end{pmatrix} \bigg/ T_{P_{LM}}(T_{P_{LM}} = 30，60，\cdots，120)$$

$$(3-4)$$

其中，p_{SM} 为电力现货市场出清价格；p_{TGC} 为绿证价格；$Q_{B,SM}$ 为发电商 B 在现货市场的出清电量。

2. 现货电力市场

本书构建的电力现货市场交易存量流量关系，如图 3-6 所示。根据电力现货市场的特点，发电商 A 和发电商 B 在现货市场中进行报量和报价，发电商 A 和发电商 C 报价时需要考虑碳配额价格对报价的影响，发电商 B 需要考虑绿证价格对报价的影响。按照电力市场的出清规则，首先对报价机组按照报价从低到高的顺序进行排序，然后对机组出清容量进行累加，当排序机组的报量之和与市场的电力需求相等时，最后一个出清机组为边际机组，电力现货市场出清电价为该发电机组申报的价格。

现货市场出清电价 p_{SM}、发电商 A 出清电量 $Q_{A,SM}$、发电商 B 出清电量 $Q_{B,SM}$、发电商 C 出清电量 $Q_{C,SM}$、现货市场出清电量 Q_{SM} 分别如式（3-5）至式（3-8）所示：

$$p_{SM} = \begin{cases} p_{A,SM} & p_{A,SM} < p_{B,SM} < p_{C,SM} & and & Q_{SM} \leqslant Q_A \\ p_{B,SM} & p_{A,SM} < p_{B,SM} < p_{C,SM} & and & Q_B + Q_A > Q_{SM} > Q_A \\ p_{C,SM} & p_{A,SM} < p_{B,SM} < p_{C,SM} & and & Q_{SM} \geqslant Q_B + Q_A \\ p_{B,SM} & p_{B,SM} < p_{A,SM} < p_{C,SM} & and & Q_{SM} \leqslant Q_B \\ p_{A,SM} & p_{B,SM} < p_{A,SM} < p_{C,SM} & and & Q_B + Q_A > Q_{SM} > Q_B \\ p_{C,SM} & p_{B,SM} < p_{A,SM} < p_{C,SM} & and & Q_{SM} \geqslant Q_B + Q_A \\ p_{C,SM} & p_{C,SM} < p_{B,SM} < p_{A,SM} & and & Q_{SM} \leqslant Q_C \\ \cdots \end{cases}$$

$$(3-5)$$

$$Q_{A,SM} = \begin{cases} Q_A & p_{A,SM} < p_{A,SM} & and & Q_A < Q_{SM} \\ Q_{SM} & p_{A,SM} < p_{A,SM} & and & Q_A > Q_{SM} \\ Q_{SM} - Q_B & p_{A,SM} < p_{B,SM} & and & Q_B < Q_{SM} \\ 0 & p_{A,SM} > p_{B,SM} & and & Q_B > Q_{SM} \end{cases}$$

$$(3-6)$$

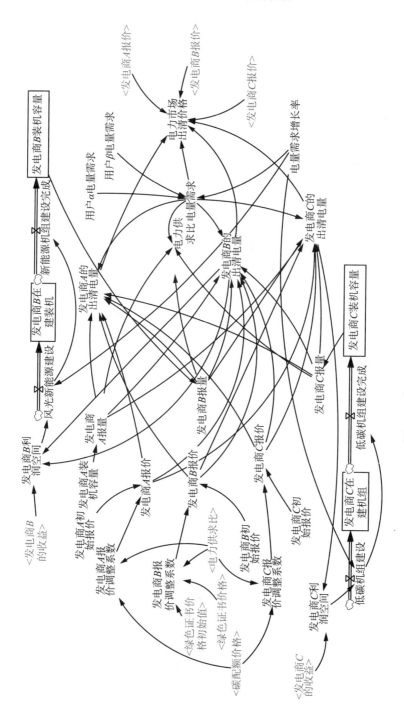

图3-6 电力现货市场存量流量

$$Q_{B,SM} = \begin{cases} Q_B & p_{B,SM} < p_{A,SM} & and & Q_B < Q_{SM} \\ Q_{SM} & p_{B,SM} < p_{A,SM} & and & Q_B > Q_{SM} \\ Q_{SM} - Q_B & p_{B,SM} < p_{A,SM} & and & Q_A < Q_{SM} \\ 0 & p_{B,SM} > p_{A,SM} & and & Q_A > Q_{SM} \end{cases} \quad (3-7)$$

$$Q_{C,SM} = \begin{cases} Q_C & p_{C,SM} < p_{A,SM} & and & Q_C < Q_{SM} \\ Q_{SM} & p_{C,SM} < p_{A,SM} & and & Q_C > Q_{SM} \\ Q_{SM} - Q_B & p_{C,SM} < p_{A,SM} & and & Q_B < Q_{SM} \\ 0 & p_{B,SM} > p_{A,SM} & and & Q_C > Q_{SM} \end{cases} \quad (3-8)$$

$$Q_{SM} = Q = Q_{A,SM} + Q_{B,SM} + Q_{C,SM} \quad (3-9)$$

其中，$p_{A,SM}$、$p_{B,SM}$分别为发电商 A、B 在现货市场报价；Q_A、Q_B 分别为发电商 A、B 的在现货市场的报量。绿色证书价格影响发电商 B 在电力市场的报价，当绿证价格较高时，发电商 B 选择在电力市场中降低报价，以获得更多的出清电量，同时发电商 A 跟随发电商 B 采取低价策略，以获取更多的现货市场份额。

3. 碳市场

发电商 A、B、C 共同参与碳市场交易，交易标的物为碳配额和 CCER。碳市场存量流量图如图 3-7 所示。

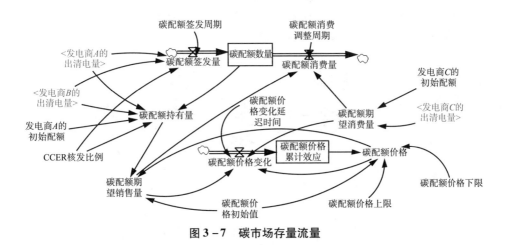

图 3-7　碳市场存量流量

发电商 A 拥有富裕的碳配额，发电商 B 的出清电量可以获得 CCER 证书的核发，故发电商 A 和发电商 B 可以在碳市场中进行配额或 CCER 的出售，为简化系统动力学模型，本书在碳市场存量流量图中不明确区分市场交易物是碳配额还是

CCER，图中统一用"碳配额"表示。发电商 B 拥有高碳排放机组，根据实际的配额分配量和电力市场出清量确定碳配额的期望消费量。参考绿证市场的交易过程，发电商 A 的富裕碳配额数量 Q_A^{CET}，发电商 B 核发的 CCER 数量 Q_B^{CCER}，碳市场中的配额持有量 D_{CET}^{hold}、签发量 R_{CET}^{issued}、预期销售量 D_{CET}^{expect} 分别为：

$$Q_A^{CET} = (\sigma_B^{Gov} - \sigma_B) Q_{A,SM} \tag{3-10}$$

$$Q_B^{CCER} = \varepsilon \tau Q_{B,SM} \tag{3-11}$$

$$D_{TGC}^{hold} = Q_A^{CET} + Q_B^{CCER} + Q_{CET} \tag{3-12}$$

$$R_{CET}^{issued} = \frac{Q_A^{CET} + Q_B^{CCER}}{T_{CET}^{issued}} \tag{3-13}$$

$$D_{CET}^{expect} = \min(D_{CET}^{hold} p_{CET}/p_{CET}^0, \ D_{CET}^{hold})(p_{CET}^{min} \leqslant p_{CET} \leqslant p_{CET}^{max}) \tag{3-14}$$

其中，σ_B^{Gov} 为政府为发电商 B 核定的碳排放配额，σ_B 为发电商 B 的实际碳排量；τ 为风光新能源二氧化碳减排量，ε 为政府允许新能源减排项目的核证自愿减排量比例；Q_{CET} 为碳配额数量；T_{CET}^{issued} 为绿证签发调整周期；p_{CET} 为绿证价格；p_{CET}^0 为绿证初始价格；p_{CET}^{max}、p_{CET}^{min} 为绿证价格上限、下限。

4. 绿证市场

风光新能源、消纳用户共同进行绿色证书市场交易，交易标的物为绿色证书。风光新能源在现货市场完成电量交割，同时从绿证签发平台获得相应数量的绿证，并将其出售给未完成消纳义务的责任主体以获取收益。

绿证市场存量流量如图 3-8 所示。

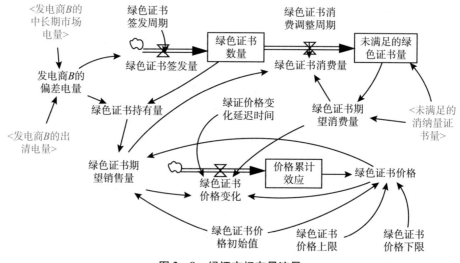

图 3-8 绿证市场存量流量

发电商 B 在现货市场中的出清电量与中长期市场中的合约电量决定了现货市场的偏差电量，这部分偏差电量可以在绿证平台获得相应的数量的绿证。偏差电量 Q_B^{Bias}、绿证的持有量 D_{TGC}^{hold}、签发量 R_{TGC}^{issued}、预期销售量 D_{TGC}^{expect} 分别为：

$$Q_B^{Bias} = Q_{B,SM} - Q_{LM} \tag{3-15}$$

$$D_{TGC}^{hold} = Q_B^{Bias} + Q_{TGC} \tag{3-16}$$

$$R_{TGC}^{issued} = \frac{Q_B^{Bias}}{T_{TGC}^{issued}} \tag{3-17}$$

$$D_{TGC}^{expect} = \min \left(D_{TGC}^{hold} p_{TGC}/p_{TGC}^0, \ D_{TGC}^{hold} \right) \left(p_{TGC}^{\min} \leqslant p_{TGC} \leqslant p_{TGC}^{\max} \right) \tag{3-18}$$

其中，Q_{TGC} 为绿证数量；T_{TGC}^{issued} 为绿证签发调整周期；p_{TGC} 为绿证价格；p_{TGC}^0 为绿证初始价格；$p_{TGC}^{\max}$、$p_{TGC}^{\min}$ 为绿证价格上限、下限。

绿证的期望消费量、未满足的绿证数量、消费量分别为：

$$D_{TGC}^{consumed} = \left(D_{COC}^{undemand} + D_{TGC}^{undemand} \right) \tag{3-19}$$

$$D_{TGC}^{undemand} = D_{COC}^{undemand} - \int R_{TGC}^{consumed} dt \tag{3-20}$$

$$R_{TGC}^{consumed} = \frac{\min \left(D_{TGC}^{expect}, \ D_{TGC}^{consumed} \right)}{T_{TGC}^{consumed}} \tag{3-21}$$

其中，$D_{TGC}^{consumed}$ 绿证期望消费量，$D_{TGC}^{undemand}$ 为未满足的绿证数量，$R_{TGC}^{consumed}$ 为绿证消费量，$T_{TGC}^{consumed}$ 为绿证消费调整周期。

三、算例分析

（一）基础数据

本书以我国南方 P 省为算例分析对象，采用 Vensim PLE 进行系统动力学建模。通过查阅统计年鉴可知，2022 年 P 省 GDP 达 77715 亿元，同比增长 3.1%，全社会用电量 5799 亿千瓦时，同比增长 5.17%，全社会最高用电负荷超过 1 亿千瓦。根据该省历史 GDP 与全社会用电量的线性拟合关系，设定电量需求增长率为 6%。根据中电联调研的数据，我国常规机组碳排放配额及实际碳排放量如表 3 - 1 所示。根据表 3 - 1 中碳配额富裕/缺乏的情况对 P 省机组进行归集，实际碳排放低于基准值的低碳排放发电机组属于发电商 A，风光新能源机组属于发电商 B，实际碳排放高于基准值的高碳排放发电机组属于发电商 C，三个发电商装机容量及利用小时数如表 3 - 2 所示。系统动力学模型的主要参数如表 3 - 3 所示。

表 3-1　　　　　　　　　　常规机组碳排放配额及实际碳排放量

机组容量	机组类型	政府核定的碳排放基准值（千克/兆瓦时）	实际供电的碳排放值（千克/兆瓦时）	碳配额富裕/缺乏
<200 兆瓦	亚临界	979	1039	缺乏
≥200 兆瓦	亚临界		883	富裕
≥300 兆瓦	超临界		883	富裕
	亚临界		1005	缺乏
≥600 兆瓦	超超临界	877	837	富裕
	超临界		920	缺乏
	亚临界		907	缺乏
≥1000 兆瓦	超超临界		848	富裕
	超临界		754	富裕

表 3-2　　　　　　　　　　　发电商装机容量及利用小时数

发电商	A	B	C
装机容量	40380	21880	33050
利用小数	6200	2600	5500

表 3-3　　　　　　　　　　　系统动力学模型的主要参数

变量	取值	单位	变量	取值	单位
$p_{A,SM}$	400	元/兆瓦时	p_{COC}^{max}	128.6	元/个
$p_{B,SM}$	345	元/兆瓦时	p_{TGC}^{0}	166.9	元/个
$p_{C,SM}$	425	元/兆瓦时	p_{TGC}^{min}	128.6	元/个
Q_{α}	30	亿瓦时	p_{TGC}^{max}	609	元/个
Q_{β}	25	亿瓦时	T_{COC}^{issued}	7	天
ρ_{α}	18	%	T_{TGC}^{issued}	7	天
ρ_{β}	5	%	T_{CET}^{issued}	7	天
$\gamma_{\alpha,LM}$	8	%	p_{CET}^{0}	50	元/个
$\rho_{\beta,LM}$	10	%	p_{CET}^{min}	30	元/个
$\Delta\alpha$	1	%	p_{CET}^{max}	200	元/个
$\Delta\beta$	0	%	ε	5	%
p_{COC}^{0}	50	元/个	τ	0.785	千克/兆瓦时
p_{COC}^{min}	100	元/个			

（二）结果分析

1. 中长期电力市场

中长期电力市场的交易结果如图3-9所示。由图3-9可知，用户 α 的新能源中长期电量随时间阶梯增长，从最初的58亿瓦时逐渐增长到第四个月的81亿瓦时。用户 β 的新能源中长期电量4个月的交易周期内保持在60亿瓦时不变。主要原因是，用户 α 对可再生能源消纳能力较弱，在给定的配额比例（18%）和中长期合约比例（8%）下无法完成配额义务，且中长期市场交易价格（288.149元/兆瓦时）小于"现货+绿证"（577.45元/兆瓦时）的价格，用户 α 期望增加中长期市场合约电量比例。

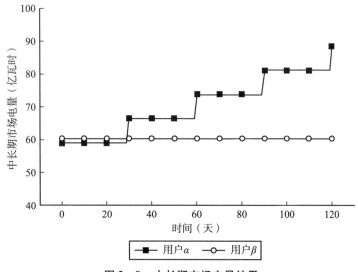

图3-9　中长期市场交易结果

用户 β 由于能够在给定的配额比例（5%）和中长期合约比例（10%）下超额完成其消纳义务，如果增加中长期合约比例，其持有的消纳量就减少，用户多消纳新能源未产生增量消纳收益；如若减少中长期合约比例，会增加其在现货市场中购电的支出，由此可知，增加或减少中长期合约比例都会影响收益，用户 β 没有改变其中长期合约比例的内在动力。

2. 现货市场

发电商 A、B、C 参与现货市场竞价，现货电力市场出清结果如图3-10所示。发电商 A 的出清量保持在650~700亿瓦时，发电商 B 的出清量保持在140~

160 亿瓦时，发电商 C 的出清量保持在 500 ~ 550 亿瓦时。发电商 B 出力具有波动性，现货市场的报量曲线呈现波动变化，在负荷变动的情况下，发电商 A、C 现货市场出清曲线也呈现波动变化。

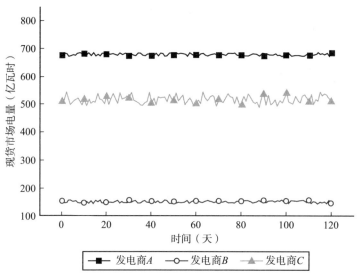

图 3 – 10　现货电力市场出清结果

　　电力现货市场交易结果如图 3 – 11 所示。发电商 A 和发电商 C 的初始报价高于发电商 B 的初始报价，这是因为发电商 A、C 为火电商，发电商 B 为风光新能源，而火电的边际成本大于风光新能源的边际成本。由于发电商 B 报价较低，其在市场中优先获得出清权，但是仅发电商 A 出清无法满足市场的总负荷需求，于是发电商 C 成为电力现货市场竞争边际机组，由于负荷需求和发电商 C 新能源机组出力变化，发电商 C 的每日出清量较发电商 A 的波动更为明显。发电商 A、C 为了在市场中获得更多的出清电量，均选择降价的策略进行电量竞争，但受限于成本，经过多天的博弈，发电商 A、C 报价在降低一段周期后维持稳定，分别维持在 382 元/兆瓦时、378 元/兆瓦时。由于发电商 A 拥有丰裕的碳配额，与发电商 B 相比，博弈降价空间较大，因此，发电商 A 达到稳定的报价状态比发电商 C 滞后，在第 18 天才达到均衡状态。发电商 B 报价较现货市场出清电价较低，于是选择增加现货市场报价，以获取更多的市场收益。在上述交易的过程中，发电商 C 始终保持部分电量出清，现货市场价格曲线与其报价曲线一致。

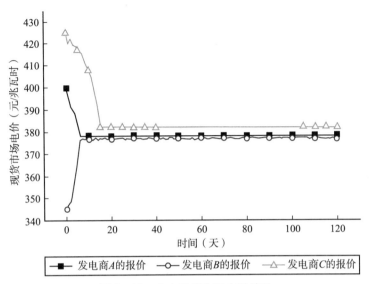

图 3 - 11　电力现货市场交易结果

3. 绿证市场交易

根据绿证市场交易公式计算得到绿证市场交易结果，如图 3 - 12 所示。

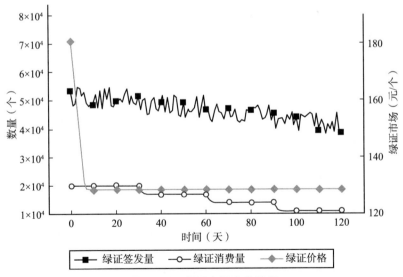

图 3 - 12　绿证市场交易结果

由图 3-12 可知，绿证签发量大于消费量，即绿证市场供给大于对绿证的需求。由于风光新能源发电具有波动性与随机性，因此绿证市场的签发量呈现波动变化，从市场初期的 5 万个逐渐下降到 4 万个左右，主要原因是用户 α 在中长期市场签订的电量随时间阶梯增长导致绿证消费量变化，呈阶梯下降。由于绿证市场供给大于用户对绿证的需求，绿证价格逐渐下降，在第 7 天达到最小值。

4. 碳市场交易

根据碳市场交易公式计算得到碳交易结果，如图 3-13 所示。碳配额供给量和碳配额需求量呈稳定波动的变化趋势。在交易周期内，碳配额供给量保持在 4.3 万吨的水平，碳配额需求量保持在 2.3 万吨的水平，碳市场中碳配额的供给量大于需求量，持有碳配额的发电商 A 和发电商 C 会通过碳配额的预期销售量调节其参与碳市场的交易意愿，从而使碳配额的预期销售量和预期消费量呈上下互动的变化趋势。碳市场价格在 50~65 元的范围呈波动变化的趋势，碳市场价格的波动变化对中长期和现货市场电价影响较小，主要原因是我国目前煤电的配额较为宽松，较大比例的燃煤机组的碳配额较为丰裕，导致碳市场的碳配额供给大于需求（见图 3-13），碳市场成交规模不大、碳价较低，碳市场整体交易不活跃。随着我国免费碳配额量的逐渐减少，燃煤发电机组的碳配额需求量逐渐增加，未来碳价将进一步提高。

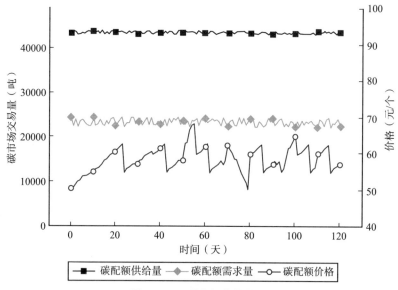

图 3-13 碳市场交易结果

5. 发电商市场收益分析

发电商 B 的收益由电力市场收益、绿证市场、碳市场收益构成，变化趋势如图 3－14 所示。发电商 B 的电力市场收益如图 3－15 所示。发电商 B 的总收益曲线与电力市场的收益曲线趋势一致，从最初的 7300 万元波动下降到 5800 万元。电力市场收益波动下降，主要原因是发电商 A、B、C 竞价，造成现货市场电价波动下降。绿证市场收益呈下降趋势，主要原因是绿证市场供给大于需求，绿证价格下降，绿证的消费量也随之下降，二者同时下降导致绿证市场收益下降，绿证市场收益从 700 万元下降到 275 万元左右。碳市场收益保持在 200 万元左右，虽然占新能源收益的比例较为稳定，但占比较小，主要原因是为实现燃煤发电机组的直接碳减排效果，我国规定，通过国家核证自愿减排量抵销碳配额的比例不超过 5%，在整个市场碳配额丰裕的情况下，发电商 B 的国家核证自愿减排量核证数量和配额价格均较低。随着中长期电量比例的增加，中长期市场收益也随之增加；但现货市场电价下降，现货市场收益也波动下降，偏差收益减少。中长期市场增加的收益小于偏差减少的收益，发电商 B 的电力市场收益减少。

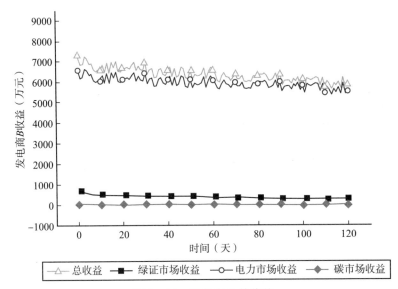

图 3－14　发电商 B 的收益

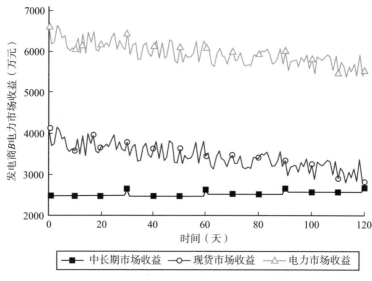

图 3 – 15　发电商 B 的电力市场收益

第四节　风光新能源参与多市场耦合交易关系与路径

本节基于多市场交易机制分析模型及算例结果，分析多市场耦合交易路径，进一步确立风光新能源参与多市场耦合交易路径。首先，立足电力交易的时序特征，建立电力时序市场耦合交易路径；其次，立足风光新能源能量和环境价值变现，建立电—绿证市场耦合交易路径、电—碳市场耦合交易路径；最后，在风光环境价值不重复计量的前提下，考虑绿证和碳市场的耦合协同，建立电—绿证—碳市场耦合交易路径。本节提出的多市场耦合交易路径可以充分发挥多市场交易合力，并挖掘多市场交易的耦合协同效果。

一、多市场耦合交易关系

（一）电力时序市场耦合关系分析

根据多市场交易机制以及算例分析，中长期和现货市场耦合关系主要体现在以下三个方面。

第一，电力中长期市场和现货市场交易时间耦合。电力中长期市场交易可以满足用户大部分电量交易的需求，风光新能源可以在中长期市场上锁定部分收益，有利于市场风险规避。建立现货市场后，中长期市场的含义相对于现货市场而言，进行的电力交易的时间尺度更长的市场，如年度市场、月度市场等。那么，中长期交易的"电"，其最小时间尺度应与现货市场的时间尺度一致，必须将中长期交易按照现货市场的时间尺度分解曲线。因此，电力中长期和现货市场在交易时间层面紧密耦合。例如，根据图 3-5 中长期电力交易的存量流量关系，用户 α、β 与发电商 B 进行月度中长期交易，完成月时间尺度电量交易，提前锁定一定比例的收益，并根据式（3-1）按日尺度进行平均分解。根据图 3-6 现货市场存量流量关系，发电商 A、B、C 的博弈竞价，与用户完成现货市场日时间尺度的电量交易。发电商 B 通过将中期合约电量按照日进行平均分配，实现与现货市场日交易时间尺度的匹配。

第二，电力中长期和现货市场交易数量耦合。在电力市场环境下，风光新能源签订的中长期合约电量需要与现货市场交易电量一同进行物理交割。电力中长期合约交割量和现货市场交割量共同形成风光机组的发电出力。因此，中长期合约电量和现货市场交易数量紧密耦合。例如，由图 3-9 的中长期市场交易结果可知，发电商 B 按日平均分解的中长期市场交易电量为 120 亿~140 亿瓦时。根据图 3-10，发电商 B 的现货市场的电量保持在 140 亿~160 亿瓦时。中长期市场日时间尺度交易电量与现货市场交易电量之和为发电商 B 的日发电电量。

第三，电力中长期和现货市场交易价格耦合。由式（3-4）可知，电力中长期市场交易形成的中长期价格信号与现货市场交易形成的现货价格信号具有隐式的关联关系，并由此影响风光新能源在中长期市场和现货市场的出清数量。风光新能源通过制定交易决策，在量价复杂联动的电力中长期和现货市场中获得最大化收益。例如，在算例中，在中长期电价和现货市场电价的影响下，发电商 B 的中长期市场收益占电力市场总收益的 40% 左右（见图 3-15），现货市场收益占电力市场总收益的 60% 左右（见图 3-15），电力市场总收益随现货市场收益波动变化。

（二）电—绿证市场耦合关系分析

风光新能源具有能量和环境价值，电力市场和绿证市场交易是风光新能源双重价值实现的重要载体。电力市场和绿证市场的耦合关系主要体现在以下三个方面。

第一，电力市场和绿证市场交易时间耦合。目前，电力市场和绿证市场独立运行，电力市场的交易尺度主要为年度、月度、日、小时等，而绿证市场规则并未规定绿证市场的交易尺度，绿证生成数量与电力现货市场的实际交易量挂钩，绿证的交易时间尺度与现货市场交易的时间尺度匹配。

第二，电力市场和绿证市场交易数量耦合。根据我国绿证市场的交易机制，风电、光伏发电纳入绿证核发范围，1兆瓦时的风光新能源电力可以获得1个绿证。风光新能源在电力现货市场中的出清数量决定了绿证市场的绿证签发量。例如，由图3-10的现货市场交易结果和图3-12绿证市场交易结果可知，绿证市场签发量会随现货市场交易量呈现相同的波动变化规律，电力市场的出清数量决定了绿证的数量。电力市场中风光新能源的消纳比重决定了用户对绿证的需求量。例如，根据图3-8，电力市场完成出清后，可以对用户实际消纳的风光新能源进行核算，如果实际消纳量不满足配额要求，则需要购买绿证以完成消纳权重考核任务。

第三，电价和绿证价格耦合。风光新能源的报价策略形成了电力中长期和现货市场的交易价格，也决定了电力中长期和现货市场的出清量，而现货市场的出清量又将决定绿证的供给数量，进而影响绿证的交易价格，且与电力中长期和现货市场交易价格的耦合关系类似，电价和绿证价格也存在复杂的隐含关联关系。例如，从式（3-4）也可以看出，电力现货价格和绿证价格是锚定中长期市场电价的基础。根据图3-4的多市场交易因果回路关系，风光新能源既可以从电力市场获得收益，也可以从绿证市场获得收益，面对电力市场和绿证市场出清数量和出清价格的联动关系，风光新能源在电力市场和绿证市场的交易决策效果表现为电力市场和绿证市场总收益最大化。根据算例分析结果，风光新能源电—绿证收益可以达到8000万元左右（见图3-14）。

（三）电—碳市场耦合关系分析

电力市场和碳市场具有高度重叠的市场主体，电力市场和碳市场的耦合关系主要体现在以下三个方面。

第一，电力市场和碳市场交易时间耦合。根据市场交易规则，电力市场和碳市场交易时间的耦合包括市场交易环节的耦合和配额清缴环节的耦合。市场交易环节的耦合：常规能源发电商和风光新能源在碳配额交易环节可以自由进行碳配额的售出和购买，常规能源发电商在某个时段累计的实际碳配额如果超过主管机构核发的初始碳排放配额，其在以后的时段发电也不会受到限制，常规能源发电商在自由交易环节也无须实时缴纳超出的碳配额，常规能源发电商可以选择在碳价的低谷时段尽可能地购入碳配额。例如，根据图3-7构建的碳市场存量流量关系，发电商 A、B、C 可以自由进行碳配额买卖，而无须限制自己在电力市场的交易量。配额清缴环节的耦合：在碳市场履约周期结束的碳配额清缴环节，常规能源机组需要缴纳履约周期全年发电量总和折算的等额碳配额，如果自己的碳配额量不足以抵减实际的碳排放量，就需要接受一定的经济惩罚。例如，根据图 3-7，发电商 C 的实际碳排放配额大于分配得到的初始碳排放配额，此时发电商 C 就需要在碳市场中购买发电商 B 的 CCER 或发电商 C 的碳配额。

第二，电力市场和碳市场交易数量耦合。电力市场中风光新能源和常规能源发电商的出清电量决定了碳市场中碳配额和 CCER 的数量。例如，算例一节中，风光新能源 CCER 持有量与发电量挂钩；对常规火电发电商而言，实际的碳排放量也与发电量之间具有换算关系。由图 3-4 可知，风光新能源和常规能源发电商在电力市场中完成出清的电量将是碳配额和 CCER 交易的基础。反过来，发电商在电力市场中的出清量也受到所持有的碳配额、CCER 和碳价的影响。

第三，电价和碳价耦合。大量的文献研究表明，电价与碳价具有传导关系。电力市场交易形成的电价随电力供求关系的变化而变化。碳市场交易形成碳价随碳市场配额和 CCER 供求关系的变化而变化。根据多市场交易因果关系，电力市场的出清量与碳市场中交易的碳配额、CCER 量存在依存和制约关系（见图 3-4 和图 3-7），也就促使碳价和电价之间具有复杂、隐式的关联关系（见图 3-11 和图 3-13）。从市场行为的经济理性来看，风光新能源和常规能源发电商追求电力市场和碳市场的总收益的最大化，因此需要协同考虑两个市场的交易策略，将自身的发电能力和碳配额、CCER 的购买和售出量合理分配在不同的交易时段，同时也考虑发电商之间的博弈互动行为。

（四）电—绿证—碳多市场耦合关系分析

本书从交易时间、交易数量、交易价格三个维度分别分析了电力时序市场、电—绿证市场、电—碳市场的耦合关系。电—绿证—碳市场的耦合关系以上述耦合关系为基础，形成更为复杂的耦合关系。具体表现为以下三个方面。

第一，电力市场、绿证市场和碳市场交易时间耦合。根据前文所述，电力市场和绿证市场、电力市场和碳市场在交易时间层面存在耦合关系，由此电力市场、绿证市场和碳市场在交易时间层面会形成更为复杂的耦合关联关系。需要说明的是，本书在机制分析时，为降低模型的复杂度，设定中长期市场以月为交易时间尺度，现货市场以天为交易时间尺度，绿证市场和碳市场采用现货市场的交易时间尺度。本书对电力市场、绿证市场和碳市场的交易时间尺度进行了简化，但不影响对电—绿证—碳多市场耦合关系的分析。

第二，电力市场、绿证市场和碳市场交易数量耦合。智能电表技术不仅可以准确记录电力市场交易的真实数据，也可以作为绿证市场、碳市场交易的基础数据。在绿证市场中，国家绿证核发机构根据风光新能源在电力市场中的实际出清量进行绿证核发，风光新能源通过出售绿证获得收益。风光新能源持有的绿证可以选择在绿证市场中进行交易，也可以选择进行绿证留存，在绿证市场中交易获得的绿证和留存的绿证可以在碳市场中兑换为碳配额参与碳市场交易。在碳市场中，碳排放计量表记录了传统常规能源发电商实际的碳排放量，若常规能源发电商的实际碳排放量小于持有的碳排放配额，则传统能源发电商可以将碳配额进行出售以获取利益；若传统能源发电商的实际碳排放量大于持有的碳排放配额，常规能源发电商则需要在碳市场中购买碳配额。

第三，电价、绿证价格、碳价格耦合。由前文构建多市场交易因果回路图以及算例分析结果发现，在电—绿证—碳多市场中，电价、绿证价格、碳价之间存在着复杂的隐式关系，这使电力市场、绿证市场和碳市场的交易数量也存在联动关系。风光新能源需要在量价联动的多市场中确定最佳的交易策略，以实现自身收益最大化。

二、多市场耦合交易路径

基于前文对电—绿证—碳多市场耦合交易关系的分析，本节研究风光新能源参与多市场耦合交易路径，并确立风光新能源进行多市场耦合交易的基本方式，为第四章至第七章多市场耦合交易模型的建立奠定基础。

风光新能源具有能量和环境双重价值，多市场耦合交易路径为风光新能源能量和环境价值变现提供了方式，根据现有政策及市场机制，风光新能源既可以通过参与电力市场交易实现能量价值变现，也可以通过参与电—绿证市场、电—碳市场、电—绿证—碳市场耦合交易实现能量和环境双重价值的变现收益。

（一）电力时序市场耦合交易

风光新能源自身的能量价值驱动其参与电力市场，电力中长期和现货市场是我国电力市场的基础体系，风光新能源参与电力中长期—现货市场进行交易是能量价值变现的基本路径。

基于上述电力时序市场耦合关系的分析，风光新能源需要考虑如何将自身发电能力在中长期和现货市场中进行合理分配，以实现自身收益最大化。风光新能源参与电力时序市场耦合交易路径如图 3 – 16 所示。

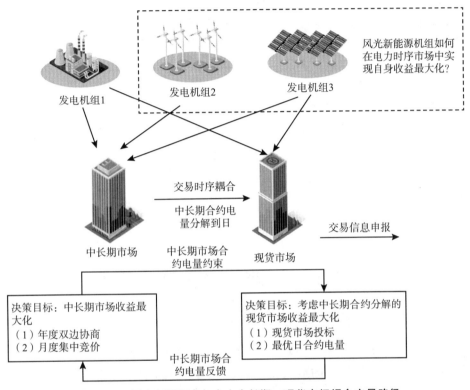

图 3 – 16　风光新能源参与电力中长期 – 现货市场耦合交易路径

（二）电—绿证市场耦合交易

风光新能源具有能量和环境双重价值，电力市场和绿证市场是风光新能源环境价值变现的市场载体。电力现货市场能够反映电力市场交易的本质特征，本节所述及的电力市场均指现货电力市场。风光新能源、传统能源发电商、购电用户共同参与电力市场交易，电力市场通过引入竞争，实现发电和购电的高效互动，促进电力资源优化配置。基于前文对电—绿证市场耦合关系的分析，风光新能源参与电—绿证市场耦合交易路径如图 3 – 17 所示。

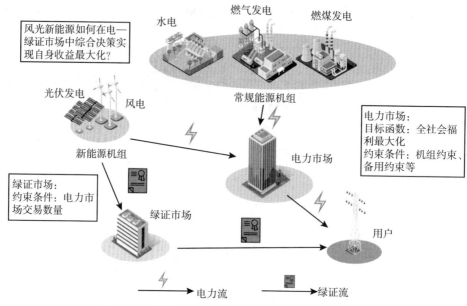

图 3 - 17 风光新能源参与电—绿证市场耦合交易路径

（三）电—碳市场耦合交易

在电力市场和碳市场中，风光新能源要考虑如何根据两个市场的价格信号来制定策略以实现自身收益的最大化。对于风光新能源参与电力—碳市场耦合交易，自身的收益来源于电力市场的售电收入和碳市场 CCER 售卖收入，常规能源发电商与风光新能源共同进行电—碳市场交易。因此，风光新能源需要考虑常规能源发电商市场行为策略。

基于前文的对电—碳市场耦合关系的分析，风光新能源参与电—碳市场耦合交易路径如图 3 - 18 所示。

（四）电—绿证—碳多市场耦合交易

在电—绿证—碳多市场耦合交易中，风光新能源需要综合考虑电力、绿证、碳市场的价格以及各市场的交易数量，通过综合制定交易策略以实现风光新能源能量和环境价值收益在电—绿证—碳多市场耦合交易的最大化。

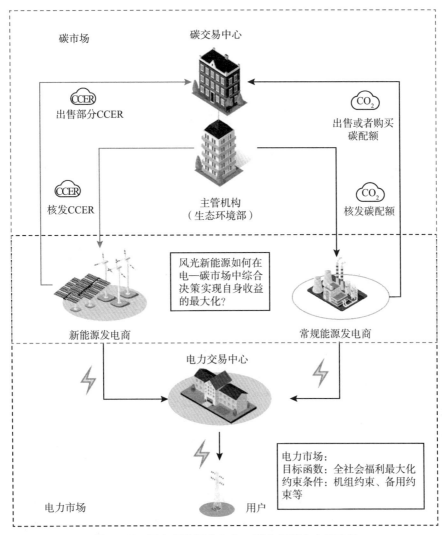

图 3-18　风光新能源参与电—碳市场耦合交易路径

当风光新能源同时进入电—绿证—碳多市场时，首先，风光新能源要考虑自己在电力市场的出清决策。其次，在电力市场完成出清以后，风光环境价值在不重复计量的前提下，在碳价和绿证价格的引导下，风光新能源要考虑自己环境价值在两个市场中的变现决策。最后，风光新能源需要考虑与常规燃煤发电商、购电商的博弈行为，以实现电—绿证—碳多市场收益的最大化。基于前文对多市场耦合关系的分析，建立风光新能源参与电—绿证—碳多市场耦合交易路径如图 3-19 所示。

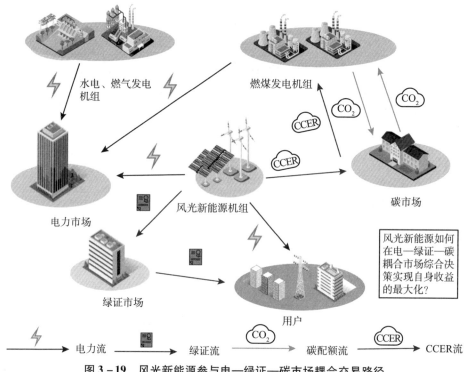

图 3-19 风光新能源参与电—绿证—碳市场耦合交易路径

　　面对风光新能源价值兑现的路径，要构建与之配套的交易模型，以支持风光新能源的交易优化。当风光新能源聚焦能量价值变现优化决策时，电力中长期-现货市场耦合交易模型可以为风光新能源决策提供决策支持。当风光新能源通过电—绿证耦合市场实现风光新能源环境价值变现时，风光新能源要考虑如何针对电—绿证耦合市场进行科学的决策，此时电—碳市场耦合交易模型可以为风光新能源提供决策支持。风光环境价值还可以通过碳市场进行变现，风光新能源面临电—碳耦合市场的交易决策优化，由此，构建电—碳耦合市场交易模型可以为风光新能源进行电—碳耦合市场交易优化提供支持。考虑现有政策并未强制规定风光新能源环境价值的变现方式，因此，在环境价值不重复计量的前提下，要考虑能量和环境价值如何在电—绿证—碳耦合市场中进行综合决策以获取最大收益，本节构建的电—绿证—碳多市场耦合交易路径为多市场耦合交易模型构建奠定了基础。

第五节　本章小结

　　本章研究了电—绿证—碳多市场交易机制，分析了多市场耦合关系，进而确立了多市场耦合交易路径。首先，分析了多市场交易现状与问题。其次，引入了系统动力学的模型，建立了电—绿证—碳多市场交易的因果关系和存量流量关系，并明确了多市场的互动机制和作用关系。最后，从交易时间、交易数量和交易收益角度分析了多市场耦合交易关系，提出了风光新能源参与多市场耦合交易路径。本章的研究为开展风光新能源参与多市场交易模型研究奠定了基础。

第四章

风光新能源参与电力时序市场
耦合交易模型

电力商品的特征决定了电力交易的时序特性，风光新能源要考虑如何进入电力时序市场参与耦合交易决策，以获取自身收益的最大化。首先，建立风光新能源进行中长期市场交易的优化模型，并采用多代理深度确定性策略梯度（multi-agent deep deterministic policy gradient，MADDPG）算法进行模型求解，以获得最优的中长期交易策略。其次，建立中长期交易分解的多目标优化模型，并采用自适应加权和法（adaptive weighting strategy，AWS）进行求解，计算获得中长期合约分解电量。再次，考虑风光出力的不确定性、现货市场电价、偏差惩罚等影响因素并引入条件风险价值理论，建立考虑中长期合约分解的现货市场交易优化模型，求解并获得现货市场的交易策略。最后，结合算例数据，计算和分析风光新能源参与电力时序市场耦合交易行为。

第一节 引　　言

随着我国以新能源为主体的新型电力系统建设的有序推进，以风光为代表的新能源得到了快速发展，成为支持我国"双碳"目标建设和能源结构绿色低碳转型的重要途径。自新一轮电力体制改革以来，我国电力市场建设稳步推进，市场化交易电量规模不断壮大，探究高比例风光新能源消纳的市场化途径是保障新型电力系统安全、稳定运行的关键基础。对风光新能源电力而言，中长期电力交易并不能准确反映新能源的时空价值，新能源高比例接入的情况下，是难以保障风光新能源收益的，而且对规避现货市场波动风险的作用也较为有限。根据我国电力市场的实践经验，风光新能源的市场化消纳需要中长期和现货市场有机耦合。

因此，风光新能源如何在电力中长期—现货耦合市场中进行交易决策，对激发其参与市场活力、保障可持续性发展具有重要意义。

国内外学者关于风光新能源参与电力时序市场的研究主要集中以下三个方面。

（1）促进新能源消纳的中长期和现货市场机制设计研究。刘敦楠等（2023）设计了各交易周期下的标准能量块合约，并制定了基于标准能量块合约的电力中长期市场连续运营典型方案。叶泽等（2022）、卢婷等（Lu T et al.，2022）提出需要进一步明确我国中长期市场与现货市场关系。许喆等（2022）提出一种考虑不同交易组织周期的、时序递进的省间交易组织机制实现方案。杨春祥等（2022）分析了甘肃中长期市场与现货市场的衔接机制。王小昂等（2022）分析了中长期交易与现货市场衔接方面的问题，并提出容量补偿机制的建设和推广。杨建华等（2021）提出一种发用电计划放开下跨省中长期电力市场交易机制设计。

上述研究侧重中长期市场和现货市场交易机制层面的衔接，并未对具体的耦合交易关系进行深入的研究。

（2）中长期合约分解研究。中长期合约电量分解是电力中长期和现货市场耦合的关键环节，现有研究关于合约电量分解方法的研究可以总结为滚动修正和运筹优化模型两种分解方法。对于滚动修正方法，邢玉辉等（2020）建立考虑以启动费用和电量偏差最小为目标的中长期合约电量滚动修正模型。何蕾等（2021）、贾法里等（Jafari et al.，2020）提出火电机组和可再生能源机组中长期合同电量的差异化分解方法。对于优化模型分解方法，吴刚等（2019）以机组间合同电量完成进度偏差最小为目标，提出中长期合同电量分解规划方法。苗树敏等（2018）提出一种兼顾机组进度一致性的二次规划模型，并以此模型进行合约电量分解。上述文献所提出的中长期合约电量分解方法多注重传统能源机组的电量分解，并未针对风光对新能源中长期电量的分解方法进行深入的研究。

上述研究仍有两方面的不足：一方面，未兼顾考虑传统能源发电机组的合约执行；另一方面，未考虑风光新能源对曲线分解的自主性。

（3）电力时序市场出清模型研究。现有文献主要关注中长期合约对现货市场出清的影响。周明等（2019）在日前优化模型中设定了具有中长期合同的机组出力不小于该时段的合同分解量。张粒子等（2021）、吴彦等（Wu Y et al.，2022）、程琦等（Cheng Q et al.，2022）设计了一种日前现货交易与中长期实物合同交割、电网阻塞管理协同优化的市场出清模型。黄远明等（2020）、蒋彦等（Jiang Y et al.，2019）建立了相应的中长期—现货市场联合出清的带安全约束机组组合模型。

上述文献大多将中长期合约电量分解到日并嵌入现货市场出清模型的约束条件，而未从风光新能源视角深入研究其参与中长期合约分解约束下的现货市场交易策略。

鉴于现有文献的不足以及上一章节对耦合交易路径的分析，本章提出了风光新能源参与电力时序市场交易模型。首先，建立风光新能源中长期市场交易模型，以实现风光新能源在中长期市场中的收益最大化，并采用 MADDPG 算法进行模型求解。其次，建立中长期合约分解优化模型，兼顾风光新能源消纳和常规能源机组进度偏差，实现中长期合约分解，采用 AWS 方法对模型进行求解。最后，建立考虑中长期合约分解的现货市场交易模型，在风光出力不确定性、现货市场电价和偏差惩罚机制下，引入条件风险价值理论预测风光出力不确定性产生的潜在风险，并分别从风险中立和风险偏好两个角度研究风光新能源交易的策略。

第二节　中长期交易优化及合约电量分解模型

从我国电力市场的建设实践出发，中长期合同以电能量为标的，中长期和现货市场交易模式分为："中长期金融合约 + 全电量现货市场"和"中长期物理合约 + 部分电量现货市场"。第一种：中长期市场合同采用具有金融性质的差价合同，不需要物理执行，并依据日前现货市场价格进行差价结算，现货电能量市场采用全电量竞价模式；第二种：中长期市场合同采用物理合同且需要物理交割，中长期交易形成的合约电量需要分解至运行日执行，偏差采用金融结算法，现货电能量市场则采用部分电量竞价模式。针对第一种方式，由于中长期合同是不需要物理执行的金融合同，风光新能源在现货市场中的投标决策不需要考虑中长期合约电量的约束，因此，本书主要针对第二种模式进行研究。本节立足电力中长期市场，研究风光新能源参与年度双边和月度集中竞价市场交易策略，采用 MADDPG 方法通过多次学习迭代获得最优策略。风光新能源在中长期市场中签订的合约电量需要进行更小时间尺度的分解，如此才能实现与现货市场的衔接，本节提出考虑新能源最大化消纳和常规能源合约进度偏差最小的中长期合约多目标分解模型，采用 AWS 方法求解模型的 Pareto 解，以为风光新能源参与现货市场交易优化提供前置条件。

一、模型框架设计

由于中长期市场交易早于现货市场交易，因此风光新能源难以将自身发电能力在中长期市场和现货市场中同时进行决策，需要分步、分阶段决策。首先，风光新能源需要考虑自身在中长期市场如何决策才能实现收益最大化。其次，市场组织需要考虑如何根据市场机制实现中长期合约电量分解到日，从而实现中长期和现货市场的耦合。基于以上分析，构建电力中长期交易优化及合约电量分解模型交易框架，如图 4-1 所示。

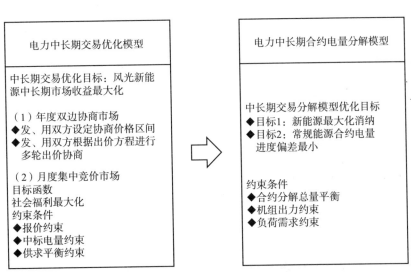

图 4-1　电力中长期交易优化及合约电量分解模型交易框架

首先，在电力中长期市场中，风光新能源参与年度双边协商交易和月度集中竞价交易，经过多轮协商和竞价交易实现中长期市场收益的最大化。在年度双边协商市场中，风光新能源与购电用户设定各自的协商价格区间，并根据出价方程进行多轮出价协商。在月度集中竞价市场中，以全社会福利最大化为目标，设定约束条件为报价约束、中标电量约束、供求平衡约束等。其次，提出适用于风光和常规能源发电商的中长期交易分解方法，既考虑风光新能源消纳，又兼顾传统常规能源发电商中长期合约的进度执行，并通过分解模型实现中长期交易电量的分解。将分解获得中长期交易电量作为现货市场交易的约束条件，体现中长期合约交割的物理执行，以为风光新能源进行现货市场交易奠定基础。

二、中长期交易及合约分解模型

（一）中长期交易优化模型

1. 双边协商交易模型

本书首先对中长期年度双边协商交易进行建模。双边协商交易是一个风光新能源与多个购电用户的协商，也可以说是一个购电用户与多个风光新能源的双边协商，本书注重研究多对多的协商模式。双边协商交易如图 4-2 所示。

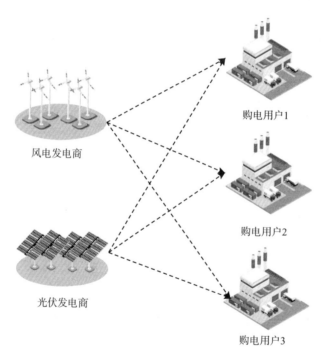

图 4-2　双边协商交易示意

在双边协商交易市场中，风光新能源和购电用户分别根据自身的情况来调整报价信息。

（1）风光新能源报价信息。设定风光新能源 i 参与双边协商的价格区间为 $[o_{i,\min}, o_{i,\max}]$，区间长度为 Δo_i，$o_{i,\min}$、$o_{i,\max}$ 协商价格的上限、下限的计算公式分别为：

$$o_{i,\min} = o_{i,erg} \qquad (4-1)$$

$$o_{i,\max} = o_{i,\min} + \Delta o_i \qquad (4-2)$$

其中，$o_{i,erg}$ 为风光新能源 i 第 t 时段的单位发电成本。

风光新能源 i 双边协商的出价方程为：

$$o_{i,r} = o_{i,\min} + (1-\alpha_{r,i})\Delta o_i \qquad (4-3)$$

$$\alpha_{r,t} = \left(\frac{r}{R}\right)^{1.5\frac{Q_{r,i}}{Q_i}+\frac{1}{\alpha_{0,j}}} \qquad (4-4)$$

其中，r 为协商的回合数，$o_{i,r}$ 为第 r 回合发电商 i 的出价，$\alpha_{r,i}$ 为第 r 回合的折扣系数，$\alpha_{0,j}$ 为初始折扣系数，$Q_{r,j}$ 为累计完成的协商电量，Q_i 为预期需要协商交易的总电量。

（2）购电用户的报价信息。设定购电用户 j 参与双边协商的价格区间为 $[o_{j,\min},\ o_{j,\max}]$，$o_{j,\min}$、$o_{j,\max}$ 分别为购电用户 j 协商价格的上限、下限。价格上限的计算公式为：

$$o_{j,\max} = o_{j,\min} + \Delta o_j \qquad (4-5)$$

其中，Δo_j 为购电用户价格协商长度。

购电用户 j 的第 r 轮出价方程为：

$$o_{j,r} = o_{j,\min} + (1-\alpha_{j,i})\Delta o_j \qquad (4-6)$$

其中，$\alpha_{j,i}$ 为用户 j 第 r 回合的折扣系数，计算公式可以参考式（4-4）。

风光新能源和购电用户的具体的双边协商过程如下所示。

（1）谈判开始时，参与双边协商交易的每个风光新能源或购电商同时出价。

（2）对于风光新能源 i，如果所有购电用户出价均低于其出价，风光新能源与购电用户价格区间没有重叠，二者双边交易失败；否则，当购电用户 j 出价高于发电商出价时，则表明发电商与购电用户之间交易成功，成交价格为双方出价的平均值 $\frac{1}{2}(o_{i,r}+o_{j,r})$。

（3）每一轮谈判结束后，双方根据谈判回合及各自的协商电量完成情况等信息，并根据式（4-3）和式（4-6）调整下一轮出价。

（4）进行下一轮谈判，当风光新能源或购电用户达到自身市场交易的预期目标电量时，谈判结束。协商结束时，风光新能源 i 成功协商的成交电量为该发电商每笔成功协商交易的电量之和 Q_i^{LG1}，发电商中长期协商电价为每笔成功交易电价的加权平均值。中长期市场双边协商电价为所有发电商每笔成功交易电价的加权平均值。

2. 集中竞价交易模型

（1）集中竞价交易的基本原理。设定发电商 i 在集中竞价市场中投标的电量为 $Q_{i,t}^{bid}$，每个发电商根据自身的发电成本以及市场交易的实际确定报价为 $Q_{i,t}^{bid}$，购电用户以报量不报价的方式参与集中竞价交易。集中竞价市场用统一出清的方法将发电商报价从低到高地排列，当累计申报电量达到用户总购电需求时，集中竞价市场完成出清，市场交易电价 $o_t^{bid} = o_{j=k,t}^{bid}$，如图 4 - 3 所示，$k = 6$。对于发电商 i 而言，如果投标竞价 $o_{i,t}^{bid} > o_t^{bid}$，则发电商 i 无法在市场中获得出清；反之，发电商 i 则可以在市场中获得出清，获得出清的电量为：

$$Q_{i,t}^{LG2} = Q_{i,t}^{bid}\left(L_t - \sum_{j=1}^{w-1} Q_{j,t}\right) \Big/ \sum_{j=w}^{k} Q_{j,t} \qquad (4-7)$$

其中，w 为第 1 个申报价格等于市场出清价格的发电机组（见图 4 - 3 中的 $w = 4$），L_t 为电量需求。

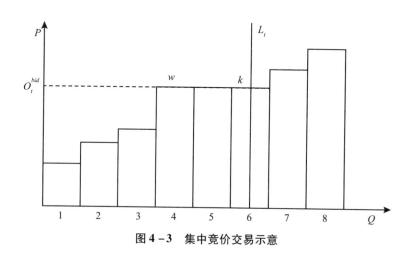

图 4 - 3　集中竞价交易示意

（2）集中竞价交易模型。假设市场中有 I_1 个风光新能源、I_2 个常规能源发电商和 J 个购电用户，本书以集中竞价撮合的方式建立交易优化模型。目标函数为全社会福利最大化，具体表达式为：

$$\max\left\{ \sum_{j=1}^{J} \sum_{k=1}^{K} o_{j,k} Q_{j,k} - \left(\sum_{i_1=1}^{I_1} \sum_{k_1=1}^{K_1} o_{i_1,k_1} Q_{i_1,k_1} + \sum_{i_2=1}^{I_2} \sum_{k_2=1}^{K_2} o_{i_2,k_2} Q_{i_2,k_2} \right) \right\} \qquad (4-8)$$

其中，K 为购电用户的申报段数；$o_{j,k}$ 为用户 j 第 k 段的申报价格；$Q_{j,k}$ 为用户 j 第 k 段的成交量；K_1 为风光新能源出力的分段数，o_{i_1,k_1} 为风光新能源 i_1 第 k_1 个分段的申报价格；K_2 为常规能源发电商的申报段数，o_{i_2,k_2} 为常规能源发电商 i_2 第 k_2

段的申报价格；Q_{i_1,k_1} 为风光新能源 i_1 第 k_1 个分段的中标电量；Q_{i_1,k_2} 为常规能源发电商 i_2 第 k_2 段的中标电量。

相关约束条件包括以下三个方面。

①报价约束。为防止市场成员通过市场力进行恶意报价，本书对市场主体的报价设置上限、下限，如式（4-9）～式（4-11）所示：

$$o_j^{\min} \leqslant o_{j,k} \leqslant o_j^{\max} \qquad (4-9)$$

$$o_{i_1,k_1}^{\min} \leqslant o_{i_1,k_1} \leqslant o_{i_1,k_1}^{\max} \qquad (4-10)$$

$$o_{i_2,k_2}^{\min} \leqslant o_{i_2,k_2} \leqslant o_{i_2,k_2}^{\max} \qquad (4-11)$$

其中，$o_j^{\min}$、$o_j^{\max}$ 分别为用户 j 报价的最小值、最大值；$o_{i_1}^{\min}$、$o_{i_1}^{\max}$ 分别为风光新能源 i_1 报价的最小值、最大值；$o_{i_2}^{\min}$、$o_{i_2}^{\max}$ 分别为常规能源发电商 i_2 报价的最小值、最大值。

②中标电量约束。发电商的中标电量不能超过向交易中心申报的电量，如式（4-12）和式（4-13）所示：

$$0 \leqslant Q_{i_1,k_1} \leqslant Q_{i_1,k_1}^s \qquad (4-12)$$

$$0 \leqslant Q_{i_2,k_2} \leqslant Q_{i_2,k_2}^s \qquad (4-13)$$

其中，Q_{i_1,k_1}^s 为风光新能源 i_1 第 k_1 个分段的申报电量；Q_{i_2,k_2}^s 为常规能源发电商 i_2 第 k_2 个分段的申报电量。

同理，购电用户 j 的中标电量不能大于其向交易中心申报的电量，如式（4-14）所示：

$$0 \leqslant Q_{j,k} \leqslant Q_{j,k}^s \qquad (4-14)$$

其中，$Q_{j,k}^s$ 为购电用户 j 第 k 个分段的申报电量。

③供求平衡约束。发电商的中标电量与购电用户的购电电量相等，如式（4-15）所示：

$$\sum_{i_1=1}^{I_1} \sum_{k_1=1}^{K_1} Q_{i_1,k_1} + \sum_{i_2=1}^{I_2} \sum_{k_2=1}^{K_2} Q_{i_2,k_2} = \sum_{j=1}^{J} \sum_{k=1}^{K} Q_{j,k} \qquad (4-15)$$

（3）风光新能源收益计算。风光新能源 i 在 t 时段的决策目标是使中长期市场收益最大化，如式（4-16）所示：

$$\pi_{i,t} = o_{i,t}^{avg} Q_{i,t}^{LG} - c_{i,t} Q_{i,t}^{LG} \qquad (4-16)$$

$$Q_{i,t}^{LG} = Q_{i,t}^{LG1} + Q_{i,t}^{LG2} \qquad (4-17)$$

$$c_{i,t} = c_{i,a} (Q_{i,t}^{LG})^2 + c_{i,b} Q_{i,t}^{LG} + c_{i,c} \qquad (4-18)$$

其中，$o_{i,t}^{avg}$ 为风光新能源 i 参与双边协商市场和集中竞价市场的加权平均电价，$Q_{i,t}^{LG1}$ 为年度双边协商分解得到的月度电量，$c_{i,t}$ 为风光新能源的成本函数，$c_{i,a}$、$c_{i,b}$、$c_{i,c}$ 为风光新能源的成本系数。

（二）中长期交易分解模型

现阶段，我国中长期交易仍以电量交易为主，买、卖双方签订的中长期物理合同需要进行分解，然而当前按照平均分配、负荷摊分或者机组容量等方法进行分解未充分考虑新能源出力的随机性和波动性，导致按照上述方法分解得到的日交易电量与现货市场难以衔接。为此，本书提出一种兼顾风光新能源消纳和常规能源发电商进度偏差的多目标优化分解方法。考虑到风光新能源出力具有明显的时段性，不同时段的风光新能源发电量有明显差异，在风光新能源大发的时段提高中长期合约电量的分解数量，保障新能源消纳。同时，常规能源发电商作为重要的市场参与主体，在保障新能源消纳的同时要考虑常规能源发电商合约电量的有效执行。

本书构建中长期电量优化分解模型的目标函数为：

$$f = \varphi_1 f_1 + \varphi_2 f_2 \qquad (4-19)$$

其中，φ_1、φ_2 分别为目标函数 f_1、f_2 权重系数。

目标函数 f_1 为最小化风光新能源预测电量与分解电量之差的平方和，如式（4-20）所示：

$$f_1 = \min \sum_{m=1}^{M} \sum_{t=1}^{T} (Q_{m,t}^{forecast} - Q_{m,t})^2 \qquad (4-20)$$

其中，$Q_{m,t}$ 为风光新能源 m 在 t 时段的分解电量，$Q_{m,t}^{forecast}$ 为相应时段的风光新能源预测电量，可以参考许彦平等（2021）提出的方法进行风光新能源电量预测。

目标函数 f_2 为最小化常规能源发电商进度偏差，如式（4-21）所示：

$$f_2 = \min \frac{1}{n} \sum_{n=1}^{N} (l_{n,x} - \bar{l}_x)^2 \qquad (4-21)$$

$$l_{n,x} = \frac{\sum_{t=1}^{x} Q_{n,t}^{H}}{Q_n^{H}} \qquad (4-22)$$

$$\bar{l}_x = \frac{1}{N} \sum_{n=1}^{N} l_{n,x} \qquad (4-23)$$

其中，$l_{n,x}$ 和 $\bar{l}_x$ 分别为常规能源发电商 n 截至第 x 个月（日）的合同电量完成进度和所有常规能源发电商的平均完成进度。

模型约束条件包括以下三个方面。

（1）合约分解总量平衡：

$$\sum_{t=1}^{T} Q_{m,t}^{R} = Q_m^{R} \qquad (4-24)$$

$$\sum_{t=1}^{T} Q_{n,t}^{H} = Q_{n}^{H} \tag{4-25}$$

其中，t 为中长期合约的分解尺度，可以取月或日；Q_{m}^{R} 为风光新能源需要分解的中长期合约总量，Q_{m}^{H} 为常规能源发电商需要分解的中长期合约总量。

（2）机组出力约束：

$$0 \leqslant Q_{m,t}^{R} \leqslant Q_{m,t}^{forecast} \tag{4-26}$$

$$Q_{n,t}^{H,\min} \leqslant Q_{n,t}^{H} \leqslant Q_{n,t}^{H,\max} \tag{4-27}$$

其中，$Q_{n,t}^{H,\max}$ 和 $Q_{n,t}^{H,\min}$ 分别常规能源发电商 n 在 t 时段出力的上限、下限。

（3）负荷需求约束：

$$\left(\sum_{m=1}^{M} Q_{m,t}^{R} + \sum_{n=1}^{N} Q_{n,t}^{R} \right) \geqslant \kappa L_{t} \tag{4-28}$$

其中，κ 为负荷覆盖率系数，L_{t} 为分解时段 t 的负荷需求。风光新能源和常规能源发电商需满足最小负荷需求覆盖。

需要说明的是，本节以年度为例进行中长期合同电量分解，所提出的方法同样可以将月度合约电量分解到周，周合约电量分解到日。

三、模型求解算法与流程

（一）基于 MADDPG 的模型求解

针对中长期交易优化模型，本书采用 MADDPG 方法进行模型求解。MAD-DPG 方法是一种基于多智能体的深度强化学习算法，其核心原理是通过与环境交互进行寻优决策，可以模拟市场参与主体在不完全信息中的竞价决策行为。强化学习的基本框架由智能体和环境组成，智能体通过外界环境交互进行学习决策。具体过程是，智能体根据当前的环境状态和自身经验数据，选择并执行动作空间中的某一动作，通过动作的奖惩结果更新已有的经验，学习的最终目标就是通过与环境进行多次迭代，进而找到可以使长期累计奖励最大化的动作或策略。多智能体深度强化学习可以使用马尔科夫博弈进行描述。

1. 马尔科夫博弈过程

（1）环境。本书将中长期市场作为多智能体模型的外界环境，风光新能源制定交易策略。在年度中长期市场中，根据双边协商方程，发电商与用户进行多轮竞价；在月度集中竞价市场中，交易中心根据发电商的交易策略和负荷需求进行集中市场出清，并向发电商公布中标结果。

（2）状态。在年度双边协商市场中，本书将上一轮用户的出价、用户的电量需求作为状态变量。在月度集中竞价市场中，将前一交易时段的出清电价、前一交易时段的中标电量、当前交易时段的发电商报量及用户电量需求作为状态变量。

（3）动作。多智能体模型的动作值表示为风光新能源报价的参数 $\alpha_{i_1,k}$。本书设定风光新能源的报价函数为：

$$o_{i_1,k_1} = o_{i_1,k_1}^{base} + Q_{i_1,k_1}\alpha_{i_1,k} \tag{4-29}$$

其中，$\alpha_{i_1,k}$ 为风光新能源报价策略，o_{i_1,k_1}^{base} 为报价的基准值。

（4）奖励。风光新能源收益函数作为外部环境反馈给智能体的奖励，智能体的累计奖励表示为每个回合获得的所有奖励之和。

2. 基于 MADDPG 的交易策略求解过程

MADDPG 的网络架构采用 Actor – Critic 框架，每个智能体由具有全局信息的评论者（Critic）网络和具有局部信息的动作者（Actor）网络组成。MADDPG 算法的网络结构如图 4 – 4 所示。

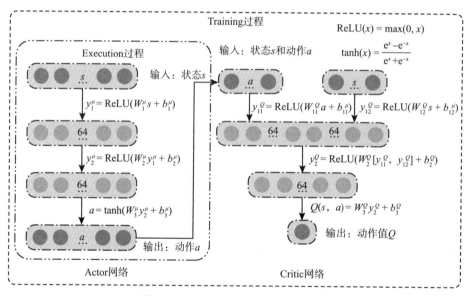

图 4 – 4 MADDPG 算法的网络结构

在给定的状态下，Actor 网络触发动作后所获得的奖励期望值为：

$$Q^{\mu}(s_t, a_t) = E[r_t + \gamma Q^{\mu}(s_{t+1}, a_{t+1})] \tag{4-30}$$

其中，r 表示智能体所获得的奖励值；γ 表示折扣系数。

MADDPG 算法采用深度确定性策略，描述为：

$$\nabla_{\theta_g} J(\mu_g) = E_{s,a \sim D}\left[\nabla_{\theta_g}\mu_g(a_g \mid s_g)\nabla_{a_g}Q(s, a)\right], \ a_g = \mu(s_g) \quad (4-31)$$

其中，s 与 a 分别表示智能体的状态与动作向量，$\mu(s_g)$ 表示当前策略函数。

为使 MADDPG 算法稳定性与收敛性进一步增强，考虑在 Actor 网络和 Critic 网络中各创建两个神经网络拷贝，即当前网络与目标网络。定义 Critic 的损失函数为：

$$\begin{cases} L(\theta^Q) = E_{s,a,r,s'}\left[(Q(s, a \mid \theta^Q) - y)^2\right] \\ y = r_t + \gamma Q'(s', a' \mid \theta^{Q'}), \ a_g' = \mu'(s_g') \end{cases} \quad (4-32)$$

其中，θ^Q 表示当前 Critic 网络的参数；$\mu'(s_g')$ 表示目标策略函数；$\theta^{Q'}$ 表示目标 Critic 网络的参数；$Q'(s', a' \mid \theta^{Q'})$ 表示目标 Critic 网络值函数；s' 表示下一时刻的状态向量；a' 表示下一时刻的动作向量。

Actor 网络以及 Critic 网络的参数可以利用式（4-33）和式（4-34）进行更新：

$$\theta^\mu \approx \theta^\mu + l_a \nabla J \quad (4-33)$$

$$\theta^Q \approx \theta^Q - l_q \nabla L(\theta^Q) \quad (4-34)$$

其中，l_a、l_q 分别表示 Actor 网络和 Critic 网络的学习率；θ^μ、θ^Q 分别表示当前 Actor 网络和当前 Critic 网络的参数。

在基于 MADDPG 的风光新能源交易策略求解的过程中，每个风光新能源均采用智能体报价模式，交易中心收到市场中所有智能体报价后，根据市场出清规则完成交易出清，并将结果反馈给各个智能体，智能体根据交易经验和收益进行后续交易决策。在 MADDPG 模型中，Actor 网络确定智能体的动作值，即发电商的交易策略，而 Critic 网络对该动作进行评估并给出相应的回报。Actor 网络参数是基于 Critic 网络给出的回报。

基于 MADDPG 的风光新能源交易过程如下所示。

（1）初始化 Critic 网络参数、Actor 网络参数；初始化目标 Critic 网络参数、目标 Actor 网络参数；设定训练总回合数 R，时间间隔 T。

（2）设置训练回合 $k = 1$，获取各智能体的初始状态，并设置每个回合时间间隔数 $t = 0$。

（3）计算出各智能体动作值，计算出市场出清电价和各智能体出清电量；计算每个智能体的奖励值；通过市场环境得到每个智能体下一个时段的状态值。

（4）更新当前 Actor 网络参数、当前 Critic 网络参数；更新目标 Actor 网络参数、目标 Critic 网络参数。

（5）设置 $t = t + 1$，判断 $t \geq T$ 是否成立。如果成立，进行下一步；反之，则转向第（4）步。

（6）设置 $k = k + 1$，判断 $k \geq K$ 是否成。如果成立，结束迭代过程并输出市场出清电价、各智能体动作值及出清电量等；反之，则转向第（3）步。

（二）基于 AWS 的模型求解

多目标优化问题最常见的求解方法为加权和法（adaptive weighted，AW），这种方法通过均匀分配目标函数的权重而获得分布均匀的 Pareto 前沿，但无法通过减少步长在非凸区域找到 Pareto 最优解。因此，本书针对中长期交易多目标分解模型提出 AWS 算法来求解模型的 Pareto 最优解。该方法无须提前确定目标函数之间的权重分配，只需根据 Pareto 前沿的性质来动态变化。AWS 的基本原理是通过对归一化后的不同目标函数进行加权求和，并选取不同权重值以得到一系列 Pareto 最优点集。AWS 的紧缩形式为：

$$
\begin{cases}
\min \lambda \dfrac{f_1(\boldsymbol{x}) - f_{1\min}}{f_{1\max} - f_{1\min}} + (1 - \lambda) \dfrac{f_2(\boldsymbol{x}) - f_{2\min}}{f_{2\max} - f_{2\min}} \\
\qquad \text{s. t. } \underline{\boldsymbol{g}} \leq \boldsymbol{g}(\boldsymbol{x}) \leq \bar{\boldsymbol{g}} \\
\qquad\qquad \boldsymbol{h}(\boldsymbol{x}) = 0 \\
\lambda \in \left\{ 0, \dfrac{1}{w}, \dfrac{2}{w}, \cdots, \dfrac{w-1}{w}, 1 \right\}
\end{cases}
\tag{4-35}
$$

其中，$f_{1\min}$、$f_{2\max}$ 分别为单独对 f_1 求最小化时的最优解所对应的 f_1 和 f_2 值；$f_{2\min}$、$f_{1\max}$ 分别为单独对 f_2 求最小化时的最优解所对应的 f_2、f_1 值；$\boldsymbol{h}(\boldsymbol{x})$ 等式约束；$\boldsymbol{g}(\boldsymbol{x})$ 为不等式约束；λ 为权重，相邻权重的间隔为 $1/w$。具体对照中长期交易分解模型，构造最小化新能源出力偏差 f_1 的单目标优化问题，通过计算求得最小值 $f_{1\min}$，此时可对应求得常规能源机组的进度偏差 $f_{2\max}$。同理，构造最小化常规能源发电商进度偏差 f_2 的单目标优化问题，通过计算求得 f_2 的最小值 $f_{2\min}$，此时可对应求得 f_1 对应的最大值 $f_{1\max}$。

AWS 算法是对 AW 进行改进以得到均匀分布的 Pareto 最优解集，其基本思路和计算过程如下所示。

（1）根据式（4-35）计算得到初始 Pareto 前沿，并去除 Pareto 前沿上间距小于设定最小间距值的点，避免分布过于密集。

（2）在需要新增点的分割段之间，设定间距以确定限定可行域。新增 Pareto 最优点的求解公式如式（4-36）所示。

（3）重新计算相邻 Pareto 点之间的距离，并以 δ_f 作为判断依据。当所有的相邻 Pareto 点之间距离都小于 δ_f 时，终止求解；否则重复步骤（2），直至所有相邻 Pareto 点的间距小于预先设定的值，最终得到分布均匀的 Pareto 前沿。以需要新增点的分割段 p_1 和 p_2 为例，由式（4-36）第 3 个和第 4 个约束条件将新增 Pareto 点 p_3 和 p_4 的可行区域限定在灰色区域，按照第 5、第 6 个约束条件改变 λ 的取值即可获得待求点 p_3 和 p_4。AWS 求解 Pareto 前沿如图 4-5 所示。

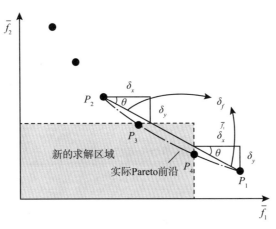

图 4-5　AWS 求解的 Pareto 最优

AWS 算法可以将中长期交易模型转化为单目标随机动态优化模型，求解该模型可获得一系列均匀分布的 Pareto 最优点集：

$$
\begin{cases}
\min\lambda\dfrac{f_1(\boldsymbol{x})-f_{1\min}}{f_{1\max}-f_{1\min}}+(1-\lambda)\dfrac{f_2(\boldsymbol{x})-f_{2\min}}{f_{2\max}-f_{2\min}}\\[2mm]
\text{s. t. } \underline{\boldsymbol{g}}\leqslant\boldsymbol{g}(x)\leqslant\bar{\boldsymbol{g}}\\[2mm]
\boldsymbol{h}(\boldsymbol{x})=\boldsymbol{0}\\[2mm]
\bar{f}_1=\dfrac{f_1(\boldsymbol{x})-f_{1\min}}{f_{1\max}-f_{1\min}}\leqslant P_1^x-\delta_x\\[2mm]
\bar{f}_2=\dfrac{f_2(\boldsymbol{x})-f_{2\min}}{f_{2\max}-f_{2\min}}\leqslant P_2^y-\delta_y\\[2mm]
\lambda\in\left\{0,\ \dfrac{1}{w_i},\ \dfrac{2}{w_i},\ \cdots,\ \dfrac{w_i-1}{w_i},\ 1\right\}\\[2mm]
w_i=ceil\left(\dfrac{d_i}{\delta_f}\right)-1
\end{cases}
\tag{4-36}
$$

其中，δ_f 为最终 Pareto 前沿上相邻两个 Pareto 点间距离的最大值，δ_x、δ_y 分别为 δ_f 对应的横纵坐标。P_1^x 与 P_2^y 分别为点 P_1 对应的横坐标与点 P_2 对应的纵坐标；d_i 为第 i 个分割段 P_1、P_2 的长度；$ceil(\ )$ 为取整运算；w_i 为分割段中新增的点数。

四、算例分析

（一）基础数据

为验证提出模型的有效性，本书以我国南方某省的电力市场为例进行分析，2022 年该省中长期市场包括发电机组 122 台，其中，燃煤机组 85 台，风光新能源机组 37 台，购电用户 85 个。在本书算例中，一个发电商即为一台发电机组。发电机组主要技术参数如表 4 - 1 所示。

表 4 - 1　　　　　　　　　发电机组主要技术参数

机组类型	单位时间上爬速率（%）	单位时间下爬坡速率（%）	最大最小出力比率（%）	$c_{i,a}$ [元/（兆瓦时）^{2}]	$c_{i,b}$ [元/（兆瓦时）]	$c_{i,c}$（元）
光伏 500 兆瓦	100	100	0	1.3×10^{-5}	0.45	26.56
光伏 550 兆瓦	100	100	0	1.25×10^{-5}	0.42	25.63
风电 600 兆瓦	100	100	0	1.23×10^{-5}	0.40	38.45
风电 500 兆瓦	100	100	0	1.22×10^{-5}	0.40	42.36
超超临界 1000 兆瓦	8	8	60	1.6×10^{-5}	0.68	26.56
超超临界 600 兆瓦	10	10	45	3.42×10^{-5}	0.72	32.74
超临界 600 兆瓦	15	15	41	3.61×10^{-5}	0.75	33.95
亚临界 600 兆瓦	15	15	38	3.55×10^{-5}	0.83	3560
超临界 300 兆瓦	30	30	51	5.71×10^{-5}	0.209	65.98
亚临界 300 兆瓦	25	25	43	5.85×10^{-5}	0.233	75.02

MADDPG 算法的仿真环境为 Python TensorFlow，硬件环境为 Intel i7 - 9500 工作站，MADDPG 算法的网络结构和参数设定参考文献，如表 4 - 2 所示。

表 4 - 2 MADDPG 算法的网络结构和参数

参数	Critic 网络	Actor 网络
网络层数	3	3
批大小	2000	2000
隐藏层激活函数	ReLu 函数	ReLu 函数
输出层激活函数	—	双曲正切函数
折扣系数	0.95	0.95
学习速率	0.01	0.01
轮数	300	300
时间间隔	20	20

在中长期双边协商市场，设定年度双边协商电价为顺价形式，参考该电力市场基准价加上下浮动范围，设定风光新能源和购电用户的双边协商区间为 [200，450]。参考历史双边协商谈判轮数，设定年度双边协商的交易轮次为 30。设定风光新能源的初始折扣系数为 0.9，用户的初始折扣系数为 0.95，预期协商交易的总电量为预测发电量的 80%。在月度集中竞价市场，市场报价下限为 300 元/兆瓦时，市场报价上限为 560 元/兆瓦时，报价区间的离散间隔取 10 元/兆瓦时，形成报价空间。

（二）算例结果

1. 中长期交易结果分析

基于以上数据计算得到年度双边协商的计算结果如表 4 - 3 所示，月度集中竞价交易结果如表 4 - 4 所示。

表 4 - 3 年度双边协商计算结果

年度	电价（元/兆瓦时）	年度	电价（元/兆瓦时）
2019	287.6	2021	347.4
2020	235.5	2022	352.3

表 4 – 4　　　　　　　　　　　月度集中竞价计算结果

月份	2019 年电价 （元/（兆瓦时））	2020 年电价 （元/（兆瓦时））	2021 年电价 （元/（兆瓦时））	2022 年电价 （元/（兆瓦时））
1	298.8	287.8	287.9	332.4
2	306.8	287.9	297.7	335.7
3	297.7	274.6	277.9	334.3
4	287.6	279.7	286.9	340.1
5	276.7	267.7	296.7	355.4
6	304.7	279.7	345.5	309.6
7	305.7	263.7	348.4	297.6
8	291.6	271.7	362.3	333.3
9	287.7	270.8	363.7	342.3
10	296.6	268.8	376.5	355.4
11	297.9	274.7	383.5	356.8
12	287.9	289.8	391.4	357.4

以 2022 年 1 月的月度集中竞价市场为例进行市场电价的演化过程分析，如图 4 – 6 所示。1 月集中竞价市场出清价在前 220 轮呈现不断波动的变化趋势，在 200 轮之后市场出清价逐渐趋于稳定，经过 300 轮左右的学习，最终收敛于 332.4 元/（兆瓦时）。经过计算发现，其他各月的月度集中竞价也在 300 轮学习后达到稳定收敛状态，受于篇幅限制，本书不再赘述。将模型计算结果与实际交易数据进行对比分析，相对误差计算结果如表 4 – 5 和表 4 – 6 所示。

根据表 4 – 6 可知，年度双边协商的交易电价平均绝对值误差在 6.2% 以内，月度集中竞价交易的平均绝对值误差在 2018 年、2019 年、2020 年和 2021 年分别为 5.8%、5.4%、6.9%、9.1%，年度和月度交易电价误差均在 10% 以内。由此可见，本书提出的中长年期市场交易模型误差可以被控制在较小的范围内，可以为常规能源发电商和风光新能源的竞价提供尽可能真实的市场环境。

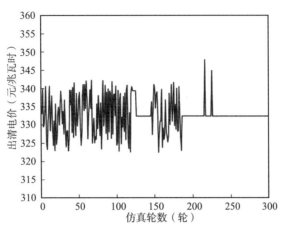

图 4 - 6　2022 年 1 月集中竞价市场出清电价变化曲线

表 4 - 5   年度双边协商的误差分析   单位：%

年份	相对误差
2019	4. 5
2020	5. 1
2021	- 6. 2
2022	- 3. 4

表 4 - 6   月度集中竞价的误差分析   单位：%

月份	2019 年相对误差	2020 年相对误差	2021 年相对误差	2022 年相对误差
1	3. 1	2. 2	- 4. 5	5. 4
2	4. 5	3. 4	- 1. 6	1. 3
3	4. 3	- 1. 3	4. 8	4. 5
4	- 1. 4	2. 2	- 6. 9	5. 4
5	- 3. 7	1. 8	3. 9	- 3. 6
6	4. 8	4. 9	- 4. 1	- 5. 4
7	3. 2	5. 4	3. 2	- 4. 2
8	1. 4	- 6. 7	4. 1	- 3. 1
9	- 2. 6	3. 3	- 3. 3	6. 8
10	- 3. 3	- 3. 4	4. 1	9. 1
11	5. 9	5. 5	4. 2	- 4. 1
12	- 3. 3	2. 8	3. 3	- 5. 8

　　本书将在此模型的基础上对风光新能源 2022 年 1 月的月度集中竞价交易过程进行分析。风电（G4 – G6）中标电量的变化曲线如图 4 – 7 所示，光伏（G7 – G9）中标电量的变化曲线如图 4 – 8 所示。

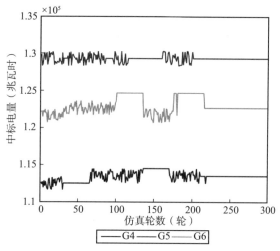

图 4 – 7　G4 – G5 中标电量变化曲线

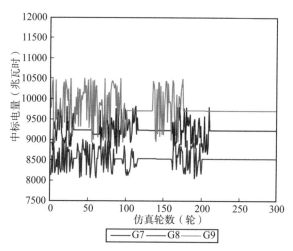

图 4 – 8　G7 – G9 中标电量变化曲线

　　经过 220 轮左右的学习，常规能源发电商和风光新能源已经明确自己的最佳策略，并在之后的交易决策中进行微调，虽然交易决策微调会使月度集中市场的出清电价发生微小变化，但市场出清电价最终收敛于边际机组报价。

部分机组报量报价及中标结果如表4-7所示。

表4-7　　　　　　　　　　部分机组报量报价及中标结果

机组	机组容量（兆瓦）	第1段电量（兆瓦时）；电价（元/兆瓦时）	第2段电量（兆瓦时）；电价（元/兆瓦时）	第3段电量（兆瓦时）；电价（元/兆瓦时）	中标电量（兆瓦时）	成交比例（%）
G1	660	151345；340	41372；380	24425；450	212115	100，100，79.4
G2	600	131210；350	38297；380	21725；480	184320	100，100，68.1
G3	350	111210；350	31210；400	10210；500	128841	100，56.5，0
G4	500	107386；310	38805；420	27450；520	113476	100，15.7，0
G5	600	124240；300	42376；400	20546；550	129340	100，12.0，0
G6	600	120150；320	43604；410	20133；560	124652	100，10.3，0
G7	500	7231；310	3415；410	1352；520	8531	100，38.1，0
G8	550	8841；310	2286；420	1221；540	9232	100，30.2，0
G9	500	8452；320	3211；430	1172；550	9712	100，39.2，0

对比常规能源发电商和风光新能源的报价策略发现，在第1段报量报价，常规能源发电商相较于风光新能源高，而在第2段、第3段风光新能源报量报价则高于常规能源发电商；主要原因是在第1段报价中，新能源出力的不确定性较小，风光新能源以低价策略来保障出清，而常规能源发电商受燃料成本的限制，报价要高于风光新能源，在第2段、第3段报价中，风光新能源由于出力不确定性增强，导致备用成本增加，由此提升报价，而常规能源发电商为获得更多的市场份额而选择降低报价。进一步分析常规能源发电商的出清结果，容量较大的G1和G2发电商在第1段都获得了100%的成交比例，第2段的成交比例分别为79.4%、68.1%，而G3发电商在第1段获得100%出清，第3段未成交。机组容量较大的发电商倾向在中长期月度交易中获得较大比例的电量，所以会采取相对稳健的市场竞争策略，而小型容量的G3发电商由于度电燃料成本较大型发电商G1、G2较高，倾向于将发电能力保留在现货市场，力求在现货市场中获取较高的市场收益。风光新能源G4~G5和G7~G9第1段成交比例达到100%，而在第2段成交比例相对较小。整体来看，风电第2段的成交比例为10%~20%，而光伏第2段的成交比例为30%~40%，光伏中长期交易成交比例较风电较高。

2. 中长期交易合约分解结果分析

为验证AWS算法的有效性，本书分别采用WS算法与AWS算法求解中长期交易的多目标优化模型。图 4 – 9（a）为采用 WS 方法求解获得的 Pareto 最优解，图 4 – 9（b）为采用 AWS 获得的 Pareto 最优解。由此可以看出，WS 方法求解获得的 Pareto 前沿点的整体分布不够均匀；特别是当 $\overline{f_1}$ 取值为 0 ~ 0.4 时，Pareto 优化点较为密集；而当 $\overline{f_1}$ 取值为 0.6 ~ 0.8 时，Pareto 优化点较为稀疏。采用 AWS 方法对初始 Pareto 前沿进行均匀化处理，去除初始 Pareto 前沿中分布密集的点可以看出，整个 Pareto 前沿上点的分布比较均匀，能够反映两个目标协调优化的完整信息。

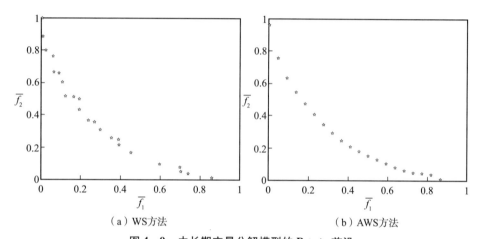

（a）WS方法　　　　　　　（b）AWS方法

图 4 – 9　中长期交易分解模型的 Pareto 前沿

结合上节风光新能源的中标结果及各风光新能源预测发电量及对分解模型中长期电量进行分解。以常规能源发电商 G1 和 G3 为例，获得的电量分解结果如图 4 – 10 和图 4 – 11 所示，风光新能源 G4 和 G7 分解得到的电量如图 4 – 12 和图 4 – 13 所示。

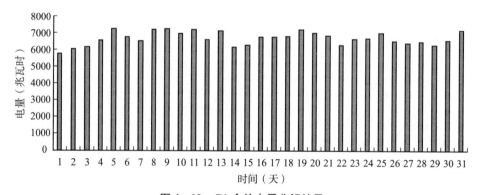

图 4 – 10　G1 合约电量分解结果

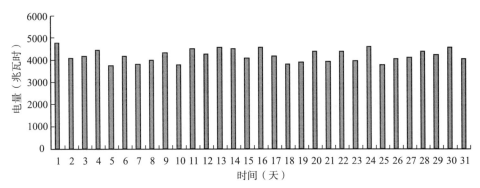

图 4 - 11　G3 合约电量分解结果

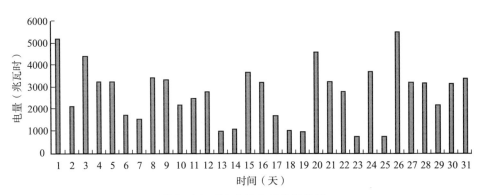

图 4 - 12　G4 合约电量分解结果

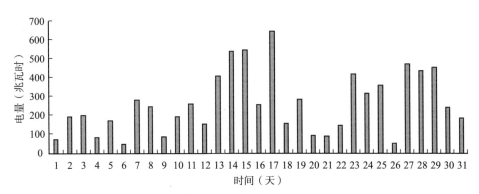

图 4 - 13　G7 合约电量分解结果

常规能源发电商 G1 容量较大，与 G3 发电商相比分解到日的合约电量相对均衡，发电商 G3、G4、G7 分解电量具有一定的互补特征，即在风电和光伏大发的时段，G4、G7 发电商获得较多的分解电量，而此时常规能源发电商 G3 分配的电量较少，此时段可以安排 G3 计划检修，而在风光新能源出力较少的时段，增加 G3 发电商的电量分解，补充风光出力的缺额。综上所述，本书提出的分解模型考虑了风光新能源月度电量的情况，使年度合约分解电量尽可能跟踪新能源月度出力，由此可以保障风光新能源的有效消纳。

第三节　中长期合约分解下考虑不确定性的现货市场交易优化模型

本节主要讨论风光新能源在中长期合约分解约束下如何参与现货市场交易决策的问题。前文提出的合约分解模型将风光中长期合约电量分解到日前交易，风光新能源在电力现货市场交易时，需要考虑将日合约电量分解到现货市场交易的各个时段。与此同时，风光新能源还需要考虑跟踪现货市场的电价信号，在现货市场电价较高的时段选择将发电能力保留在现货市场，而在现货市场价格较低的时段考虑将发电能力用于执行日合约电量，并且风光新能源还要兼顾风光出力偏差引起的惩罚成本。

一、CVaR 基本原理

风光新能源出力具有不确定性，日前预测出力和实际出力存在偏差，现货市场交易机制会对风光新能源出力偏差进行考核，出力偏差惩罚成本是影响风光新能源收益的重要因素，因此，需要考虑出力偏差对收益产生的风险。

风险价值（value-at-risk，VaR）是金融领域广泛使用的一种风险度量工具，是指在正常的市场条件和给定的置信水平下，某一金融资产或证券组合在未来特定的时间段的最大可能损失。但 VaR 不满足一致性公理，且缺乏次可加性，其计算方面与机会约束有相同的复杂表现，因此不能用于组合优化，限制了 VaR 的应用范围。另外，VaR 尾部损失测量存在非充分性，并没有考虑置信度以外的信息，有可能导致结果不准确。

为了克服 VaR 的不足，学者们提出了条件风险价值（condition value-at-risk，CVaR）的风险计量方法，经过多年的实践被学术界认为是一种比 VaR 风险计量技术更为合理、有效的现代风险管理方法。条件风险价值也称为平均超额损失或尾部 VaR，是指在一定的置信水平上，未来可能损失超过 VaR 的潜在价值。

更精确地讲，就是指损失超过 VaR 的条件均值，反映超额损失的平均水平。风光新能源出力偏差条件风险值 CVaR 表示风光出力偏差值大于 VaR 时的条件均值，即超额偏差的平均水平，能更好地体现潜在的偏差风险价值。当风光新能源参与现货市场交易时，CVaR 可以充分考虑风光出力不确定性对交易决策优化的影响，CVaR 越大决策风险越大。在相同的置信水平下，CVaR 的值大于 VaR 的值，这样最小化 CVaR 也就是最小化 VaR。

设 $f(x, y)$ 表示一个与决策向量 x 的损失函数，$x \in X$，随机向量 $y \in Y$，y 联合概率密度为 $p(y)$，对于特定的 x，$f(x, y)$ 是 y 的不超过某一损失水平 α 的概率：

$$\psi(x, \alpha) = \int_{f(x,y) \leqslant \alpha} p(y)\mathrm{d}y \qquad (4-37)$$

于是在给定的置信水平 $\beta \in (0, 1)$ 下，风险值 Var 为：

$$\alpha_\beta(x) = \min\{\alpha \in R \colon \psi(x, \alpha) \geqslant \beta\} \qquad (4-38)$$

引用条件风险，风险值 CVaR

$$\phi_\beta(x) = \frac{1}{1-\beta} \int_{f(x,y) \geqslant \alpha_\beta(x)} f(x, y)p(y)\mathrm{d}y \qquad (4-39)$$

由于 $\phi_\beta(x)$ 中含有 $\alpha_\beta(x)$ 难以直接求解，引入 $\min F_\beta(x, y)$ 来替代 $\phi_\beta(x)$，表示为：

$$\phi_\beta(x) = \min F_\beta(x, \alpha) \qquad (4-40)$$

$$F_\beta(x, \alpha) = \alpha + \frac{1}{1-\beta} \int_{y \in Y} \max[f(x, y) - \alpha, 0]p(y)\mathrm{d}y \qquad (4-41)$$

因随机变量的概率密度函数 $p(y)$ 的解析式通常难以求出，故上式的函数积分较难求出。可通过蒙特卡罗模拟，抽取随机变量 y 的 N 个样本点进行估计，则函数 $F_\beta(x, \alpha)$ 的估计值为：

$$F_\beta(x, \alpha) = \alpha + \frac{1}{1-\beta} \sum_{n=1}^{N} p_n(y) \max[f(x, y) - \alpha, 0] \qquad (4-42)$$

二、不确定性分析和建模

(一) 不确定性分析

风能是一种清洁的可再生能源，主要是由太阳辐射地球表面受热不均，进而引起大气层中受热不均，从而使空气沿着水平方向运动，空气流动所形成的动能。风速在不同时间尺度上表现出来的间歇性以及波动性直接导致了风力发电的

不确定性。长期的风速概率统计特性符合两参数威布尔分布，风速概率密度函数
及累积分布函数，分别如式（4 –43）、式（4 –44）所示：

$$f_w(v) = \frac{k}{c}\left(\frac{v}{c}\right)^{k-1}\exp\left[-\left(\frac{v}{c}\right)^k\right] \tag{4-43}$$

$$F(v) = \int_{-\infty}^{v} f(v)\,\mathrm{d}v = 1 - \exp\left[-\left(\frac{v}{c}\right)^k\right] \tag{4-44}$$

其中，v 表示风速，c、k 分别是威布尔分布的尺度和形状参数，可以通过威布尔
分布拟合历史风速数据得到，如图 4 –14 所示。

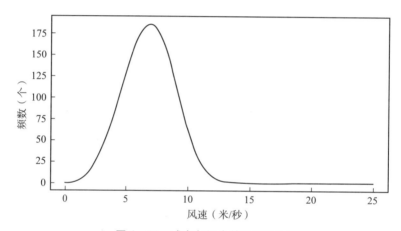

图 4 –14　威布尔拟合的风速分布

通常来说，单台风机的风速可以通过"风速—风功率转换公式"转换为风电
输出功率，其解析表达式为：

$$P_w = \begin{cases} 0, & v < v_{in} \quad or \quad v > v_{out} \\ P_n, & v_n \leqslant v \leqslant v_{out} \\ (v - v_{in})P_n/(v_n - v_{in}) & v_{in} \leqslant v \leqslant v_n \end{cases} \tag{4-45}$$

其中，v_{in} 表示的是风机的切入风速，v_{out} 表示的是风机的切出风速，P_n 表示风机
的额定功率，P_w 为风机的输出功率。

单台风机的风速数据可以转换为风电出力曲线，风电功率的概率密度函数解
析表达式为：

$$f(P_w) = \frac{khv_{in}}{P_{\partial n}c}\left[\frac{(1 + (hP_w)/P_n)v_{in}}{c}\right]^{k-1} \times \exp\left\{-\left[\frac{(1 + (hP_w)/P_n)v_{in}}{c}\right]^k\right\} \tag{4-46}$$

其中，$h = v_n/v_{in} - 1$。

光伏发电是利用半导体界面的光生伏特效应将光能直接转变为电能的一种技术。在研究光伏出力曲线特性方面，学术界已经对其出力曲线形状基本达成共识，即周期为一天的光伏出力一般呈单峰曲线，如图 4-15 所示。

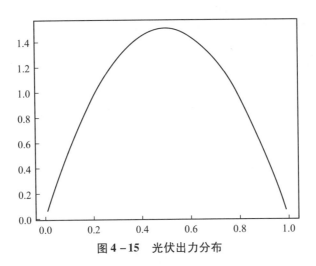

图 4-15 光伏出力分布

目前，学术界普遍认为两参数 beta 分布可以拟合长时间尺度下的太阳辐照强度的概率统计特性，如式（4-47）所示：

$$f(E) = \frac{\Gamma(\alpha + \beta)}{\Gamma(\alpha) + \Gamma(\beta)} \left(\frac{E}{E_{\max}} \right)^{\alpha - 1} \left(1 - \frac{E}{E_{\max}} \right)^{\beta - 1} \qquad (4-47)$$

其中，E 是指太阳辐照强度，$E_{\max}$ 是最大太阳辐照强度，均是 beta 分布形状参数，由于 beta 分布只能用来拟合取值在 0~1 的变量，因此上述解析表达式对太阳光照强度做了归一化处理。

由光伏发电系统的构造特点可知，光伏出力与太阳辐射强度、光伏阵列有效面积以及光电转换效率相关，如式（4-48）所示：

$$P = EA\tau \qquad (4-48)$$

其中，P 是指太阳辐照强度 E 下对应的光伏出力，A 是指光伏阵列有效面积，τ 是指光电转换效率，由于一般光伏阵列有效面积以及光电转换效率是常数，因此光伏出力与太阳辐照强度呈正比关系，由此可以推导出光伏出力的概率分布函数为：

$$f(P) = \frac{\Gamma(\alpha + \beta)}{\Gamma(\alpha) + \Gamma(\beta)} \left(\frac{P}{P_{\max}} \right)^{\alpha - 1} \left(1 - \frac{P}{P_{\max}} \right)^{\beta - 1} \qquad (4-49)$$

（二）不确定性场景建模

目前，处理风光新能源不确定性的优化方法主要有鲁棒优化和随机优化。鲁棒优化的结果具有一定的保守性，而随机优化则依赖于不确定量概率信息的准确表征。目前，风光出力的概率表征已经可以达到一定的准确度，短时间尺度风电功率预测已能达到较高精度，故短周期的风光出力采用随机优化更为合理。因此，本书采用基于多场景技术的随机优化方法。风光出力与预测值偏差的标准差被认为服从高斯分布，采用拉丁超立方模拟法对风光出力进行随机采样，得到多个风光出力场景。为了保障采样结果能够精确描述不确定性的概率分布，往往需要进行足够多的采样。然而，这种场景生成方法存在的主要问题是众多场景可能冗余甚至重复，进而影响算法的运算效率。因此，在进行完成场景生成抽样后，需要进行场景削减。场景削减算法基于聚类思想，能够按照精度要求或数量限制来削减相近或者相同的场景，得到可以反映概率分布的新场景集合。

1. 基于拉丁超立方抽样的场景生成方法

拉丁超立方体抽样的关键是对输入概率分布进行分层。分层在累积概率尺度（0~1.0）上把累积曲线分成相等的区间。然后，从输入分布的每个区间或分层中随机抽取样本。拉丁超立方抽样的具体步骤是采样和排序。

（1）采样。若 X_K 为 K 个随机生成的变量 X_1，X_2，$\cdots$，X_K 中的一个，那么，X_K 的累计概率分布函数如下：

$$Y_k = F_k(X_k) \tag{4-50}$$

将样本容量设定为 N，利用拉丁超立方抽样方法均匀地将累计概率密度函数曲线的 y 轴分解为 N 个区段。其中，将第 m 个区段的中点所对应 Y_k 的值表述为 $y_{km} = (m-0.5)/N$，$(m=1，2，\cdots，N)$，为求得其样本的具体数值，将其反函数代入概率密度函数，即可解出第 m 个 X_K 样本的具体数值：

$$x_{km} = F_k^{-1}\left(\frac{m-0.5}{N}\right) \tag{4-51}$$

同理，依次解出 X_1，X_2，$\cdots$，X_K 所对应的 N 个数据的样本值，最终组成的样本矩阵 X 的阶数为 $K \times N$。

（2）排序。由于抽样结果所产生的变量之间的相关性可能和所选取的历史数据之间存在不一致性，所以需要对采样结果进行排序，以保障其前后一致性。本书选取 $K \times N$ 次序矩阵 L 来表示原矩阵 X 的排序数字。

为抽样矩阵 X 的每一行通过参考在 L 中的所对应数字来确定其最终位置。相关系数选用 $K \times K$ 的相关系数矩阵 ρ 来表示。ρ_{rms} 中 ρ 的均方根被用来表示相关程度，其平方均值为：

$$\rho_{rms}^2 = \frac{\displaystyle\sum_{j=2}^{K}\sum_{k=2}^{j-1}\rho_{kj}^2}{\dfrac{(N-1)N}{2}} \qquad (4-52)$$

其中，ρ_{kj} 表示相关系数矩阵中的非对角线元素的取值。

X 按次序矩阵 L 对应的行所代表的次序排序。L 的相关系数矩阵定义为 ρ_L，其可分解为：

$$\rho_L = DD^T \qquad (4-53)$$

其中，D 为下三角矩阵，可生成 $K \times N$ 矩阵 G，可以表示为：

$$G = D^{-1}L \qquad (4-54)$$

最后计算样本矩阵：

$$x_{kn} = F_k^{-1}\left(\frac{l_{kn}-0.5}{N}\right) \qquad (4-55)$$

2. 基于 K 均值的场景约减方法

K 均值聚类算法（K - means clustering algorithm）是一种迭代求解的聚类分析算法，其步骤是预将数据分为 K 组，则随机选取 K 个对象作为初始的聚类中心，然后计算每个对象与各个种子聚类中心之间的距离，并把每个对象分配给距离它最近的聚类中心。聚类中心以及分配给它们的对象就代表一个聚类。每分配一个样本，聚类的聚类中心会根据聚类中现有的对象被重新计算。这个过程将不断重复，直到满足某个终止条件。终止条件可以是没有对象被重新分配给不同的聚类，或没有聚类中心再发生变化。

三、考虑风险价值的交易优化模型

（一）风光新能源风险中立决策

风险中性是指决策者不关心风险，风险中性条件下风光新能源的决策目标是确定最优的日前申报出力，以最大化期望收益。风光新能源收益为现货市场收益和偏差电量惩罚成本的差值，因此设置风险中性优化模型的目标函数为：

$$\max f_3 = f_R(P_{m,t},\ \zeta) = \sum_{t=1}^{T}\sum_{s=1}^{S}\left[\lambda_t P_{m,t} - (\lambda_t^+ P_{m,t,s}^+ + \lambda_t^- P_{m,t,s}^-)\right] \qquad (4-56)$$

其中，$T = \{1,\ 2,\ \cdots,\ 24\}$ 为现货市场的交易时段，随机变量 ζ 取 $P_{m,t,s}^+$ 或 $P_{m,t,s}^-$，λ_t 为现货市场出清电价，$P_{m,t}$ 为风光新能源 m 在日前市场的预测出力，λ_t^+、λ_t^-

分别为正、负偏差惩罚电价，S 为风光实际出力场景。

主要的约束条件包括以下三个方面。

（1）机组出力约束：

$$0 \leqslant P_{g,t}^m + P_{m,t}^{contract} \leqslant P_m \tag{4-57}$$

$$(P_{g,t+1}^m + P_{m,t+1}^{contract}) - (P_{g,t}^m + P_{m,t}^{contract}) \leqslant \Delta P_{max}^{up} \tag{4-58}$$

$$(P_{g,t}^m + P_{m,t}^{contract}) - (P_{g,t+1}^m + P_{m,t}^{contract}) \leqslant \Delta P_{max}^{down} \tag{4-59}$$

$$P_{m,t}^{contract,min} \leqslant P_{m,t}^{contract} \leqslant P_{m,t}^{contract,max} \tag{4-60}$$

$$P_{n,t}^{contract,min} \leqslant P_{n,t}^{contract} \leqslant P_{n,t}^{contract,max} \tag{4-61}$$

其中，$P_{m,t}^{contract}$ 为风光新能源 m 在 t 时段日合约分解电量，$P_{m,t}^{contract,max}$、$P_{m,j}^{contract,min}$ 分别为风光新能源 m 在 t 时段日合约分解电量的最大值和最小值，$P_{n,t}^{contract,max}$、$P_{n,t}^{contract,min}$ 分别为常规能源发电商 n 在 t 时段日合约分解电量的最大值和最小值，P_m 为风光新能源 m 日前预测出力，ΔP_{max}^{up} 和 ΔP_{max}^{down} 分别为风光新能源在 t 时段允许的上爬坡出力和下爬坡出力限制。

（2）偏差约束。风光新能源出力的正偏差和负偏差至少 1 个为 0，约束条件为：

$$P_{m,t,s}^+ = \max\{P_{m,t,s} - P_{m,t}, \ 0\} \tag{4-62}$$

$$P_{m,t,s}^- = -\min\{P_{m,t,s} - P_{m,t}, \ 0\} \tag{4-63}$$

（3）中长期日合约电量约束。中长期市场交易结果需要嵌入现货市场交易出清的约束条件，如此才能保障中长期合约电量的有效执行。根据前文给出的中长期交易合约电量分解方法，获得需要物理执行的日合约电量。对于风光新能源和常规能源发电商，各时段合约电力总和与日合约电量相等，分别如式（4-64）和式（4-65）所示：

$$\sum_{t=1}^T P_{m,t}^{contract} = Q_m^{day} \tag{4-64}$$

$$\sum_{t=1}^T P_{n,t}^{contract} = Q_n^{day} \tag{4-65}$$

其中，Q_m^{day}、Q_n^{day} 分别为风光新能源 m 和常规能源发电商 n 分解得到日合约电量。

（二）风光新能源风险偏好决策

一般情况下，最优 CVaR 是表示最小的置信度 β 下 CVaR 损失值，根据式（4-56），将损失函数定义为负的风光新能源日前申报策略利润函数 $-f_R(P_{m,t}, \zeta)$，设置置信度为 β，取随机向量 ζ 的 N 个样本，构建风险偏好下风光新能源参与现货市场交易模型的目标函数为：

$$\phi_\beta(P_{m,t}) = \min F_\beta(P_{m,t}, \alpha) = \min\left\{\alpha + \frac{1}{1-\beta}\sum_{n=1}^{N} p_n\max[-f_R(P_{m,t}, \zeta)-\alpha, 0]\right\}$$

$$(4-66)$$

其中，$\phi_\beta(P_{m,t})$ 为置信水平 $\beta \in (0, 1)$ 下以 $P_{m,t}$ 为决策变量的 CVaR 的值；p_n 为样本 n 发生的概率。

为简化式（4-66），引入辅助变量 z_n，得到新的目标函数为：

$$\min F_\beta(P_{m,t}, \alpha) = \min\left\{\alpha + \frac{1}{1-\beta}\sum_{n=1}^{N} p_n z_n\right\}$$

$$\text{s. t.}\begin{cases}(3-35)-(3-41) \\ z_n \geq 0 \\ z_n \geq -f_R(P_{m,t}, \zeta)-\alpha\end{cases}, \quad n=1, 2, \cdots, N \qquad (4-67)$$

其中，β 越接近 1，代表风光新能源对风险越厌恶，决策也越保守。

四、算例分析

（一）基础数据

本书将风电 G5 作为算例研究对象。假定风电和光伏的预测误差服从 $\sigma = 4\%$ μ 正态分布，利用拉丁超立方抽样生成 1000 个场景，结果如图 4-16 所示。

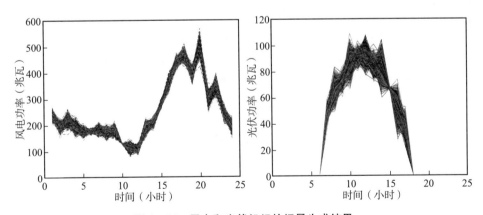

图 4-16 风电和光伏机组的场景生成结果

采用 K 均值聚类算法进行场景削减，保留 10 个场景作为算例的输入，各场景概率如表 4-8 所示，削减后的场景如图 4-17 所示。

表 4 - 8 风电和光伏出力场景概率

机组类型	场景 a	场景 b	场景 c	场景 d	场景 e	场景 f	场景 g	场景 h	场景 i	场景 j
风电	0.114	0.077	0.048	0.06	0.093	0.11	0.294	0.056	0.066	0.082
光伏	0.045	0.07	0.086	0.075	0.155	0.128	0.081	0.131	0.069	0.16

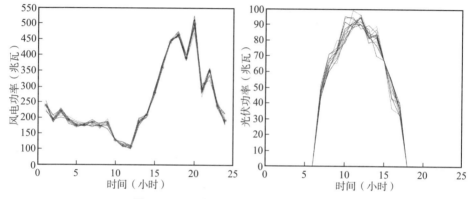

图 4 - 17 风电和光伏机组场景削减结果

选取 5 月 10 日风光新能源的交易决策进行分析。该日日合同电量为 3214 兆瓦时，日中长期合约电价为 415 元/兆瓦时，各时段分解电量区间为 0 ~ 350 兆瓦时。参考周明等（2019）的方法，对日前现货市场出清电价进行预测，结果如图 4 - 18 所示。参考邹文进等（2022）的方法，对 G5 出力进行预测，如图 4 - 19 所示。

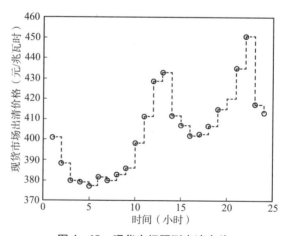

图 4 - 18 现货市场预测出清电价

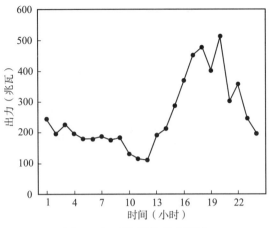

图 4 – 19　G5 日前出力预测

（二）算例结果

1. 风险中立和风险偏好下的交易优化结果

本节对风光新能源在风险中立下和风险偏好下的现货市场交易结果进行对比分析。设置三种偏差电价惩罚情境：

（a）情境1：$\lambda_t^+ = \lambda_t^- = \lambda_t$；

（b）情境2：$\lambda_t^+ = \lambda_t^- = 1.1\lambda_t$；

（c）情境3：$\lambda_t^+ + \lambda_t^- = 1.2\lambda_t$。

设置置信度为 $\beta = 0.95$，计算得到风险中立和风险偏好下 G5 现货市场交易结果分别如图 4 – 20 和图 4 – 21 所示。

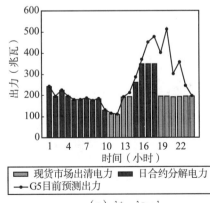

（a）$\lambda_t^+ = \lambda_t^- = \lambda_t$

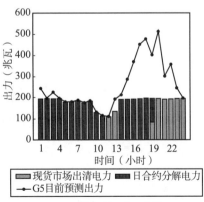

（b）$\lambda_t^+ = \lambda_t^- = 1.1\lambda_t$

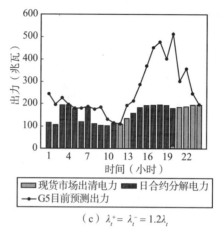

（c）$\lambda_t^+ = \lambda_t^- = 1.2\lambda_t$

图 4 - 20　风险中立下 G5 现货市场交易结果

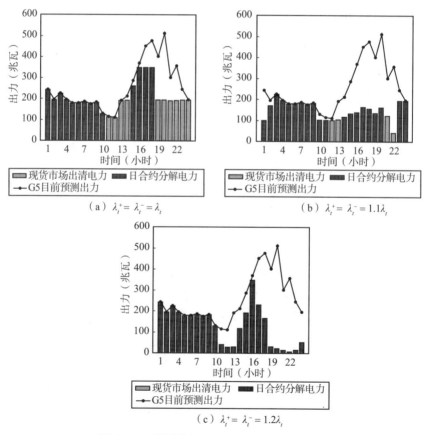

（a）$\lambda_t^+ = \lambda_t^- = \lambda_t$　　　　　　　（b）$\lambda_t^+ = \lambda_t^- = 1.1\lambda_t$

（c）$\lambda_t^+ = \lambda_t^- = 1.2\lambda_t$

图 4 - 21　风险偏好下 G5 现货市场交易结果

由图 4-20 可知，G5 为追求最大期望利润，在不超过日前预测出力的基础上对自身的发电能力进行分配，即决定合约电量分解量和现货市场投标量，G5 在满足日合约电量约束的前提下，尽可能地将合约电量分解在现货电价较低的时段。例如，在 $\lambda_t^+ = \lambda_t^- = \lambda_t$ 情境下，第 1~10 小时、第 15~18 小时现货市场价格较低，G5 在此时段进行日合约电力出清，而在现货市场电价较高的第 11~14 时段、第 19~24 时段增加现货市场出力，以增加现货市场收益。偏差惩罚成本对 G5 利润影响较大，如果增加新能源出力偏差的惩罚电价，G5 尽可能以实际出力进行日前投标，尽量减少偏差惩罚成本，同时发电能力以日合约电量分配为主，现货市场的分配量随偏差惩罚电价的提升而降低。根据表 4-9 可知，偏差惩罚电价逐渐提升，发电商利润逐步降低。

在风险偏好下，G5 一方面要考虑现货市场电价对发电能力分配的影响，另一方面要考虑发电商出力偏差产生的潜在风险。对比分析图 4-20 和图 4-21，在正、负偏差惩罚电价与现货市场电价相同的情况下，G5 发电商在风险中立和风险偏好下的出清结果相同，主要原因是 G5 以最为保守的策略进行市场决策。引入 CVaR 以后，G5 在惩罚电价调增的情况下，将更为"保守"地申报自身发电能力。相对于风险中立下的交易优化，风险偏好决策对偏差电价更为敏感。

不同偏差电价惩罚情境下 G5 的利润如表 4-9 所示。由于风险中立模型和风险偏好下机组 G5 的决策目标不同，使用风险中立模型决策时，关注决策的利润期望最大，难以考虑机组出力偏差产生的潜在风险；而风险偏好下 G5 发电商关注决策的条件风险价值最小；因此，风光新能源在风险中立和风险偏好下的市场收益不同，相对于风险偏好情境，风险中立情境无法体现可能出现的极端损失。

表 4-9　　　　　不同偏差电价惩罚情境下 G5 利润　　　　单位：万元

机组	$\lambda_t^+ = \lambda_t^- = \lambda_t$	$\lambda_t^+ = \lambda_t^- = 1.1\lambda_t$	$\lambda_t^+ = \lambda_t^- = 1.2\lambda_t$
风险中立下的收益	97.0224	87.7151	79.8148
风险偏好下的收益	42.5313	21.8259	1.0378

2. 不同风险偏好对新能源收益的影响

针对决策者的决策偏好对新能源收益的影响，可以通过设置不同置信水平进行分析。模型计算得到 CVaR 的值越小，代表决策结果可能存在的潜在风险越小。不同置信水平下 G5 利润如表 4-10 所示。

表 4 - 10　　　　　　　　　　　　不同置信水平下 G5 利润　　　　　　　　　单位：万元

置信度	风险偏好下的 CVaR	风险偏好下的 CVaR
0.95	21.8259	21.8259
0.9	22.0781	23.4023
0.85	26.8944	62.0040
0.8	38.1166	83.2636
0.75	47.1460	83.2636
0.7	53.4376	86.4024

在相同置信度水平下，相对于风险中立模型的决策结果，考虑风险偏好的 CVaR 模型交易结果可以计算得到更小的 CVaR 值，可以减少发电商现货市场交易风险。由此可见，考虑风险偏好模型能辅助风光新能源市场风险防控。此外，随着置信度的降低，CVaR 值也逐渐加大，决策者保守决策程度降低。决策者可以根据自身风险偏好，合理设定置信度水平，以提高现货市场风险决策水平。

3. 日合约电量比例对新能源收益的影响

风光新能源在现货市场申报的发电出力要考虑日合约电量约束、现货市场出清电价约束，故日合约电量占日前预测电量的比例将会对新能源收益产生影响。G5 收益随日合约电量比例变化如图 4 - 22 所示。

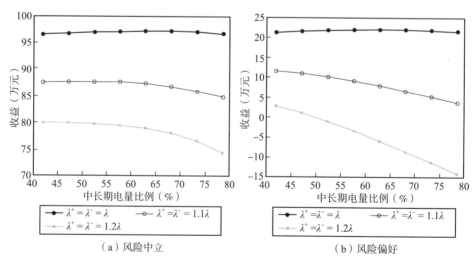

（a）风险中立　　　　　　　　　（b）风险偏好

图 4 - 22　风险中立下 G5 收益随日合约电量比例变化

在风险中立的状态中，给定偏差惩罚电价，当日合约电量占比较少时（例如，当 $\lambda_t^+ = \lambda_t^- = \lambda_t$ 时，合约电量比例为 50% ~ 60%；当 $\lambda_t^+ = \lambda_t^- = 1.1\lambda_t$ 时，合约电量比例为 42% ~ 50%；当 $\lambda_t^+ = \lambda_t^- = 1.2\lambda_t$ 时，合约电量比例小于 42%），G5 抵御偏差出力的能力不足，收益随中长期电量比例的提高而增加。而当日合约电量占比较大时（例如，当 $\lambda_t^+ = \lambda_t^- = \lambda_t$ 时，合约电量比例大于 60%；当 $\lambda_t^+ = \lambda_t^- = 1.1\lambda_t$ 时，合约电量比例大于 50%；当 $\lambda_t^+ = \lambda_t^- = 1.2\lambda_t$ 时，合约电量比例大于 42%），风光新能源收益随日合约电量比例的提高而减少，即日合约电量占比过高会限制现货市场的出力决策，影响风光新能源现货市场中的风险收益。因此，通过中长期—现货耦合市场交易决策模型，存在一个最优的日合约电量比例使 G5 能够获得中长期—现货市场全局收益最大。此外，惩罚电价逐步提高时，同等出力偏差下会产生更高的惩罚成本，而此时发电商获取最大收益需要减少中长期合同电量的签订，增加现货市场出力以提高风险对冲能力。

在风险决策偏好状态中，风光新能源变化除具有上述规律外，还有如下情况：当 $\lambda_t^+ = \lambda_t^- = 1.2\lambda_t$ 且合约电量比例大于 50% 时，G5 收益由正转为负，增加合约电量比例，负收益持续增加。现货市场惩罚电价需要结合市场建设的实际情况进行设定：在现货市场建设初期，宜采用低惩罚电价的模式，引导风光新能源参与现货市场交易；而在现货市场建设较为成熟的时期，可以适度提高惩罚电价，鼓励风光新能源尽可能按照实际进行出力进行申报。

第四节 本 章 小 结

本章建立了风光新能源参与电力时序市场耦合交易模型，研究了风光新能源的优化交易决策。首先，研究了风光新能源在中长期市场中的交易决策，构建了年度双边协商和月度集中竞价交易模型，采用 MADDPG 方法对模型进行迭代求解。其次，建立了中长期合约分解的多目标优化模型，采用 AWS 方法进行模型求解，实现了中长期合约的分解。最后，建立考虑中长期合约分解的现货市场交易模型，在现货市场电价和偏差惩罚机制下，引入条件风险价值理论度量风光出力不确定性产生的风险，求解获得风光新能源在收益最大化时的日合约电量分时段出力和现货市场出力，并提出日合约电量的最佳占比，为风光新能源中长期市场合约电量的签订提供参考。

第五章

风光新能源参与电—绿证市场
耦合交易模型

风光新能源具有能量和环境双重价值，电力市场和绿证市场是风光新能源能量和环境价值变现的市场载体，要考虑如何参与电—绿证市场耦合交易决策，以获取最大化收益。首先，针对风光新能源绿色价值差异，提出了基于熵权 – CRITIC – 改进 TOPSIS 的绿证测算模型，以解决现有绿证机制难以体现风光新能源绿色价值差异的问题。其次，建立风光新能源参与电—绿证市场双层耦合交易模型，上层模型为风光新能源收益模型，下层模型为电—绿证市场出清模型。再次，提出一种混沌麻雀算法求解双层耦合交易模型。最后，结合算例计算和分析风光新能源参与电—绿证市场耦合交易策略。

第一节 引 言

"双碳"目标的提出和新型电力系统的构建促进了风电、光伏等新能源装机容量快速增长和装机规模的不断扩大，我国可再生能源逐步成为能源消费的主体，而煤电未来将转变为协调支撑的角色。然而，大规模随机性、间歇性和波动性的新能源并网，电力系统出现了较为严重的弃风弃光现象。为解决新能源的消纳问题，我国先后实施了固定电价和溢价补贴等激励机制，但由于缺乏市场竞争环节，难以反映其真实的市场供需关系。为建立新能源消纳的市场机制，政府部门陆续发布了绿色电力证书认购、可再生能源配额政策征求意见稿、可再生能源消纳保障机制政策（新配额制），新配额制强制电力消费主体消纳一定比例的可再生能源，同时通过超额消纳量交易、绿证自愿认购等市场化方式给予市场主体适度激励。与此同时，我国先后启动了内蒙古、广东新能源参与电力现货市场，积极推进绿电交易试点，为新能源参与电力市场交易进行了诸多探索。随着电力市场的逐步建立和成熟，风光新能源将作为市场主体与其他类型发电机组共同参与电力市场竞价交易。相比传统的化石能源发电，风光新能源具有能源价值和环境价值的双重属性，新配制及配套绿证机制为新能源的长远发展提供了有效保障。风光新能源既可以从电力市场中获得收益，也可以从绿证市场中获得收益，风光新能源需要针对电—绿证市场制定策略以获得最大收益。

目前，国内外学者的研究主要集中在以下三个方面。

（1）绿证交易机制的作用效果研究。构建考虑绿证的经济调度模型，并分析发电商的电力调度与交易策略，发现绿证能够提高可再生能源发电商收益。王良等（L Wang et al.，2022）提出将绿证交易机制与碳交易机制相结合，以促进电力的绿色低碳运行，提高新能源的消纳水平。在绿证交易提升风光新能源收益方面，曾杨超等（Y C Zeng et al.，2022）建立考虑绿证收益、市场竞争等因素的上网定价模型，并发现绿证对企业收益有重要贡献。

（2）电力市场和绿证市场协同交互机制设计。张翔等（X Zhang et al.，2019）设计了适应可再生能源配额制的电力市场体系，但并未明确电力现货市场与绿证市场协同出清机制。

（3）电力市场和绿证市场联合出清模型研究。彭谦等（Q Peng et al.，2020）从可再生能源消纳考核要求出发，设计了省级日前电力市场与国家绿证交易市场的联合协调均衡机制并构建两个市场的出清模型，但并未考虑实时现货市场交易对可再生能源交易的影响。陈先龙等（X L Chen et al.，2020）提出了省外、省内两级市场运行成本最小化为目标的非线性双层优化模型。

为解决上述问题，本书提出风光新能源参与电—绿证市场的双层交易决策模型。首先，针对风光新能源绿色价值差异，提出了基于熵权 - CRITIC - 改进 TOPSIS 的绿证测算模型。其次，建立双层交易优化决策模型，上层模型为双侧偏差惩罚电价机制下风光新能源收益最大化模型，下层模型为电—绿证市场出清模型。再次，运用混沌麻雀搜索算法与 Gurobi 求解器对模型进行求解。最后，以我国西部某新能源大省的区域电力系统为例进行算例分析，分析不同场景下风光新能源参与电—绿证市场的行为策略。

第二节　考虑绿色价值的风光新能源绿证测算模型

当前，我国风光新能源绿证发放机制单一，无法体现不同类型风电或光伏发电的绿色价值差异，也难以充分支持风光新能源参与绿证市场的交易决策优化。为了准确衡量不同类型风光新能源的绿色价值，并支持风光新能源的市场交易决策，受英国可再生能源绿色证书差异化兑换机制的启发，本节探索建立考虑绿色价值的风光绿证测算模型，作为风光新能源参与电—绿证市场耦合交易模型计算的基础。

一、绿证核发机制分析

目前，我国绿色电力证书核发工作由国家可再生能源信息管理中心负责，核发对象为陆上风电和集中式光伏电站。证书的内容主要包括发电企业的名称、可再生能源的种类、发电的技术类型、生产日期、证书交易的范围、用以标识的唯一编号等。根据认证项目不同，绿色电力证书分为补贴证书和平价证书两大类。国内绿色电力证书自愿认购渠道有中国绿色电力证书认购交易平台网站和微信公众号两种。国家可再生能源信息管理中心负责审核证书核发资格申报材料。通过资格审核的企业，在信息平台按月填报项目结算电量信息，并于每月 25 日前上传所属项目上月电费结算单、电费结算发票和电费结算银行转账证明扫描件等。信息中心负责复核企业所属项目的合规性和月度结算电量，按照 1 个证书对应 1 兆瓦时结算电量标准，向企业核发相应证书。

目前，我国绿证核发机制较为单一，而不同风光能源技术条件、建设时间、补贴程度等都存在较大的差异，产生 1 兆瓦时绿色电力所付出的成本不同，产生的绿色环境价值也随之有差异，为增强绿证市场交易的公平性，充分调动风光新能源参与绿证市场的积极性，本书针对风电和光伏的绿色价值属性进行综合评价，根据综合评价的结果对风光新能源单位电量确定不同数量的绿证，体现不同类型风光新能源的绿色价值差异。

二、基于绿色价值评价的绿证测算模型

根据国家能源局发布的《关于促进可再生能源电力消费的通知》，进一步扩大绿证的核发范围和交易范围，推动绿证核发全覆盖。而当前我国绿证核发以 1 兆瓦时电量核发 1 个绿证为原则，难以体现不同风光新能源成本和绿色价值差异，无法科学支撑绿证核发范围和交易范围的扩大。与此同时，风光新能源进行绿证测算，有利于自身在电—绿证市场中进行科学、合理的决策。因此，参考英国绿色证书差异化兑换机制，本节提出基于绿色价值评价的绿证测算模型，为风

光新能源参与电—绿证市场交易提供基础。进一步地，由于风光新能源绿色价值影响因素众多，简单建模方法无法有效衡量不同类型风电或光伏的绿色价值。因此，本书提出采用综合评价方法对风光绿色价值进行度量，并基于综合评价结果确定绿证数量。

（一）绿色价值评价指标体系

不同类型的风光新能源绿色价值在技术、经济及环境影响方面具有不同的特征，评价指标体系不仅需要考虑我国风光新能源发展现状和趋势，还需要综合绿色、经济等因素，便于与风光新能源在市场化交易、政策、消纳等方面进行衔接，遵循指标选取全面性、可比性等原则构建评价指标体系，如表 5 – 1 所示。

表 5 – 1　　　　　　　　　风光新能源绿色价值评价指标体系

一级指标	二级指标	指标编号	指标性质
技术指标	日前出力预测精度（%）	1	+
	日出力波动率（%）	2	+
	机组故障率（%）	3	–
	弃风弃光率（%）	4	–
	发电利用小时数（小时）	5	+
经济指标	单位容量造价（元/兆瓦）	6	–
	平准化度电成本［元/（兆瓦时）］	7	–
	净现值（万元）	8	+
	投资回收期（年）	9	–
环境指标	二氧化碳减排量（吨）	10	+
	单位土地面积装机容量（兆瓦/亩）	11	–
	施工建设占地面积（亩）	12	–

指标体系主要包括技术、经济、环境 3 个一级指标、12 个二级指标。"＋"表示正向指标，数值越大越好；"－"表示负向指标，数值越小越好。

（1）风光新能源在技术指标方面的差异程度主要体现在风光新能源出力和运行特性方面。其包括日前出力预测精度、日出力波动率、弃风弃光率、发电利用小时数四个指标。日前出力预测精度反映风光新能源日前预测出力与真实出力差异，出力预测不准确会使电力系统产生较多的补偿成本和惩罚成本，对电力系统调度和交易产生重要影响。日出力波动性指标反映了风光新能源出力曲线对电网的友好性，出力波动性越小，表明风光新能源对电网越友好。弃风弃光率反映区域电网对风光新能源的接纳能力，表明区域对风光新能源的利用程度，指标越高表明风光新能源的利用程度越高。发电利用小时数反映风光资源的情况，利用小时数越高表明风光资源的利用度越高。

（2）在经济指标方面，主要考虑风光新能源建设投资、全生命周期成本，包括单位容量造价、平准化度电成本、净现值、投资回收期四个指标。单位容量造价反映了项目投资建设成本，单位容量造价越高表明风光新能源项目建设成本越高。平准化度电成本主要考虑全生命周期内单位电量成本。净现值，是指在风光新能源项目在计算期内，按行业基准折现率计算的项目各年净现金流量现值的代数和。投资回收期，是指项目投产后获得的收益总额达到该投资项目投资总额所需要的时间。

（3）在环境指标方面，风光新能源具有环境友好性，主要考虑其设计、建设和运行环节可能对环境产生的影响，包括二氧化碳减排量、土地单位面积装机容量、施工占地面积。二氧化碳减排量，是指风光新能源贡献的二氧化碳减排量。单位面积装机容量是风光新能源发电装机容量和厂区占地面积的比值，反映了风光新能源对土地资源的占用情况。施工占地面积，是指风光项目施工时临时占地，反映风光新能源项目在建设施工过程中对环境的影响。

（二）综合评价模型

1. 熵权 – CRITIC 法组合确定指标权重

熵权法是根据各指标数据的分散程度，利用信息熵计算出各指标的熵权，再根据各指标对熵权进行一定的修正，从而得到较为客观的指标权重。层间相关性（criteria importance though intercrieria correlation，CRITIC）法基于评价指标的对比强度和指标之间的冲突性综合衡量指标的客观权重。在考虑指标变异性大小的同时，兼顾指标的相关性，并非数字越大就说明越重要，完全利用数据自身的客观属性进行科学评价。对熵值法和 CRITIC 法的原理进行对比，二者存在互补性，如果将二者结合，可以在客观赋权过程中既充分考虑各指标数据已有的特性，也可以兼顾数据的变异性。采用熵值法和 CRITIC 法能充分考虑指标之间的冲突性、对比强度和离散性，使指标权重更加科学。

对 m 个评价对象 n 个评价指标进行综合评价，构造原始矩阵 X；

$$X = \begin{bmatrix} x_{11} & x_{12} & \cdots & x_{1n} \\ x_{21} & x_{22} & \cdots & x_{2n} \\ \vdots & \vdots & \ddots & \vdots \\ x_{m1} & x_{m2} & \cdots & x_{mn} \end{bmatrix} \qquad (5-1)$$

（1）指标无量纲化处理。本书采用阈值法对指标进行无量纲化处理，得到如式（5-2）所示的正向指标值和如式（5-3）所示的负向指标值：

$$x'_{ij} = \frac{x_{ij} - \min\{x_{1j}, \cdots, x_{mj}\}}{\max\{x_{1j}, \cdots, x_{mj}\} - \min\{x_{1j}, \cdots, x_{mj}\}} \qquad (5-2)$$

$$x'_{ij} = \frac{\max\{x_{1j}, \cdots, x_{mj}\} - x_{ij}}{\max\{x_{1j}, \cdots, x_{mj}\} - \min\{x_{1j}, \cdots, x_{mj}\}} \qquad (5-3)$$

（2）熵权计算。计算各指标的信息熵和指标权重如式（5-5）、式（5-6）所示：

$$p_{ij} = x'_{ij} \Big/ \sum_{j=1}^{n} x'_{ij} \qquad (5-4)$$

$$E_j = -\frac{1}{\ln m} \sum_{i=1}^{m} p_{ij} \ln p_{ij}, \quad (i=1, 2, \cdots, m; \ j=1, 2, \cdots, n) \qquad (5-5)$$

$$\omega_j^1 = \frac{1 - E_j}{\sum_{j=1}^{n} (1 - E_j)}, \quad (j=1, 2, \cdots, n) \qquad (5-6)$$

其中，p_{ij} 为指标比率，E_j 为熵值，ω_j^1 为熵权法权重。

（3）CRITIC 权重计算。CRITIC 法以指标间的对比强度和冲突性体现，可以表示为：

$$s_i = \sqrt{\frac{1}{n} \sum_{j=1}^{n} \left(x'_{ij} - \frac{1}{n} \sum_{j=1}^{n} x'_{ij} \right)^2} \qquad (5-7)$$

$$r_{ij} = \frac{\sum_{i,j=1}^{n} (x'_{ij} - \bar{x}'_i)(x'_{ij} - \bar{x}'_j)}{\sqrt{\sum_{i=1}^{m} (x'_{ij} - \bar{x}'_i)^2 \sum_{j=1}^{n} (x'_{ij} - \bar{x}'_i)^2}} \qquad (5-8)$$

$$c_j = s_i \sum_{j=1}^{n} (1 - r_{ij}) \qquad (5-9)$$

$$\omega_j^2 = c_j \Big/ \sum_{j=1}^{n} c_j \qquad (5-10)$$

其中，s_i 为标准差，r_{ij} 为协方差，c_j 为信息量，ω_j^2 为 CRITIC 方法权重。

（4）组合权重为：

$$\omega_j = \lambda \omega_j^1 + (1 - \lambda) \omega_j^2 \qquad (5-11)$$

其中，λ 为权重组合系数取值。

2. 改进 TOPSIS 综合评价

（1）TOPSIS 方法的基本原理。逼近理想解排序法（technique for order preference by similarity to ideal solution，TOPSIS），其思想源于多元统计分析的判别问题，是系统工程中有限方案多属性决策分析的一种常用的决策技术。

该方法的基本思路是，在对原始矩阵归一化的基础之上，从有限评价方案中找到最优方案和最劣方案，即正理想解和负理想解。然后分别计算各评价方案到最优方案和最劣方案的距离，并获得该评价对象与最优方案的相对接近程度，进而对方案进行排序，确定最优的评价方案。最优方案，是指各个属性值都达到备选方案的最好值；最劣方案，是指各个属性值都达到备选方案的最差值。测度各个方案与最优方案和最劣方案之间的距离，如果方案接近最优方案，同时又远离最劣方案，则该方案是备选方案中最好的方案。

（2）基于物元可拓思想改进的 TOPSIS。物元评价方法的主要思想是，首先根据已有的数据将评价对象的水平分成若干等级，并由数据库或专家给出各级别的数据范围，再将评价对象的指标代入各等级的集合进行多指标评定，评定结果按评价对象与各等级集合的关联度大小进行比较，关联度越大，评价对象与对应等级集合的符合度就越高。将 TOPSIS 法直接应用于风光新能源绿色价值评价具有一定的缺陷，TOPSIS 法只能对各方案的评价结果进行排序，而无法获得各评价方案所属的评价分类，即绿色价值较高、一般还是较低。

为克服 TOPSIS 法的不足，本书借助物元可拓的思想对 TOPSIS 进行改进。具体的思路是，利用 TOPSIS 法找到最优方案和最劣方案，并将最优方案和最劣方案对应的正理想解和负理想解形成的极值区间按照评价需要进行等距划分，并赋予划分区间相对应的绿证数量，再计算各个指标与各个等级区间的接近程度，最终确定评价对象属于哪一类评价等级。

①建立标准化决策矩阵：

$$V = \begin{bmatrix} v_{11} & v_{12} & \cdots & v_{1n} \\ v_{21} & v_{22} & \cdots & v_{2n} \\ \vdots & \vdots & \ddots & \vdots \\ v_{m1} & v_{m2} & \cdots & v_{mn} \end{bmatrix} = \begin{bmatrix} \omega_1 p_{11} & \omega_2 p_{12} & \cdots & \omega_n p_{1n} \\ \omega_1 p_{21} & \omega_2 p_{22} & \cdots & \omega_n p_{2n} \\ \vdots & \vdots & \ddots & \vdots \\ \omega_1 p_{m1} & \omega_2 p_{m2} & \cdots & \omega_n p_{mn} \end{bmatrix} \qquad (5-12)$$

②确定正、负理想解。在标准化决策矩阵中，由每列最大元组成的向量称正理想点 Z^+，如式（5–13）所示；由每列最小元组成的向量叫负理想点 Z^-，如式（5–14）所示：

$$Z^+ = (z_1^+,\ z_2^+,\ \cdots,\ z_n^+) \tag{5–13}$$

$$Z^- = (z_1^-,\ z_2^-,\ \cdots,\ z_n^-) \tag{5–14}$$

式中，$z_i^+ = \max\ (v_{i1}^+,\ v_{i2}^+,\ \cdots,\ v_{in}^+)$，$z_i^- = \max\ (v_{i1}^-,\ v_{i2}^-,\ \cdots,\ v_{in}^-)$。

③划分极值区间，计算各元素与各评语区间的贴近度。将正理想解和负理想解组成的各列元素的极值区间划分为 N 层，各层的区间为 $S_{jt} = (s_{jt}^1,\ s_{jt}^2)$，$j = 1$，$2$，$\cdots$，$n$；$t = 1$，$2$，$\cdots$，$N$。其中，$z_j^- \leqslant s_{jt}^1 \leqslant z_j^+$，$z_j^- \leqslant s_{jt}^2 \leqslant z_j^+$，$s_{jt}^1$，$s_{jt}^2$ 共同组成区间 $[z_j^-,\ z_j^+]$。标准化决策矩阵各元素与各评语区间的贴近度为：

$$D(N_i) = \left| v_{ij} - \frac{s_{jt}^1 + s_{jt}^2}{2} \right| \tag{5–15}$$

在各元素计算贴近度的基础上计算各评价方案的加权贴近度：

$$G_j(N_i) = 1 - \sum_{i=1}^{n} \omega_j D(N_i) \tag{5–16}$$

依据最大 $G_j(N_i)$ 所在等级为评价对象所属的评语等级。

④绿色价值差异化等级划分。结合我国风光新能源发展的状态和趋势，本书将绿证价值从高到低划分为四个等级，一等绿证价值最高，单位电量获得 4 个绿证。以此类推，二等绿色价值对应的绿证数量为 3 个，三等核发 2 个，四等核发 1 个。不同绿色价值的风光新能源通过上述综合评价方法确定绿证价值对应的等级并获得相应数量的绿证。

（三）综合评价流程

基于熵权–CRITIC–改进 TOPSIS 评价模型的流程：（1）建立原始指标矩阵，并对指标进行预处理；（2）利用熵权–CRITIC 确定各评价指标的权重；（3）将预处理后的指标矩阵与熵权法确定的权重进行计算，获得加权的决策矩阵；（4）根据加权决策矩阵，计算正理想解和负理想解；（5）对正、负理想解构成的极值空间进行划分，确定评语集；（6）计算加权决策矩阵各元素与各评语等级之间的贴近度；（7）计算各方案的贴近度，并依据最大贴近度原则确定评价方案所属的评语等级；（8）通过计算特征值，进一步区分同一等级评价方案的优、劣。基于熵权–CRITIC–改进 TOPSIS 综合评价流程如图 5–1 所示。

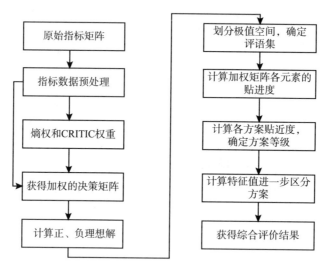

图 5 - 1 熵权 – CRITIC – 改进 TOPSIS 综合评价流程

三、算例分析

利用熵权 – CRITIC – 改进 TOPSIS 方法对风光新能源绿色价值进行差异化价值度量以确定风光新能源的绿证数量。基础数据来源于风光新能源的设计、建设和运行数据。

（1）按照上文的数据预处理方法，对指标进行预处理，得归一化矩阵 P：

$$P = \begin{pmatrix} 0.2121 & 0.1365 & 0.1285 & \cdots & 0.2022 \\ 0.2416 & 0.2362 & 0.1792 & \cdots & 0.2459 \\ 0.3012 & 0.2620 & 0.2447 & \cdots & 0.2149 \\ 0.2095 & 0.2814 & 0.3033 & \cdots & 0.2251 \\ 0.3112 & 0.2134 & 0.2841 & \cdots & 0.3241 \\ 0.2145 & 0.3214 & 0.1245 & \cdots & 0.2258 \end{pmatrix}$$

（2）采用熵权 – CRITIC 法进行指标权重计算，结果如图 5 - 2 所示。分析一级指标权重发现，技术类指标和环境类指标权重较高，达到 40.3% 和 36.2%，经济类权重较低为 23.5%。进一步分析二级指标权重发现，风光新能源二氧化碳减排量、日前出力预测精度、施工占地面积三个二级指标权重最高，表明风光新能源环境效益和预测精度对绿色价值的影响较大。日出力波动率和单位土地面积装机容量的权重次之，表明风光新能源出力特性和对土地资源的利用程度对绿色环境价值也有较大影响。

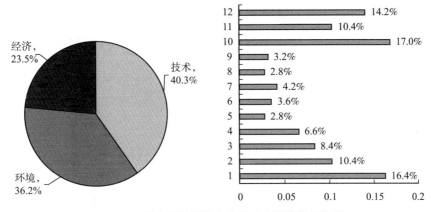

图 5 - 2　风光新能源绿色价值综合评价指标权重

（3）计算得到加权的标准化决策矩阵 V：

$$V = \begin{pmatrix} 0.0212 & 0.0081 & 0.0158 & \cdots & 0.0116 \\ 0.0247 & 0.0146 & 0.0126 & \cdots & 0.0212 \\ 0.0284 & 0.0147 & 0.0114 & \cdots & 0.0167 \\ 0.0185 & 0.0123 & 0.0125 & \cdots & 0.0182 \\ 0.0294 & 0.0219 & 0.0115 & \cdots & 0.0218 \\ 0.0124 & 0.0221 & 0.0145 & \cdots & 0.0224 \end{pmatrix}$$

（4）计算正理想解 Z^+ 和负理想解 Z^-：

$$Z^+ = (0.0294,\ 0.0221,\ 0.0158,\ \cdots,\ 0.0224)$$
$$Z^- = (0.0124,\ 0.0081,\ 0.0114,\ \cdots,\ 0.0116)$$

（5）将正、负理想解划分为 4 层，以表示绿色价值差异化的 4 个等级。计算风光新能源到各等级之间的加权贴近度，G1 ~ G6 为风光新能源编号。

$$G(G1) = [\,0.9734,\ 0.9761,\ 0.9642,\ 0.9983\,]$$
$$G(G2) = [\,0.9812,\ 0.9761,\ 0.9724,\ 0.9834\,]$$
$$G(G3) = [\,0.9981,\ 0.9914,\ 0.9922,\ 0.9820\,]$$
$$G(G4) = [\,0.9932,\ 0.9961,\ 0.9842,\ 0.9861\,]$$
$$G(G5) = [\,0.9812,\ 0.9843,\ 0.9723,\ 0.9989\,]$$
$$G(G6) = [\,0.9918,\ 0.9923,\ 0.9983,\ 0.9924\,]$$

（6）依据 $\max G_j(N_i)$ 所在等级为评价对象所属的评语等级，G1 属于第 4 等级、单位电量可以获得 1 个绿色证书，据此计算其他风光新能源绿证数量如表 5 - 2 所示。

表 5 - 2   风光新能源绿证数量设定

编号	数量
G1	1
G2	1
G3	4
G4	2
G5	1
G6	2

第三节　风光新能源参与电—绿证市场双层耦合交易模型

本节主要讨论风光新能源在差异化绿证计算条件下如何参与电—绿证市场耦合交易决策的问题。风光新能源参与电—绿证市场交易决策本质是一个双层优化问题。在上层问题中，风光新能源通过制定日前现货市场、实时现货市场和绿证市场的市场策略来实现收益的最大化。在下层问题中，交易中心接受风光新能源、常规能源发电商、用户的申报信息，并基于日前现货市场、实时现货市场、绿证市场的出清模型进行出清，然后将中标电量和统一出清电价、绿证价格反馈给发电商。

一、电—绿证市场耦合交易框架

风光新能源参与电—绿证市场耦合交易决策模型的框架如图 5 - 3 所示。箭头的指向为信息在子问题间的流向，箭头上的变量是对应信息流向的决策变量。一般来说，风光新能源在日前市场、实时市场和绿证市场进行信息申报，交易中心对下层的电—绿证市场进行出清，进而产生市场出清结果。本书假设市场中只有风光新能源是策略型的发电商。

本书双层耦合交易模型的设计紧密依托电—绿证市场的交易过程，电—绿证市场交易的基本过程如图 5 - 4 所示。首先，发电商向交易中心申报电量和电价，交易中心根据申报的信息进行集中出清，并经调度中心进行安全校核。风光新能源在日前市场报价时，需要考虑风电光日前预测出力和实际出力的偏差。其次，日前市场的出清结果可以确定常规能源机组启停状态及发电出力、新能源机组的发电出力。日前现货市场完成出清以后，交易中心根据超短期负荷预测、日前市场封存的报价信息来确定实时市场中常规能源机组、风光新能源机组出力，完成实

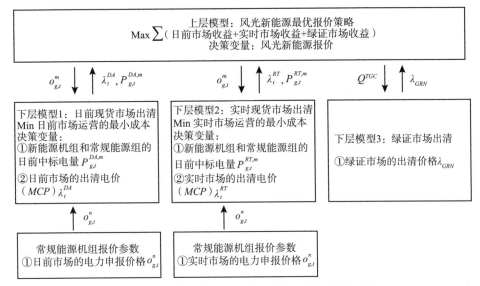

图 5 - 3　风光新能源参与电—绿证市场的模型框架

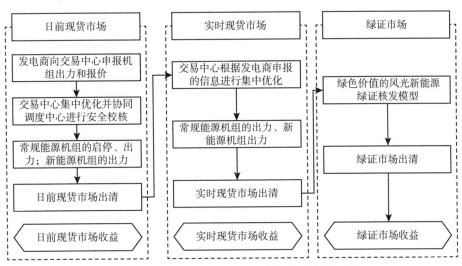

图 5 - 4　风光新能源参与电—绿证市场交易过程

时现货市场出清。风光新能源电力市场收益由日前现货市场收益和考虑出力偏差的实时市场收益组成。根据实时市场的出清结果，考虑建立绿色价值差异的风光新能源绿证测算模型，以确定风光新能源绿证的数量，并参与绿证市场出清，计算获得绿证市场收益。基于电—绿证市场的交易过程，设计双层耦合交易模型，上层模型体现风光新能源参与市场的个体理性，即风光新能源可以采用灵活的报量报价或报量不报价方式参与市场交易；下层模型体现电—绿证市场的交易机制、耦合关系以及交易过程。

二、电—绿证市场耦合交易优化模型

（一）上层模型：风光新能源收益优化模型

风光新能源旨在追求电—绿证市场的收益最大化。电力市场收益主要来自新能源机组提供电能量的收益，包括日前市场收益和实时市场收益；绿证市场收益来自其环境友好的溢价价值。风光新能源总收益为：

$$\max R = (R^{DA} + R^{RT} + R^{TGC}) \tag{5-17}$$

其中，R^{DA}、R^{RT}、R^{TGC} 分别为新能源在日前市场、实时市场和绿证市场收益。

新能源发电的不确定性使其在实时市场的实际出力与日前市场预测出力产生偏差，因此风光新能源需要在实时市场中购买或出售少发或超发的电能，为激励风光新能源根据真实出力功率申报日前发电曲线，可在实时市场中设计不平衡结算惩罚电价机制，以体现出力偏差的惩罚成本。目前，德国和西班牙的电力市场均采用单一电价的偏差惩罚机制，而法国和意大利针对正、负偏差分别设定惩罚电价。根据我国电力市场交易的结算机制以及对新能源控制偏差的激励机制，本书设计双侧偏差惩罚电价机制。具体的设计思路为，当新能源超发时，超发部分采用低于实时市场出清电价进行结算；当新能源少发时，少发部分采用高于实时市场出清电价进行结算。

相关约束条件：

$$R^{DA} = \sum_{m=1}^{M} \sum_{t=1}^{T} \lambda_t^{DA} P_{g,t}^{DA,m} \tag{5-18}$$

$$R^{RT} = \begin{cases} \sum_{s=1}^{S} \sum_{m=1}^{M} \sum_{t=1}^{T} \pi_s \lambda_t^+ (P_{g,t,s}^{RT,m} - P_{g,t}^{DA,m}), (P_{g,t,s}^{RT,m} - P_{g,t}^{DA,m}) \geqslant 0 \\ \sum_{s} \sum_{m=1}^{M} \sum_{t=1}^{T} \pi_s \lambda_t^- (P_{g,t,s}^{RT,m} - P_{g,t}^{DA,m}), (P_{g,t,s}^{RT,m} - P_{g,t}^{DA,m}) < 0 \end{cases} \tag{5-19}$$

$$R^{TGC} = \lambda^{TGC} Q^{TGC} \tag{5-20}$$

$$\lambda_t^+ = k^+ \lambda_t^{RT}, \ k^+ \leqslant 1; \ \lambda_t^- = k^- \lambda_t^{RT}, \ k > 1 \tag{5-21}$$

$$o_t^{\min} \leqslant o_{g,t}^m \leqslant o_t^{\max} \tag{5-22}$$

$$0 \leqslant Q^{TGC} \leqslant Q_{\max}^{TGC} \tag{5-23}$$

$$Q_{\max}^{TGC} = \sum_{s} \sum_{t=1}^{T} \pi_s P_{g,t,s}^{RT,m} \tag{5-24}$$

其中，T 为交易周期，M 为风光新能源拥有的发电机组数量；λ_t^{DA} 为日前市场中 t 时刻的电能出清价格；$P_{g,t}^{DA,m}$ 为新能源 m 在日前市场 t 时刻的中标电量；S 为新能源在实时市场出力的场景数，π_s 为场景 s 发生的概率；$P_{g,t,s}^{RT,m}$ 为实时市场中的新能源 m 在场景 s 下 t 时刻的中标电量；λ_t^+、λ_t^- 分别为 t 时刻新能源在实时市场中多发和少发时的结算价格；λ^{TGC} 为绿证价格，Q^{TGC} 为新能源 m 获得绿证数量；k^+、k^- 分别为 t 时刻新能源在实时市场中多发和少发时的价格调整系数；λ_t^{RT} 为实时市场 t 时刻的电能出清价格；式（5－22）为新能源报价约束，$o_{g,t}^m$ 为新能源 m 在 t 时刻的电能量报价，o_t^{min}、o_t^{max} 分别为报价的上限、下限；式（5－23）为新能源 m 的绿证交易量约束，Q^{TGC} 为新能源 m 的绿证交易量；式（5－24）为新能源 m 可以获得的最大值绿证数量。

（二）下层模型：电—绿证耦合出清模型

1. 下层模型 1：日前现货市场出清

日前现货市场出清模型的本质是基于安全约束的机组组合模型，考虑常规煤电、风电、光伏三种类型参与市场交易。核电一般承担电力系统基荷，水电一般优先消纳，作为现货市场的出清条件，本书不考虑核电、水电这两类电力。首先，以系统购电成本最小化为目标构建日前现货市场竞价交易优化模型，日前市场成本包括电能生产成本、备用成本、机组启停成本，新能源弃风或弃光惩罚成本，目标函数具体表示为：

$$
\begin{cases}
\min O_{NRG}^{DA} + O_{STR} \\
O_{NRG}^{DA} = \sum_{t=1}^{T} \left(\sum_{m=1}^{M} o_{g,t}^m P_{g,t}^{DA,m} + \sum_{n=1}^{N} o_{g,t}^n P_{g,t}^{DA,n} \right) \\
O_{STR} = \sum_{t=1}^{T} \left\{ \sum_{n=1}^{N} \left[U_{n,t+1}(1 - U_{n,t}) + U_{n,t}(1 - U_{n,t+1}) \right] S_n \right\}
\end{cases} \quad (5-25)
$$

式中，O_{NRG}^{DA} 为发电成本；O_{STR} 为启停成本；N 为常规能源机组的数量；$o_{g,t}^n$ 为常规能源机组 n 的电能量报价；$P_{g,t}^{DA,n}$ 为常规能源机组 n 日前市场中标电量；$U_{n,t}$ 为常规能源机组 n 在 t 时段启停状态的 0－1 变量，1 表示开机，0 表示停机；S_n 为常规能源机组 n 的启停成本。

约束条件包括以下六个方面。

（1）系统功率平衡约束：

$$
\sum_{m=1}^{M} P_{g,t}^{DA,m} + \sum_{n=1}^{N} P_{g,t}^{DA,n} - \sum_{l=1}^{L} P_t^{DA,l} = 0 , \quad \forall t \in T \quad (5-26)
$$

其中，$P_t^{DA,l}$ 为用户 l 在时段 t 的日前负荷需求；L 为用户数量。

（2）机组出力约束：

$$\begin{cases} 0 \leqslant P_{g,t}^{DA,m} \leqslant P_m^{DA} \\ P_{min}^n U_{n,t} \leqslant P_{g,t}^{DA,n} \leqslant P_{max}^n U_{n,t} \end{cases} \qquad (5-27)$$

其中，P_m^{DA} 为新能源机组 m 在 t 时段的日前出力预测，P_{max}^n、P_{min}^n 分别为常规能源发电机组 n 的最大技术出力和最小技术出力。

（3）机组爬坡约束：

$$\begin{cases} P_{g,t+1}^{DA,n} - P_{g,t}^{DA,n} \leqslant U_{n,t+1} P_{up}^n & \forall t \in T, \ \forall n \in N \\ P_{g,t+1}^{DA,n} - P_{g,t}^{DA,n} \geqslant -U_{n,t} P_{down}^n & \forall t \in T, \ \forall n \in N \end{cases} \qquad (5-28)$$

其中，P_{up}^n、P_{down}^n 分别为发电机组 n 的上爬坡速率和下爬坡速率。

（4）机组启停约束：

$$\begin{cases} (T_{n.g,t}^{on} - T_{n.g,min}^{on})(U_{n,t} - U_{n,t+1}) \geqslant 0 & \forall t \in T, \ \forall n \in N \\ (T_{n.g,t}^{off} - T_{n.g,min}^{off})(U_{n,t+1} - U_{n,t}) \geqslant 0 & \forall t \in T, \ \forall n \in N \end{cases} \qquad (5-29)$$

其中，$T_{n.g,min}^{on}$ 与 $T_{n.g,min}^{off}$ 分别为常规能源机组 n 的最小开机时间与关停时间；$T_{n.g,t}^{on}$ 与 $T_{n.g,t}^{off}$ 分别为机组 n 至 $t-1$ 时段已连续开机时间与关停时间。

（5）系统旋转备用约束：

系统各个时段机组出力的上调出力和下调出力需要满足电力系统实际运行对上、下调出力的需求。

$$\begin{cases} \sum_{n=1}^N \min[P_{up}^{DA,n}, (U_{n,t} P_{max}^n - P_{g,t}^{DA,n})] \geqslant R_{sys,t}^{up} \\ \sum_{n=1}^N \min[P_{down}^{DA,n}, (P_{g,t}^{DA,n} - U_{n,t} P_{min}^n)] \geqslant R_{sys,t}^{down} \end{cases} \qquad (5-30)$$

其中，$R_{sys,t}^{up}$、$R_{sys,t}^{down}$ 分别为 t 时段系统上调、下调旋转备用要求。

（6）日前现货市场的报价约束。常规能源发电机组的报价可以认为是其边际成本的线性函数，研究表明分段式报价方式和供应函数的报价方式具有相同的效果，在常见的供应函数报价模型中，常规能源发电机组的报价模型可以对边际成本函数进行仿射处理，可以将函数的斜率、截距或者等比例系数作为决策变量处理，故本书利用式（5-31）所示的函数进行报价：

$$o_{g,t}^n = \alpha_{n,t} P_{g,t}^{DA,n} + \beta_{n,t} \qquad (5-31)$$

其中，$\alpha_{n,t}$、$\beta_{n,t}$ 分别为常规能源机组报价斜率和截距。

2. 下层模型 2：实时现货市场出清

实时现货市场主要是目的是平衡日前的发电计划与实际运行产生偏差，保障电网发用的实时平衡。实时市场的竞价交易主要采用安全约束的经济调度模型。实时市场基于日前电能量市场封存的申报信息，根据超短期负荷预测、新能源发电预测等数据进行集中优化计算，得到实时市场交易结果。实时出清以系统成本最优为目标函数，与日前阶段相比，此阶段不考虑启停机成本。目标函数具体表示为：

$$\min O_{NRG}^{RT} = \sum_{s=1}^{S} \sum_{t=1}^{T} \pi_s \left(\sum_{m=1}^{M} o_{g,t}^m P_{g,t,s}^{RT,m} + \sum_{n=1}^{N} o_{g,t}^n P_{g,t,s}^{RT,n} \right) \tag{5-32}$$

约束条件包括以下两个方面。

（1）系统功率平衡约束。由于实时市场中，风光新能源功率预测可达到较高的精度，故本书近似认为实时市场中新能源机组超短期预测曲线与其最终实际的出力曲线相同。系统功率平衡约束具体表示为：

$$\sum_{m=1}^{M} P_{g,t,s}^{RT,m} + \sum_{n=1}^{N} P_{g,t,s}^{RT,n} - \sum_{l=1}^{L} P_t^{RT,l} = 0 , \quad \forall t \in T \tag{5-33}$$

其中，$P_t^{RT,l}$ 为用户 l 在时段 t 的实时负荷需求；L 为用户数量。

（2）机组出力约束：

$$\begin{cases} 0 \leqslant P_{g,t,s}^{RT,m} \leqslant P_m^{RT} \\ P_{\min}^n \leqslant P_{g,t,s}^{RT,n} \leqslant P_{\max}^n \end{cases} \tag{5-34}$$

其中，P_m^{RT} 为新能源机组 m 在 t 时段根据超短期出力预测结果向交易中心提交的出力数据。常规能源机组的爬坡约束参考式（5-28），旋转备用约束参考式（5-30），实时市场中常规能源机组的报价参考式（5-31）。

3. 下层模型 3：绿证市场出清

下层模型 3 表示绿证市场的出清模型。本书假定绿证市场的出清价格模型是基于产量竞争的古诺模型，计算公式为：

$$\lambda^{TGC} = \alpha_0^{TGC} - \beta_0^{TGC} Q^{TGC} \tag{5-35}$$

其中，α_0^{GRN}、β_0^{GRN} 为绿证市场价格—产量模型的两个参数，可以通过绿证市场的参数进行计算。根据式（5-35），绿证价格和产量是递减变化的线性函数。

当绿证产量等于零时，绿证价格为可接受的绿证的最高价格，即绿证惩罚价格 λ_0^{GRN}。当绿证产量最大时，绿证价格表示消费者的支付意愿，计算公式为：

$$\lambda_{\min}^{TGC} = \theta_0^{TGC} \lambda_0^{TGC} \tag{5-36}$$

此时，绿证产量为 RPS 规定的消纳责任数量，计算公式为：

$$Q_0^{TGC} = \rho_0^{TGC} \sum_{t=1}^{T} \sum_{l=1}^{L} P_t^{RT,l} \tag{5-37}$$

式（5-36）中，θ_0^{TGC} 可以通过历史数据计算，式（5-37）中，ρ_0^{TGC} 为消纳责任权重。

基于以上分析，可以计算得到式（5-35）中 α_0^{TGC} 和 β_0^{TGC} 的值分别为：

$$\alpha_0^{TGC} = \lambda_0^{TGC} \tag{5-38}$$

$$\beta_0^{TGC} = (1 - \theta_0^{TGC})\alpha_0^{TGC}\lambda_0^{TGC}/\rho_0^{TGC}\sum_{t=1}^{T}\sum_{l=1}^{L}P_t^{RT,l} \tag{5-39}$$

三、模型求解算法与流程

（一）混沌麻雀算法

由于日前现货市模型中含有机组启停的 $0\sim1$ 变量，无法采用卡罗需—库恩—塔克（Karush - Kuhn - Tucker conditions，KKT）最优条件和对偶理论将双层模型转变为单层模型进行求解，故本书引入混沌麻雀算法。具体思路是，上层模型采用混沌麻雀搜索算法进行求解，下层模型采用 Gurobi 求解器进行求解。具体步骤如下所示。

（1）初始化上层模型参数，设置迭代次数 $k=0$ 和最大迭代次数 $K=80$，种群数 $w=20$。

（2）利用混沌粒子群算法生成 w 组风光新能源日前市场报价的初始值，传递至下层。

（3）下层的日前市场根据接收到的 w 组日前市场报价的初始值，利用 Gurobi 对常规能源机组开关机状态、常规能源机组出力和新能源机组出力进行求解，保留日前市场的出清成本；将常规能源机组状态、机组出力数据传递给下层的实时市场，实时市场利用 Gurobi 对常规能源机组和新能源机组出力进行求解，并保留实时市场成本。

（4）上层模型根据下层返回的机组状态、出力以及新能源获得的绿证，计算当前第 w 组新能源机组报价下的总收益 R_g。

（5）利用混沌麻雀搜索算法对种群进行高斯变异和混沌扰动，重复步骤（3）和步骤（4），得到 R_g'，若 $R_g' < R_g$，则令 $R_{g+1}=R_g'$；否则，$R_{g+1}=R_g$。

（6）更新日前市场和实时市场的最优成本，判断是否达到迭代上限，若达到迭代上限，则停止迭代；若没有达到迭代上限，则令 $k=k+1$ 并返回至步骤（3）。

（二）模型求解流程

混沌麻雀算法求解交易优化模型流程如图 5-5 所示。

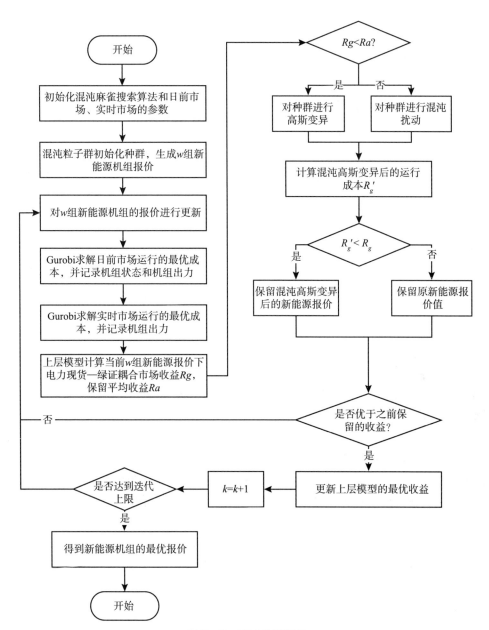

图 5 - 5　模型求解流程

四、算例分析

(一) 基础数据

本节以我国西部某新能源大省的区域电力系统为算例分析对象，来分析风光新能源参与市场的策略行为。系统包含 16 台机组，G1～G6 为新能源机组，G7～G16 为常规能源组。其中，G1～G2 为风电机组，装机容量分别为 400 兆瓦、500 兆瓦，G3～G6 为光伏机组容量为 300 兆瓦、400 兆瓦、300 兆瓦、600 兆瓦，常规能源机组均为燃煤发电机组，G7、G8、G12 机组容量均为 300 兆瓦，G9～G11、G13 容量为 350 兆瓦，G14～G16 机组容量为 600 兆瓦，通过在该地区实际收资调研，获得各类型机组的详细参数见表 5-3。

表 5-3 各类型机组详细参数

机组类型	最大出力（兆瓦）	最小出力（兆瓦）	上爬坡率（兆瓦时）	下爬坡率（兆瓦时）	最小关机时间（时）	启动成本（万元）
300 兆瓦	300	150	120	120	8	12
350 兆瓦	350	180	105	105	8	12
600 兆瓦	600	240	90	90	12	20

系统中发电机组总容量为 6550 兆瓦，其中 2500 兆瓦容量来自新能源机组，4050 兆瓦来自常规能源机组，新能源装机容量占比 41%。设定风光新能源 Gen1 拥有 4 台新能源发电机组，其中，风电机组为 G1、G2，光伏机组为 G3、G4，装机总容量为 1600 兆瓦，占 24% 的电力现货市场份额，本书将 Gen1 作为有策略性的发电主体进行分析研究。常规能源机组的报价参数 $\alpha_{n,t}$、$\beta_{n,t}$ 取值谢畅 (2018)，无报价策略的新能源机组报价取参考常规能源机组报价。设定双侧偏差惩罚电价系数 $k^+ = 0.8$、$k^- = 1.2$，交易周期为 24 小时。Gen1 风电和光伏机组日前预测出力如图 5-6 所示。

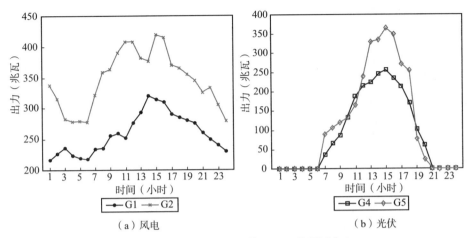

（a）风电　　　　　　　　　（b）光伏

图 5 – 6　Gen1 风电与光伏机组日前预测出力

采用宋晓华等（2023）的方法进行系统负荷预测，结果如图 5 –7 所示。

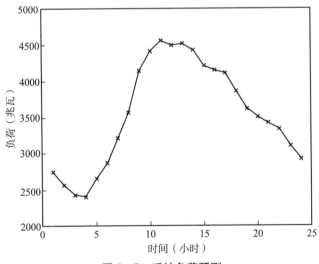

图 5 –7　系统负荷预测

假定风光机组的预测误差 $\sigma = 4\% \mu$ 服从正态分布，利用拉丁超立方抽样生成 1000 个场景生成，并采用 K – means 方法进行场景削减，最后保留 10 个场景作为算例输入。绿证市场参数设为 $\alpha_0^{GRN} = 280$ 元/兆瓦，$\theta_0^{GRN} = 0.3$，$\rho_0^{GRN} = 0.1$，根据式（5 –40），计算得到 β_0^{GRN} 为 7.13×10^{-3} 元/兆瓦。为了避免机组位置对调度结果产生影响，本书计算时忽略输电网络阻塞的影响，将输电线路约束全部松弛。

（二）算例结果

电力市场建设是一个逐步发展的过程，要紧密依托区域电力资源，我国电力市场建设刚刚起步，不同的电力市场机制适用于不同的市场类型和发展阶段。在我国电力市场实践中，山东、甘肃、青海等省份允许新能源报量报价参与市场，而山西、青海只允许新能源电力报量不报价参与市场，即以低边际成本报价以保障优先出清。以上两种市场参与方式会产生不同的市场出清结果。与此同时，绿证市场也会对风光新能源在电力市场中的决策产生影响。为了更好地比较与分析不同情况的风光新能源的行为策略，本书设定以下四种场景：

场景1：风光新能源报量不报价参与电力市场，不考虑绿证市场；

场景2：风光新能源报量报价参与电力市场，不考虑绿证市场；

场景3：风光新能源报量不报价参与电—绿证市场；

场景4：风光新能源报量报价参与电—绿证市场。

为了避免电力市场出清电价发生较大范围的波动，本书设定场景1和场景3中的Gen1按照300元/兆瓦时的固定价格进行市场出清；参考山东、甘肃电力现货市场机制，设定Gen1参与电力市场最低报价和最高报价分别为280元/兆瓦时、800元/兆瓦时。利用上述参数计算得到各个场景的出清结果，如表5-4所示；计算得到场景2和场景4所属Gen1机组的最优报价如图5-8所示；计算得到各个场景日前MCP如图5-9所示，Gen1电—绿证市场收益如图5-10所示。

表5-4　　　　　　　　　各场景下电力和绿证市场出清结果

指标	场景1	场景2	场景3	场景4
电力—绿证市场总收益（万元）	599.47	616.92	698.93	702.93
日前电力市场收益（万元）	647.88	610.33	647.88	587.87
实时电力市场收益（万元）	-48.41	6.58	-48.41	6.90
绿证市场收益（万元）	/	/	99.46	108.16
日前市场出清电量（兆瓦时）	19289.09	18128.75	19289.09	17355.84
实时市场出清电量（兆瓦时）	18217.53	18480.87	18217.53	17785.85
风光弃风弃光量（兆瓦时）	335.27	71.94	335.27	766.95
日前市场平均出清电价（元/兆瓦时）	333.67	336.01	333.67	337.75

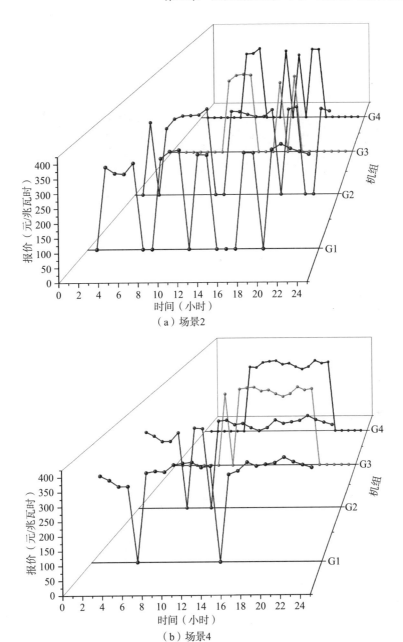

（a）场景2

（b）场景4

图5-8　Gen1 四台机组的报价

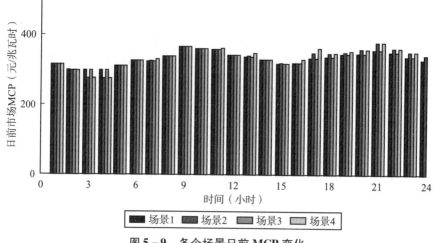

图 5 – 9　各个场景日前 MCP 变化

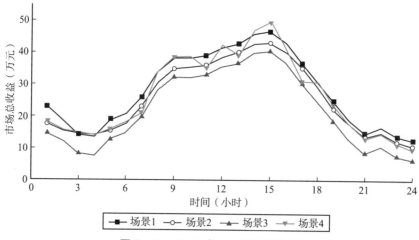

图 5 – 10　Gen1 电—绿证市场收益

1. 场景 1 和场景 2 对比分析

根据图 5 – 9 可知，场景 1 和场景 2 的 MCP 变化趋势基本相同，在 1 ~ 9 点呈波动上升趋势，9 ~ 21 点先下降后上升的 "U" 形波动变化，21 点之后 MCP 降低。MCP 出现在 "U" 形变化趋势的主要原因是光伏机组 G3、G4 在此时段大发，出力达到其最大装机的 50% ~ 75%，且出力呈抛物线的变化趋势，促使两个场景中的电力市场的 MCP 呈现这种 "U" 形变化态势。

根据表 5 – 4 可知，场景 2 比场景 1 的日前市场平均出清电价略高，局部时段变化趋势不同。场景 2 在时刻 3 和时刻 4 的 MCP 低于场景 1，主要原因是这两个时刻新能源机组日前预测出力和常规能源机组的最小出力之和大于负荷需求，如图 5 – 11 所示。

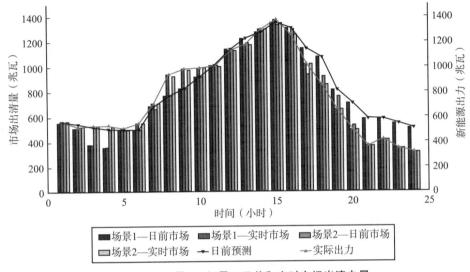

图 5 – 11　场景 1、场景 2 日前和实时市场出清电量

时刻 4 的负荷需求为 2410 兆瓦，而机组的出力之和为 2420 兆瓦，常规能源停机需要付出高昂的停机成本，因此，系统中的新能源机组需要弃风或者弃光，面对这种供给大于需求的情况，策略性的 Gen1 为保障机组不失负荷，在场景 2 中采取低价竞争的策略，保证其在日前现货市场中获得出清。除时刻 3、时刻 4 外，场景 2 的日前市场出清电价总体高于场景 1，这是因为场景 2 中的风光机组通过跟踪市场中的边际出清机组，采取了尽可能靠近边际机组的报价策略，在提升日前市场 MCP 的同时获得较多的现货市场收益。

场景 1 和场景 2 的日前电力市场收益分别为 647.88 万元、610.33 万元，实时电力市场的偏差收益分别为 – 48.41 万元、6.58 万元。由此可见，场景 2 较场景 1 在日前市场的正收益和实时市场的负收益均较小，总收益却上升到 616.92 万元，增加了 2.91%。场景 1 中 Gen1 报量不报价参与日前市场和实时市场集中优化，根据图 5 – 11 可知，除 3 点和 4 点有弃风弃光外，Gen1 按照日前出力预测和实时出力预测的最大值分别在日前市场和实时市场中进行出清，在固定电价的报价方式下以尽可能多的市场出清量为优化目标，在日前预测小于实时出力的情况下会产生较大的负偏差收益，例如 21~24 点。

场景 2 中 Gen1 提高日前市场报价，导致日前市场出清量较场景 1 下降1160.34 兆瓦，而实时市场增加出力 263.34 兆瓦，由此出现日前市场收益和实时市场负偏差收益均小于场景 1，但总收益大于场景 1 的结果。从场景 1 和场景 2 收益差异的各个时段分析，在 1~2 点和 5~16 点的时段，场景 1 和场景 2 的MCP 基本相同，收益无明显变化；在 3~4 点，场景 2 中 Gen1 的因提价策略而较场景 1 增加的市场收益占收益增量的 40%；17~24 点时段，Gen1 增加的收益占剩余的 60%。

综上所述，Gen1 在供大于求的时段，适当降低报价可以获得较多的市场收益；Gen1 在供小于求的时段，提升报价可以在日前市场中减少出清，以平衡日前和实时市场出清的偏差惩罚，进而保证其在现货市场获得最大收益。在电力市场发展初期，新能源报量不报价参与市场，日前市场的电价波动较为稳定，有利于电力市场平稳起步。在市场逐步发展成熟后，报量报价参与市场可以激发风光新能源活力，进而保障其长期可持续发展。

2. 场景 1 和场景 3 对比分析

根据图 5-9 可知，场景 1 和场景 3 的 MCP 相同，主要原因是这两个场景均采用报量不报价在市场中出清，在其他机组不具备市场策略的前提下，Gen1 所属的 G1~G4 机组由于报价固定，在市场出清中的排序也相对固定，因此场景 1 和场景 3 在同一时刻的边际出清机组相同，例如日前市场 7 点的边际机组为 G13、G14、G16。但是因为场景 3 考虑了绿证市场，Gen1 的市场收益较场景 1 增加 99.46 万元，单个绿证价格为 43.3 元/个，与我国绿证平台中 40~50 元/个的绿证交易价格接近，证明了模型参数的合理性。综上所述，场景 1 和场景 3 由于没有自主报价行为，在现货市场出清中属于价格的接受者，无法通过报价策略来影响其在现货市场中的出清量，机组在电力市场中的出清量依赖其他非策略机组的报价，由于场景 1 和场景 3 的非策略机组报价方式相同，两个场景中的市场出清量相同，场景 1 和场景 3 在四个场景中 MCP 最低（见图 5-9），但绿证市场给电力市场中出清电价较低的新能源电力收益进行了一定的弥补，并保证在低MCP 下 Gen1 的合理收益。此外，场景 1 和场景 3 均出现 335.27 兆瓦的弃风弃光，主要发生在 3 点和 4 点，这也表明新能源报量不报价参与市场需要根据区域新能源机组的特点合理设定风电和光伏新能源参与市场的固定报价数值。

3. 场景 2 和场景 4 对比分析

根据表 5-4 可知，场景 4 比场景 2 的总收益增加 76.01 万元，增长12.32%。场景 2 中，风电和光伏采用报量和报价策略参与现货市场，为保证风光大发时的 MCP 不至于过低，风光新能源采用适当提升报价的策略以保障其电力市场收益，但提升报价后，部分时段的风电和光伏未获得全部出清（例如 17 点），并产生了一定规模的弃风弃光，同时这种由于新能源电力的市场力产生的失真的价格信号会误导用户用电计划安排。

场景 4 考虑绿证市场后，MCP 在 17~20 点的时段内较场景 2 有所提升，这是因为风光新能源通过报价策略在两个市场中实现收益总和的最大化。在电力市场中，通过提升报价，提高日前市场出清电价，造成了 766.95 兆瓦时的弃风弃光，电力市场收益减少 22.15 万元；在绿证市场中，由于 Gen1 的弃风弃光，绿证数量减少，RPS 规定的权重要求消纳责任主体通过绿证购买完成消纳义务，在绿证供给减少而需求不变的情况下，绿证在市场中变得稀缺，一定程度上提高了绿证价格。

第四节　本 章 小 结

首先，本章考虑了风光新能源的绿色价值差异，并提出基于熵权－CRITIC－改进 TOPSIS 的绿证测算模型，解决了现有绿证机制难以体现不同风光新能源绿色价值差异的问题。其次，建立了风光新能源参与电—绿证市场双层耦合交易模型，上层模型为风光新能源收益模型，下层模型为电—绿证市场出清模型。再次，提出了采用一种混沌麻雀算法求解双层模型。最后，结合算例数据分析了风光新能源参与电—绿证市场耦合交易策略。

第六章

风光新能源参与电—碳市场耦合
交易模型

　　风光新能源具有能量和环境双重价值，既可以通过参与电—绿证市场实现价值变现，也可以通过电—碳市场实现价值变现，本章将聚焦风光新能源参与电—碳市场的耦合交易决策问题。首先，分析了我国碳市场 CCER 交易机制，提出考虑风光预测精度的 CCER 测算模型，体现不同类型风光新能源预测能力差异。其次，建立了风光新能源参与电—碳市场的非合作博弈模型，上层模型为风光新能源和常规煤电发电商的收益模型，下层模型为电—碳市场出清模型。其次，使用 KKT 条件、对偶理论对模型进行等价转化，并采用对角化方法求解纳什均衡解。最后，结合算例计算和分析风光新能源参与电—碳市场的交易策略。

第一节　引　　言

　　我国早在 2017 年就启动了国家碳排放交易体系，碳排放权交易是运用市场机制促进全球温室气体减排的一种重要的政策工具。2021 年，全国碳排放权交易市场正式启动，以煤电为代表的常规能源和以风光为代表的新能源可以分别以碳配额和 CCER 的形式在碳市场中进行交易。例如，煤电根据其实际碳排放量和获得的免费碳排放配额量，在碳市场进行碳配额购买或出售，风光新能源可以在碳市场出售 CCER。尽管我国电力市场运行和碳市场运行相对分离，但电力生产过程的伴随着碳排放，因此电力市场和碳市场参与主体高度重合，市场交易过程紧密关联，电—碳市场具有天然的耦合关系。"双碳"目标和新型电力系统的构建要以风光新能源为主体电源，风光新能源如何制定参与电—碳市场的交易决策，是当前亟须解决的实际问题。有鉴于此，有必要根据我国电力市场和碳市场的交易机制建立风光新能源参与电—碳市场的耦合交易模型，以深入讨论风光新能源参与电—碳市场的交易策略。

目前，国内外学者都在关注碳排放交易政策及碳市场的碳减排效果。史斌斌等（B B Shi et al.，2022）研究发现，碳市场既可以降低区域碳排放也可以抑制人均碳排放，而且这种效果可以持续稳定。碳税和碳排放交易政策与补贴政策不同组合模式会对可再生能源的发展产生不同的效果。也有较多的学者将碳交易机制引入电力系统低碳调度研究，将碳成本作为电力系统调度优化的成本，以实现电力系统经济和环境目标的协同优化。例如，邹宇航等（2023）、张旭等（Zhang X et al.，2019）、孙鹏等（Sun P et al.，2021）提出一种阶梯式碳交易机制下综合能源系统的多时间尺度优化调度方法。刘子旭等（2023）建立考虑负荷需求响应和风电消纳的电—热系统低碳调度模型，以机组运行成本、碳交易成本和弃风惩罚成本总和为目标函数。黄冬梅等（2023）提出一种含阶梯式碳交易的光热储能配合风电制氢的日前综合能源优化调度模型。郭静蓉等（2023）提出一种考虑碳市场价格风险的电气综合能源系统低碳优化调度模型。以上研究尝试通过阶梯碳价的设计实现有效的碳减排效果，忽视了碳市场价格与电力市场价格的互动关系。在现有政策的背景下，风光新能源和常规煤电发电商可以在电力市场和碳市场进行交易决策，电力市场和碳市场的均衡状态互相影响。上述文献研究大多立足于常规能源发电商视角，且将碳排放成本或者碳价作为边界条件，研究给定碳价下的电力市场均衡，这样无法充分体现电力市场和碳市场的供求关系、电价和碳价的互动关系，也难以精确刻画风光新能源在电—碳市场中的交易决策。

为了解决上述问题，本书提出 CCER 的风光新能源参与电—碳市场耦合交易模型。首先，分析我国现有的 CCER 交易机制，并提出预测精度的风光新能源 CCER 模型。其次，建立风光新能源参与电—碳市场的非合作博弈模型，上层模型为风光新能源和常规煤电发电商收益模型，下层模型为电—碳市场出清模型。再次，采用对偶理论和 KKT 条件将双层优化问题转化为等价的均衡约束数学规划（mathematical programs with equilibrium constraints，MPEC）问题，并利用二进制拓展法、强对偶理论将 MPEC 转化为混合整数规划（mixed integer programming，MILP）问题，利用对角化算法求解模型的纳什均衡解。最后，以我国南方某区域电力系统进行算例研究，分析风光新能源参与电—碳市场的决策行为。

第二节　考虑预测精度的风光新能源 CCER 测算模型

高精度风光出力预测是构建以新能源为主体的新型电力系统的重要组成部分。如果将风光新能源功率预测水平与 CCER 机制相结合，将成为支撑新型电力系统经济运行的重要手段，也可以一定程度上减轻风光新能源的出力预测精度考核负担。当前我国风光新能源 CCER 的核证主要基于国家发改委备案的方法学模型，并未考虑不同类型风光新能源出力预测精度对电力系统经济运行的影响。为了更好地引导风光新能源提高日前预测精度，本节考虑将风光预测精度与 CCER 数量进行结合，作为下文风光新能源参与电—碳市场耦合建模的基础。

一、CCER 交易机制分析

目前，我国碳交易市场主要有两类基础产品：一类是政府分配给控排企业的碳排放配额；另一类是 CCER。一般来讲，我国碳市场履约周期以年为单位，主要分为碳配额分配、碳配额交易和碳配额清缴三个环节。在履约周期的期初，政府主管部门会根据年度碳减排计划，按照一定的计算规则将碳配额免费分配或者有偿排放分配给纳入碳市场交易体系的控排企业。在碳市场履约周期内，控排企业根据自身发电量可以自由进行碳配额交易，如果分配的碳配额多于实际排放量，则可以将剩余的碳配额在碳市场中出售；反之，需要从碳市场中购买碳配额。在碳市场履约期末，控排企业需要进行碳配额清缴，即控排企业需要缴纳与其实际碳排放量等额的碳配额，否则需要接受经济处罚。需要说明的是，本章的研究主体为风光新能源，根据我国的碳市场交易机制，风光新能源主要以 CCER 的方式参与碳市场交易。CCER 是一种碳市场的补充机制，主要针对可再生能源、林业碳汇、甲烷利用等项目的温室气体减排进行量化核准，并在国家注册等级系统中确定温室气体的资源减排量。风光新能源可以通过温室气体减排核证获得 CCER，碳市场中的控排企业可以购买 CCER 来完成碳配额清缴，1 单位 CCER 可以抵销 1 吨二氧化碳排放。目前，我国 CCER 处于停滞状态，但生态环境部在 2023 年 3 月发布《关于公开征集温室气体自愿减排项目方法学建议的函》，这被业内解读为吹响 CCER 重启号角，CCER 交易原理如图 6 – 1 所示。

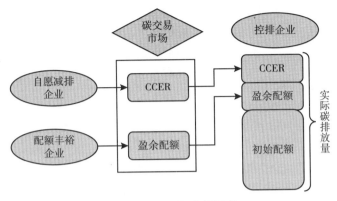

图 6 - 1　CCER 交易原理

二、风光新能源 CCER 测算模型

我国 2012 年就发布了 CCER 纲领性文件——《温室气体自愿减排交易管理暂行办法》，明确了 CCER 的交易场所、申请程序、审定范围和核证机构资质等。以此为基础，CCER 项目的设计、审定、核证等都需要参考经国家发改委备案的方法学，其产生的减排量也必须由国家发改委签发后才能在碳市场上出售。我国 CCER 方法学已经有两百多个，大部分从联合国清洁发展机制的方法学转化过来。CCER 项目的减排量采用基准线法计算，基本的思路是，假设在没有该 CCER 项目的情况下，为了提供同样的服务，最可能建设的其他项目所带来的温室气体排放（BE_y，基准线减排量）减去该 CCER 项目的温室气体排放量（PE_y）和泄漏量（LE_y），由此得到该项目的减排量 ER_y 为：

$$ER_y = BE_y - PE_y - LE_y \qquad (6-1)$$

风光新能源基准线减排量是项目活动替代化石燃料发电产生的二氧化碳量，参考《CM - 001 - V02 可再生能源并网发电方法学（第二版）》，基准线排放量计算如式（6-2）所示：

$$BE_y = EG_{PJ,y} \times EF_{grid,CM,y} \qquad (6-2)$$

其中，$EG_{PJ,y}$ 为风光新能源项目第 y 年产生的净上网电量；$EF_{grid,CM,y}$ 为第 y 年利用"电力系统排放因子计算工具"计算的组合边际二氧化碳排放因子，计算方法如式（6-3）所示：

$$EF_{grid,CM,y} = EF_{grid,OM,y} \times W_{OM} + EF_{grid,BM,y} \times W_{BM} \qquad (6-3)$$

其中，$EF_{grid,OM,y}$ 为第 y 年电量边际排放因子，$EF_{grid,BM,y}$ 为第 y 年容量边际排放因子，W_{OM} 和 W_{BM} 分别为电量边际排放因子和容量边际排放因子权重。

现有针对风光新能源项目的方法学聚焦于项目的碳减排量，难以体现不同预测精度下风光新能源项目 CCER 核证数量的差异。为了激励风光新能源提高风光预测准确度，本书在 CCER 核证时考虑上期新能源预测情况：风光新能源预测准确度高于行业标准的企业增加单位 CCER 的数量；反之，扣除。CCER 测算模型如式（6-4）所示：

$$\begin{cases} N_{CCER} = (1 + \psi) EF_{grid,CM} \sum_{t=1}^{T} P_{i,t} \\ \psi = \varsigma(\tau - \tau_m) \end{cases} \tag{6-4}$$

其中，N_{CCER} 为风光新能源获得的 CCER 数量，$EF_{grid,CM}$ 为风光新能源项目全生命周期平均二氧化碳排放因子，$P_{i,t}$ 为第 t 时段风电或光伏发电功率，T 为调度周期，ψ 为风光出力预测影响参数，ς 为风光出力预测影响权重，τ 为上期风光出力预测精确度，τ_m 为风光出力预测精确度标准值。

三、算例分析

本书选择我国南方某区域电力系统为研究对象进行算例分析，系统网络拓扑结构如图 6-2 所示。系统包含 8 台机组，G1 为风电机组，装机容量为 120 兆瓦；G2 为光伏发电机组，装机容量为 100 兆瓦；G3-G7 为煤电机组，G3 的装机容量为 300 兆瓦，G4 为 350 兆瓦，G5、G6 的装机容量均为 600 兆瓦，G7 为燃气机组，装机容量为 120 兆瓦。

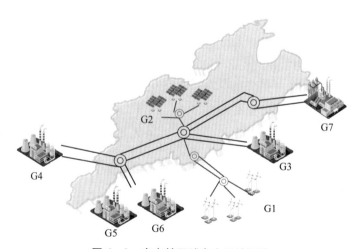

图 6-2　南方某区域电力系统拓扑

根据生态环境部公布的中国区域电网基准线排放因子，取电量边际排放因子权重 $W_{OM} = 0.75$，容量边际排放因子权重 $W_{BM} = 0.25$；$EF_{grid,OM,y}$ 为 0.8042，$EF_{grid,BM,y}$ 为 0.2135。根据式（6-3），计算得到风光新能源项目平均二氧化碳排放因子 $EF_{grid,CM} = 0.6570$。参考崔杨等（2023），设定新能源出力预测准确度标准值 $\tau_m = 0.8$，新能源出力预测影响权重 $\varsigma = 0.3$。根据 G1 和 G2 上一年度出力预测结果，G1 上一年度平均预测精度为 0.832，G2 上一年度平均预测精度为 0.856。G1 和 G2 在 2022 年 10 月 20 日的实际预测出力曲线如图 6-3 所示。

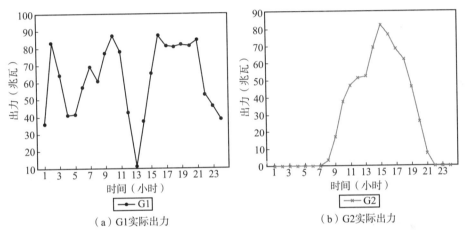

（a）G1实际出力　　　　　　　　（b）G2实际出力

图 6-3　2022 年 10 月 20 日 G1 和 G2 的实际出力

对该天 G1、G2 实际出力进行求和，得到 G1、G2 的实际电量分别为 1537 兆瓦时、699 兆瓦时。根据式（6-4），计算 G1 和 G2 的出力预测影响参数分别为：

$$\psi_{G1} = 0.3 \times (0.832 - 0.8) = 0.0096$$
$$\psi_{G1} = 0.3 \times (0.856 - 0.8) = 0.0168$$

进一步，计算 G1 和 G2 核证得到的 CCER 数量分别为：

$$N_{GC,G1} = (1 + 0.0096) \times 0.6570 \times 1537 = 1020 （个）$$
$$N_{GC,G2} = (1 + 0.0168) \times 0.6570 \times 699 = 467 （个）$$

第三节　风光新能源参与电—碳市场耦合交易模型

本节主要讨论风光新能源如何参与电—碳市场耦合交易决策问题。风光新能源具有能量和环境价值双重价值,可以参与电—碳市场交易以实现双重价值变现。在电—碳耦合市场中,常规煤电是另一个重要市场主体;在电力市场中,风光新能源与常规煤电发电商同台竞价;在碳市场中,常规煤电是碳配额的供需主体,需要将自身实际碳排量和分配获得的碳配额进行合理的购买和售出,以促使其环境收益最大化或者环境成本最小化,常规煤电在碳市场中的交易决策会影响风光新能源参与碳市场的交易策略。综上所述,风光新能源和常规煤电发电商参与电—碳市场交易会彼此影响各自的交易决策。因此,本节基于非合作博弈理论,建立风光新能源参与电—碳耦合市场交易框架及优化模型,并分析风光新能源市场交易策略。

一、电—碳市场耦合交易框架

(一) 非合作博弈理论

博弈论是研究理性决策者策略互动的数学模型,其既是现代数学的一个新分支,又是运筹学的一个重要学科,在社会科学、逻辑学、系统科学和计算机科学中也有应用。博弈论考虑博弈中的个体预测行为和实际行为,并研究如何进行优化。具有竞争或对抗性质的行为称为博弈行为,在这类行为中,竞争各方具有不同的目标或利益,为了达到各自的目标,各方必须考虑对手可能的行动方案,并选取对自己最为有利或最为合理的方案。博弈论就是研究博弈各方是否存在最合理的行为方案,以及如何找到这个合理行为方案的数学理论和方法。完整的博弈结构存在三个主要因素,包括参与者、策略集、参与者各自的收益。其中,用 $N = \{1, 2, \cdots, N\}$ 表示 n 个参与者参与的博弈集合;S_i 为第 i 个参与者实施的策略,$S = \{S_1, S_2, \cdots, S_n\}$ 为 n 个主体的策略集;收益是参与者采取策略通过博弈所获得的利益,$u = \{u_1, u_2, \cdots, u_n\}$ 表示 n 个主体的收益。

博弈理论包括合作博弈和非合作博弈两种。非合作博弈,指参与者在博弈时,无法达成一个对各方都有约束力的协议,该博弈的目的在于如何为自己争取最大化的利益,并不考虑其他参与者的利益。合作博弈,指参与者之间有具有约束力的协议、约定,参与者必须在这些协议范围进行博弈,该博弈是研究合作中如何分配利益的问题,目的是使协议框架内所有参与者都满意。

(二) 非合作博弈模型

风光新能源参与电—碳市场非合作博弈模型的框架如图 6-4 所示。

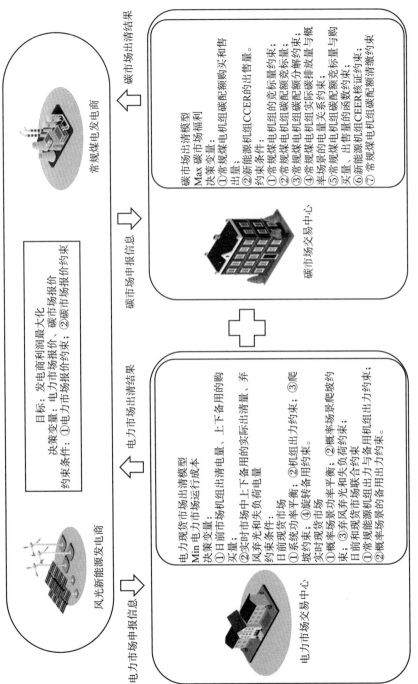

图6-4　电—碳市场非合作博弈模型框架

（1）电力交易中心负责组织电力市场交易。发电商向电力交易中心申报报价曲线，电力交易中心则根据申报的信息，以全社会福利最大化为优化目标，在考虑电力系统的物理约束后完成电力市场的优化出清。

（2）碳市场交易中心负责碳市场的集中出清。风光新能源和常规煤电发电商向碳市场交易中心申报碳配额需求或供给，碳交易中心负责碳市场配额和 CCER 集中优化出清。

（3）风光新能源和常规煤电发电商共同参与电—碳市场，发电商通过不断调整交易策略来实现自身利润最大化，当市场中所有的发电商都无法通过改变交易策略实现市场收益最大化时，电—碳市场获得纳什均衡解，由此可以得到发电商在市场均衡状态下的出清结果。

（4）假定风光新能源获得的 CCER 与常规煤电的碳配额具有相同的属性，1个 CCER 和 1 个碳配额等价。设定 1 个风光新能源拥有 1 个风电或光伏机组，1个常规煤电发电商拥有 1 台煤电机组。

二、电—碳市场非合作博弈优化模型

（一）上层模型：发电商利润最大化

根据我国电力市场和碳市场的交易规则，本书设定电—碳市场的交易时段为1 小时。风光新能源和常规煤电发电商以机组为单位进行电力市场交易。发电商在电力市场中的决策变量为发电机组在各时段的市场出清电量，风光新能源在碳市场中做出 CCER 售出决策，常规煤电在碳市场作出初始碳配额的分解决策、碳配额的购买和售出决策。本书将电力市场按照交易时序分为日前电力现货市场和实时电力现货市场，同时考虑电能量和备用的联合优化，以实现整个系统运行成本最小。在电—碳市场交易的过程中，每个发电商都会通过考虑对手的策略来使自己的收益最大化。

1. 风光新能源利润最大化

风光新能源的收益主要来自电力市场和碳市场，其中，电力市场收益为电能量的出售收益，碳市场收益为 CCER 的出售收益。电力现货市场中，风光新能源发电的变动成本很小，可以忽略不计，但需要分摊因其出力不确定产生的备用成本。风光新能源 m 利润最大化模型为：

$$\max R_m = (R_m^{DA} + R_m^{RT} + R_m^{CCER} - C_m^{Bkp}) \tag{6-5}$$

$$R_m^{DA} = \sum_{t=1}^{T} \lambda_t^{DA} P_{g,t}^{DA,m} \tag{6-6}$$

$$R_m^{RT} = \sum_{s=1}^{S} \sum_{t=1}^{T} \pi_s \lambda_{t,s}^{RT} (P_{g,t,s}^{RT,m} - P_{g,t}^{DA,m}) \tag{6-7}$$

$$R_m^{CCER} = \sum_{t=1}^{T} \sum_{m=1}^{M} \lambda_t^{CCER} Q_{m,t}^{CCER,sell} \tag{6-8}$$

$$C_m^{Bkp} = \sum_{t=1}^{T} \frac{C_t^{Bkp} \pi_{m,t}}{\sum_{m=1}^{M} \pi_{m,t}} \tag{6-9}$$

$$o_{elec}^{min} \leqslant o_{g,t}^m \leqslant o_{elec}^{max} \tag{6-10}$$

$$o_{CCER}^{min} \leqslant p_{g,t}^m \leqslant o_{CCER}^{max} \tag{6-11}$$

其中，R_α^{DA}、R_α^{RT}、R_α^{CCER} 分别为风光新能源 m 在日前市场、实时市场和碳市场收益，λ_t^{DA}、$\lambda_{t,s}^{RT}$ 为分别为日前和实时市场 t 时刻的出清电价，$P_{g,t}^{DA,m}$ 为风光新能源 m 在 t 时刻的日前市场出清电量，$P_{g,t,s}^{RT,m}$ 为风光新能源 m 在场景 s 下 t 时刻实时市场出清电量，π_s 为场景 s 发生的概率，S 为场景数量，λ_t^{CCER} 为 CCER t 时刻的交易价格，$Q_{m,t}^{CCER,sell}$ 为 t 时刻风光出售的 CCER 数量，C_m^{Bkp} 为风光新能源 m 需要分摊的备用成本，C_t^{Bkp} 为系统的总备用成本，$\pi_{m,t}$ 为风光新能源的替代收益，$o_{g,t}^m$ 为 m 的电能量报价，$p_{g,t}^m$ 为 m 参与碳市场的报价。

2. 常规煤电发电商利润最大化

常规煤电的收益主要来自售电收益、碳配额净收益和备用收益，常规煤电成本主要是煤耗成本。常规煤电提供备用的收益由两部分组成：一部分为日前市场中，煤电在日前出清计划中预留的备用容量收益；另一部分为实时市场中煤电备用容量被实际调用的收益。因此，常规煤电发电商提供备用的收入结算由容量价格和电量价格两部分组成。常规煤电发电商利润最大化模型为：

$$\max R_n = (R_n^{DA} + R_n^{RT} + R_n^{Bkp} - C_n^{Elec} + R_n^{CO_2}) \tag{6-12}$$

相关的约束条件为：

$$R_n^{DA} = \sum_{t=1}^{T} \lambda_t^{DA} P_{g,t}^{DA,n} \tag{6-13}$$

$$R_n^{RT} = \sum_{s=1}^{S} \sum_{t=1}^{T} \pi_s \lambda_{t,s}^{RT} (P_{g,t,s}^{RT,n} - P_{g,t}^{DA,n}) \tag{6-14}$$

$$R_n^{Bkp} = \sum_{t=1}^{T} (\lambda_t^{up} R_{g,t}^{up,n} + \lambda_t^{down} R_{g,t}^{down,n}) \tag{6-15}$$

$$C_\beta^{Elec} = \sum_{t=1}^{T} \sum_{n=1}^{N} [a_n (P_{g,t}^n)^2 + b_n (P_{g,t}^n) + c_n] \tag{6-16}$$

$$R_{\beta}^{CO_2} = \sum_{t=1}^{T} \sum_{n=1}^{N} \lambda_t^{CET}(Q_{n,t}^{CET,sell} - Q_{n,t}^{CET,buy}) \tag{6-17}$$

$$o_{elec}^{min} \leqslant o_{g,t}^{n} \leqslant o_{elec}^{max} \tag{6-18}$$

$$o_{CET}^{min} \leqslant p_{g,t}^{n} \leqslant o_{CET}^{max} \tag{6-19}$$

其中，R_n^{DA}、R_n^{RT}、R_n^{Bkp} 分别为常规煤电 n 的日前市场收益、实时市场收益和备用收益，C_{β}^{Elec} 为煤电的发电成本，一般发电出力的二次函数，$P_{g,t}^{DA,n}$ 为常规煤电 nt 时刻的日前市场出清电量，$P_{g,t,s}^{RT,n}$ 为常规煤电 n 在场景 s 下 t 时刻的实时市场出清电量，a_n、b_n、c_n 为常规煤电 n 的成本系数，λ_t^{CET} 为碳市场 t 时刻的碳价，$Q_{n,t}^{CET,sell}$、$Q_{n,t}^{CET,buy}$ 分别为常规煤电 t 时刻碳配额的出售量和购买量。

（二）下层模型：电—碳市场出清模型

1. 电力市场出清模型

本章所构建的电力市场出清模型主要考虑两个有效协同：一是电能量与备用的协同优化；二是日前现货和实时现货市场的协同优化。基于电能量与备用、交易时序的耦合特性，建立能量—备用联合的日前—实时电力市场出清模型。这种建模思路有两方面优点：一方面，精细刻画的能量价值和安全价值，能够充分反映风光新能源开发和利用成本；另一方面，对日前和实时两个阶段进行耦合，可以实现日前和实时市场的有效衔接。

电力市场出清模型基于风光新能源出力的不确定性，以电力市场成本最小为优化目标。日前市场成本包括电能量成本与备用成本。实时市场成本主要包括风光出力偏差的调整成本、弃风弃光成本与切负荷成本。电力市场出清模型的目标函数为：

$$minC = C^{DA} + C^{RT} \tag{6-20}$$

其中，C 为总成本，C^{DA} 为日前市场成本，C^{RT} 为实时市场的期望成本。

相关约束条件为：

$$C^{DA} = C_g^O + C_g^R = \sum_{t=1}^{T} \left(\sum_{m=1}^{M} o_{g,t}^m P_{g,t}^{DA,m} + \sum_{n=1}^{N} o_{g,t}^n P_{g,t}^{DA,n} + \sum_{n=1}^{N} c_{g,t}^{up,n} R_{g,t}^{up,n} + \sum_{n=1}^{N} c_{g,t}^{down,n} R_{g,t}^{down,n} \right) \tag{6-21}$$

其中，C_g^O 为运行成本，C_g^R 为备用容量成本，$c_{g,t}^{up,n}$、$c_{g,t}^{down,n}$ 分别为常规煤电 n 的上备用报价、下备用报价，$R_{g,t}^{up,n}$、$R_{g,t}^{down,n}$ 分别为常规煤电 n 的上备用容量、下备用容量。

$$C^{RT} = C_g^{adjust} + C_g^{cut} + C_d^{cut} \tag{6-22}$$

$$C_g^{adjust} = \sum_{s=1}^{S} \pi_s \Big[\sum_{t=1}^{T} \sum_{n=1}^{N} o_{g,t}^n R_{g,t,s}^n + \sum_{t=1}^{T} \sum_{m=1}^{M} o_{g,t}^m (P_{g,t,s}^{RT,m} - P_{g,t}^m - P_{g,t,s}^{cut,m}) \Big]$$

$$(6-23)$$

$$C_g^{cut} = \sum_{s=1}^{S} \pi_s \Big(\sum_{t=1}^{T} \sum_{m=1}^{M} c_{g,t}^m P_{g,t,s}^{cut,m} \Big) \qquad (6-24)$$

$$C_d^{cut} = \sum_{s=1}^{S} \pi_s \Big(\sum_{t=1}^{T} \sum_{l=1}^{L} c_t^l P_{t,s}^{cut,l} \Big) \qquad (6-25)$$

其中，C_g^{adjust} 为风光出力偏差的调整成本，C_g^{cut} 为弃风弃光惩罚成本，C_d^{cut} 为失负荷惩罚成本，$R_{g,t,s}^n$ 为常规煤电机组 n 在场景 s 下的调整功率，$P_{g,t,s}^m$、$P_{g,t,s}^{m,spill}$ 分别为场景 s 下风电或光伏机组超短期预测出力、弃风弃光量，$c_{g,t}^m$、c_t^l 分别为弃风弃光、失负荷的惩罚系数。

常规煤电机组的备用调用价格反映了实时市场中煤电应对风光出力不确定性产生的成本。本书构建模型时，一方面，考虑日前市场引入备用容量报价，表征煤电机组提供备用容量和报价的市场意愿；另一方面，实时市场中考虑备用实际调用的容量和价格，真实地反映煤电机组提供备用所获得的收益。

日前市场的约束条件包括以下四个方面。

（1）系统功率平衡约束为：

$$\sum_{m=1}^{M} P_{g,t}^{DA,m} + \sum_{n=1}^{N} P_{g,t}^{DA,n} - \sum_{l=1}^{L} P_t^l = 0 : \lambda_t^{DA}, \forall t \qquad (6-26)$$

其中，p_t^l 为 t 时刻的用户 l 的负荷需求。

（2）机组出力约束为：

$$\begin{cases} 0 \leqslant P_{g,t}^{DA,m} \leqslant P_m^{DA,max} : \alpha_{g,t}^{DA,min}, \ \alpha_{g,t}^{DA,max} \\ P_{min}^n \leqslant P_{g,t}^{DA,n} \leqslant P_{max}^n : \beta_{g,t}^{DA,min}, \ \beta_{g,t}^{DA,max} \end{cases} \forall t, \ \forall m, \ \forall n \qquad (6-27)$$

其中，$P_m^{DA,max}$ 为风光新能源 m 在 t 时段的日前预测出力，P_{max}^n、P_{min}^n 分别为常规煤电 n 的最大技术出力、最小技术出力。

（3）机组爬坡约束为：

$$\begin{cases} P_{g,t}^{DA,n} - P_{g,t-1}^{DA,n} \leqslant R_{up}^n : \gamma_{g,t}^{DA,max} \\ P_{g,t}^{DA,n} - P_{g,t-1}^{DA,n} \geqslant - R_{down}^n : \gamma_{g,t}^{DA,min} \end{cases} \forall t, \ \forall m, \ \forall n \qquad (6-28)$$

其中，R_{up}^n、R_{down}^n 分别为常规煤电 n 的上爬坡速率、下爬坡速率。

（4）备用约束。常规机组在各个时段的上调出力能力、下调出力能力需要满足系统实际运行对上调出力、下调出力的需求。备用约束具体表示为：

$$\begin{cases} - P_{g,t}^{DA,n} + R_{g,t}^{up,n} \leqslant - P_{min}^n : \delta_t^{up} \\ P_{g,t}^{DA,n} + R_{g,t}^{down,n} \leqslant P_{max}^n : \delta_t^{down} \end{cases} \forall t, \ \forall n \qquad (6-29)$$

$$\begin{cases} \sum_{n=1}^{N} R_{g,t}^{up,n} \geqslant R_{sys,t}^{up} : \lambda_t^{up} \\ \sum_{n=1}^{N} R_{g,t}^{down,n} \geqslant R_{sys,t}^{down} : \lambda_t^{down} \end{cases} \quad \forall t, \forall n \qquad (6-30)$$

其中，$R_{sys,t}^{up}$、$R_{sys,t}^{down}$ 分别为 t 时段系统上调、下调的备用要求。

实时市场的约束条件包括以下五个方面。

（1）功率平衡约束为：

$$\sum_{n=1}^{N} R_{g,t,s}^{n} + \sum_{m=1}^{M} (P_{g,t,s}^{RT,m} - P_{g,t}^{m} - P_{g,t,s}^{cut,m}) = \sum_{l=1}^{L} P_{t,s}^{l,cut} : \lambda_{t,s}^{RT}, \forall t, \forall s \quad (6-31)$$

（2）机组出力约束为：

$$\begin{cases} 0 \leqslant P_{g,t,s}^{RT,m} \leqslant P_{m,t,s}^{RT,\max} : \alpha_{g,t,s}^{RT,\min}, \alpha_{g,t,s}^{RT,\max} \\ P_{\min}^{n} \leqslant P_{g,t,s}^{RT,n} \leqslant P_{\max}^{n} : \beta_{g,t,s}^{RT,\min}, \beta_{g,t,s}^{RT,\max} \end{cases} \forall t, \forall s, \forall m, \forall n \qquad (6-32)$$

$$P_{g,t,s}^{RT,n} = P_{g,t}^{DA,n} + P_{g,t,s}^{up,n} - P_{g,t,s}^{down,n} : \omega_{t,s}^{RT} \forall t, \forall s, \forall m, \forall n \qquad (6-33)$$

其中，$P_{m,t,s}^{RT,\max}$ 为风光新能源 m 超短期预测出力的最大值，$R_{g,t,s}^{up,n}$、$R_{g,t,s}^{down,n}$ 分别为常规煤电机组 nt 时刻的上备用调用出力、下备用调用出力。

（3）备用约束为：

$$\begin{cases} 0 \leqslant P_{g,t,s}^{up,n} \leqslant R_{g,t}^{up,n} : \sigma_{t,s}^{\min}, \sigma_{t,s}^{\max} \\ 0 \leqslant P_{g,t,s}^{down,n} \leqslant R_{g,t}^{down,n} : \xi_{t,s}^{\min}, \xi_{t,s}^{\max} \end{cases} \forall t, \forall s, \forall n \qquad (6-34)$$

（4）机组爬坡约束为：

$$\begin{cases} P_{g,t,s}^{RT,n} - P_{g,t-1,s}^{RT,n} \leqslant R_{up}^{n} : \gamma_{t,s}^{RT,\max} \\ P_{g,t,s}^{RT,n} - P_{g,t-1,s}^{RT,n} \geqslant -R_{down}^{n} : \gamma_{t,s}^{RT,\min} \end{cases} \forall t, \forall s, \forall n \qquad (6-35)$$

（5）弃风弃光和失负荷约束为：

$$\begin{cases} 0 \leqslant P_{g,t,s}^{cut,m} \leqslant P_{g,t,s}^{RT,m} : \theta_{t,s}^{RT,\min}, \theta_{t,s}^{RT,\max} \\ 0 \leqslant P_{t,s}^{cut,l} \leqslant P_{t}^{l} : \tau_{t,s}^{RT,\min}, \tau_{t,s}^{RT,\max} \end{cases} \forall t, \forall s, \forall n \qquad (6-36)$$

2. 碳市场出清模型

本书将常规煤电碳配额供求和风光新能源 CCER 供给在碳市场中进行集中优化出清。碳市场优化的目标是碳市场社会福利最大化，设定目标函数为：

$$\max \sum_{n=1}^{N} p_{g,t}^{n,buy} Q_{n,t}^{CET,buy} - \sum_{n=1}^{N} p_{g,t}^{n,sell} Q_{n,t}^{CET,sell} - \sum_{m=1}^{M} p_{g,t}^{m,sell} Q_{m,t}^{CCER,sell} \qquad (6-37)$$

相关的约束条件包括以下四个方面。

（1）碳市场配额和 CCER 供求平衡约束为：

$$\sum_{n=1}^{N} Q_{n,t}^{CET,buy} - \sum_{n=1}^{N} Q_{n,t}^{CET,sell} - \sum_{m=1}^{M} Q_{m,t}^{CCER,sell} = 0 : \mu_t \quad \forall t, \forall m, \forall n \quad (6-38)$$

其中，μ_t 为碳配额供需平衡约束的对偶变量，表示碳配额的交易价格。

（2）常规煤电配额竞标量约束。常规煤电 t 时段内需要参与市场竞价的碳配额量与其碳配额购买量和售出量的关系为：

$$Q_{n,t}^{Bid} = Q_{n,t}^{CET,buy} - Q_{n,t}^{CET,sell} : \rho_t \quad (6-39)$$

此外，常规煤电碳市场竞标量与实际碳排量、碳配额分配量的关系为：

$$Q_{n,t}^{Bid} = Q_{n,t}^{CO_2} - \gamma_{n,t} Q_n^{Gov} : \eta_t \quad (6-40)$$

其中，$Q_{m,t}^{CO_2}$ 为常规煤电 n 在交易时段 t 内累计的碳排放量，Q_n^{Gov} 为发电机组 n 在履约周期内初始分配的碳配额，$\gamma_{n,t}$ 为常规煤电 n 第 t 个交易时段的初始碳配额分解系数，需要满足式（6-41）、式（6-42）约束条件：

$$\sum_{t=1}^{T} \gamma_{n,t} = 1 : \varphi_{n,t} \quad (6-41)$$

$$0 \leqslant \gamma_{n,t} : \phi_{n,t} \quad (6-42)$$

按照国家最新发布的《2019—2020 年全国碳排放权交易配额总量设定与分配实施方案（发电行业）》，碳配额分配分为预分配及最终核定两个阶段，首先年初按机组上一年度供电量的 70% 预分配碳配额，年末完成年度碳排放数据核查后，按机组实际供电量对配额进行最终核定。初始碳配额采用基准线法免费分配，预分配碳配额为：

$$Q_n^{Gov} = 0.7 Q_h \sigma_n^* \quad (6-43)$$

其中，Q_h 为常规煤电上一年度的总发电量，σ_n^* 为政府核定的碳排放基准线。

更进一步地，$Q_{n,t}^{CO_2}$ 可以根据实时市场出清电量与碳排放量的函数关系计算得到，如式（6-44）所示：

$$Q_{n,t}^{CO_2} = \sigma_n \sum_{s=1}^{S} \pi_s P_{g,t,s}^{RT,n} \quad (6-44)$$

其中，σ_n 为常规煤电机组 n 的碳排放系数。

碳配额清缴约束是碳交易环节的刚性约束。在碳市场履约周期的截止日，常规煤电发电商向主管部门完成碳配额清缴，初始获得的碳排放配额与通过碳市场购买的碳排放配额之和应大于等于履约周期内实际的碳排放总量：

$$Q_n^{Gov} + \sum_{t=1}^{T} (Q_{n,t}^{CET,buy} - Q_{n,t}^{CET,sell}) \geqslant \sum_{t=1}^{T} Q_{n,t}^{CO_2} : \zeta_{n,t} \quad (6-45)$$

（3）风光新能源获得的 CCER 的数量为：

$$Q_{m,t}^{CCER} = \tau \sum_{s=1}^{S} \pi_s P_{g,t,s}^{RT,m} \qquad (6-46)$$

其中，$Q_{m,t}^{CCER}$ 为风光新能源核证的 CCER 数量，τ 为单位新能源电力二氧化碳减排量，由式（6-47）计算：

$$\tau = 0.75 F_{OM} + 0.25 F_{BM} \qquad (6-47)$$

其中，F_{OM} 为电量边际排放因子，F_{BM} 为容量边际排放因子。

（4）风光新能源拥有的 CCER 净值为：

$$Q_{net,m,t}^{CCER} = Q_{net,m,t-1}^{CCER} + Q_{m,t}^{CCER} - Q_{m,t}^{CCER,sell} : \delta_{m,t} \qquad (6-48)$$

其中，$Q_{net,m,t}^{CCER}$、$Q_{m,t}^{CCER,sell}$ 分别为风光新能源 mt 时刻拥有的 CCER 净值、在碳市场中出售的 CCER。

需要指出的是，本书设定电—碳市场交易的时间间隔为 1 小时，实际上本书所构建的碳市场出清模型并不局限于小时交易间隔，碳市场可以按日、月、季等交易周期进行出清。碳市场出清的时间尺度如图 6-5 所示，如果碳市场交易出清的时间间隔 t 为月度，T 为 1 年（12 个月），此时风光新能源需要考虑月度的 CCER 售出决策。在碳市场出清模型中，式（6-44）的 $Q_{m,t}^{CO_2}$ 为 1 个月内风光机组累计碳配额量。

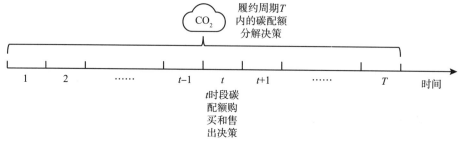

图 6-5　碳市场出清的时间尺度

三、模型求解算法与流程

（一）发电商博弈模型

电—碳市场中不同发电商收益的目标函数存在耦合关系，在前文模型的基础上，建立发电商电—碳市场的博弈模型。在博弈模型中，博弈者期望找到纳什均衡作为市场博弈的最佳策略，纳什均衡需要满足：

$$S_{NG}^* = \underset{S_{NG}}{\mathrm{argmax}} R_{NG}(S_{NG}, S_T^*) \qquad (6-49)$$

$$S_T^* = \underset{S_T}{\mathrm{argmax}} R_T(S_{NG}^*, S_T) \qquad (6-50)$$

其中，S_{NG}^*、S_T^* 分别为市场参与者在纳什均衡点的策略；R_{NG}、R_T 分别为常规煤电和风光新能源的利润函数。当整个市场交易达到纳什均衡时，每个博弈者都认为无论其他参与者如何制定策略，自己都没有动力调整新策略，表明没有博弈者可以通过改变策略来获得更多的收益。

（二）模型等价转化

本书所构建的发电商利润最大化的目标函数以及电—碳耦合市场是非空的凸集合，上述市场参与主体的优化策略也是非空的凸集合。每个市场参与主体的收益函数是双层问题模型，可以通过 KKT 条件转化为连续可微的单层优化问题。据此，本书提出的博弈模型为凸博弈，凸博弈的纳什均衡存在且唯一。

如前文所述，常规煤电和风光新能源在电力市场和碳市场的竞争可以描述为双层优化问题。上层模型中，发电商向市场运营商提交竞标时段的报价和相应的竞标量，通过对等竞价博弈制定适合自己的竞价策略；下层模型中，电—碳市场运营商根据发电商申报信息，最小化电—碳市场成本，以实现社会福利最大化，然后将结果反馈给发电商；发电商计算市场收益，并对自身策略进行调整。在市场竞价的过程中，一方面，发电商和市场运营商独立地优化各自的目标；另一方面，两者又同时受到彼此行为的影响。

对于此类双层优化问题，当下层模型作为上层模型的约束条件时，上层决策模型的决策变量不具有显示的函数表达，因此直接求解较为困难。常见求解方法的核心思想是将双层问题转化为容易求解的单层问题，具体是利用下层模型的 KKT 条件将双层优化问题转化为 MPEC 问题，然后利用二进制拓展法、强对偶定理，将 MPEC 转化为 MILP 问题。需要说明的是，通过 KKT 最优性条件将双层优化问题转化为单层优化问题，需要保障下层模型为凸优化模型，根据前文所构建的模型约束均为线性约束，因此下层模型为凸优化模型，此时可以采用 KKT 条件对其进行等价转化。

本书将双层优化问题转化为风光新能源和常规煤电发电商共享约束的单层模型，运用二进制拓展法、强对偶理论，将 MPEC 问题转化为 MILP 模型，然后采用对角化算法求解 MILP 问题的纳什均衡。

（1）电力市场出清模型的 KKT 条件为：

$$L1 = \sum_{t=1}^T \left(\sum_{m=1}^M o_{g,t}^m P_{g,t}^{DA,m} + \sum_{n=1}^N o_{g,t}^n P_{g,t}^{DA,n} + \sum_{n=1}^N c_{g,t}^{up,n} R_{g,t}^{up,n} + \sum_{n=1}^N c_{g,t}^{down,n} R_{g,t}^{down,n} \right)$$

$$+ \sum_{s=1}^{S} \pi_s \left[\sum_{t=1}^{T} \sum_{n=1}^{N} o_{g,t}^n R_{g,t,s}^n + \sum_{t=1}^{T} \sum_{m=1}^{M} o_{g,t}^m (P_{g,t,s}^m - P_{g,t}^m - P_{g,t,s}^{cut,m}) \right]$$

$$+ \sum_{s=1}^{S} \pi_s \left(\sum_{t=1}^{T} \sum_{m=1}^{M} c_{g}^m P_{g,t,s}^{cut,m} \right) + \sum_{s=1}^{S} \pi_s \left(\sum_{t=1}^{T} \sum_{l=1}^{L} c_{t}^l P_{t,s}^{cut,l} \right)$$

$$- \sum_{t=1}^{T} \lambda_t^{DA} \left(\sum_{m=1}^{M} P_{g,t}^{DA,m} + \sum_{n=1}^{N} P_{g,t}^{DA,n} - \sum_{l=1}^{L} P_t^l \right) - \sum_{t=1}^{T} \sum_{m=1}^{M} \alpha_{g,t}^{DA,\min} (- P_{g,t}^{DA,m} + 0)$$

$$- \sum_{t=1}^{T} \sum_{m=1}^{M} \alpha_{g,t}^{DA,\max} (P_{g,t}^{DA,m} - P_m^{DA,\max}) - \sum_{t=1}^{T} \sum_{n=1}^{N} \beta_{g,t}^{DA,\min} (- P_{g,t}^{DA,n} + P_{\min}^n)$$

$$- \sum_{t=1}^{T} \sum_{n=1}^{N} \beta_{g,t}^{DA,\max} (P_{g,t}^{DA,n} - P_{\max}^n) - \sum_{t=1}^{T} \sum_{n=1}^{N} \gamma_{g,t}^{DA,\min} (- P_{g,t}^{DA,n} + P_{g,t-1}^{DA,n} + R_{down}^n)$$

$$- \sum_{t=1}^{T} \sum_{n=1}^{N} \gamma_{g,t}^{DA,\max} (P_{g,t}^{DA,n} - P_{g,t-1}^{DA,n} - R_{up}^n) - \sum_{t=1}^{T} \sum_{n=1}^{N} \lambda_t^{down} (- P_{g,t}^{DA,n} + R_{g,t}^{down,n} + P_{\min}^n)$$

$$- \sum_{t=1}^{T} \sum_{n=1}^{N} \lambda_t^{up} (P_{g,t}^{DA,n} + R_{g,t}^{up,n} - P_{\max}^n) - \sum_{t=1}^{T} \sum_{s=1}^{S} \lambda_{t,s}^{RT} \left(\sum_{n=1}^{N} R_{g,t,s}^n \right.$$

$$+ \sum_{m=1}^{M} (P_{g,t,s}^m - P_{g,t}^m - P_{g,t,s}^{cut,m}) - \sum_{l=1}^{L} P_{t,s}^{l,cut} \Big) - \sum_{s=1}^{S} \sum_{t=1}^{T} \sum_{m=1}^{M} \alpha_{g,t,s}^{RT,\min} (- P_{g,t,s}^{RT,m} + 0)$$

$$- \sum_{s=1}^{S} \sum_{t=1}^{T} \sum_{m=1}^{M} \alpha_{g,t}^{DA,\max} (P_{g,t,s}^{RT,m} - P_{m,t,s}^{RT,\max}) - \sum_{s=1}^{S} \sum_{t=1}^{T} \sum_{n=1}^{N} \beta_{g,t,s}^{RT,\min} (- P_{g,t,s}^{RT,n} + P_{\min}^n)$$

$$- \sum_{s=1}^{S} \sum_{t=1}^{T} \sum_{n=1}^{N} \beta_{g,t,s}^{RT,\max} (P_{g,t,s}^{RT,n} - P_{\max}^n) - \sum_{s=1}^{S} \sum_{t=1}^{T} \sum_{n=1}^{N} \omega_{t,s}^{RT} (P_{g,t,s}^{RT,n} - P_{g,t}^{DA,n}$$

$$- R_{g,t,s}^{up,n} + R_{g,t,s}^{down,n}) - \sum_{t=1}^{T} \sum_{n=1}^{N} \sigma_{t,s}^{\max} (P_{g,t,s}^{up,n} - R_{g,t}^{up,n}) - \sum_{t=1}^{T} \sum_{n=1}^{N} \sigma_{t,s}^{\min} (0 - P_{g,t,s}^{up,n})$$

$$- \sum_{t=1}^{T} \sum_{n=1}^{N} \xi_{t,s}^{\max} (P_{g,t,s}^{up,n} - R_{g,t}^{up,n}) - \sum_{t=1}^{T} \sum_{n=1}^{N} \xi_{t,s}^{\min} (0 - P_{g,t,s}^{down,n})$$

$$- \sum_{t=1}^{T} \sum_{n=1}^{N} \gamma_{t,s}^{RT,\min} (- P_{g,t,s}^{RT,n} + P_{g,t-1,s}^{RT,n} + R_{down}^n) - \sum_{t=1}^{T} \sum_{n=1}^{N} \gamma_{t,s}^{RT,\max} (P_{g,t,s}^{RT,n}$$

$$- P_{g,t-1,s}^{RT,n} - R_{up}^n) - \sum_{t=1}^{T} \sum_{n=1}^{N} \theta_{t,s}^{RT,\max} (P_{g,t,s}^{cut,m} - P_{g,t,s}^{RT,m})$$

$$- \sum_{t=1}^{T} \sum_{n=1}^{N} \theta_{t,s}^{RT,\min} (0 - P_{g,t,s}^{up,n}) - \sum_{t=1}^{T} \sum_{n=1}^{N} \tau_{t,s}^{RT,\max} (P_{t,s}^{cut,l} - P_t^l)$$

$$- \sum_{t=1}^{T} \sum_{n=1}^{N} \tau_{t,s}^{RT,\min} (0 - P_{t,s}^{cut,l}) \tag{6-51}$$

对拉格朗日方程求偏导,如式(6-52)所示:

$$\begin{cases} \dfrac{\partial L1}{\partial P_{g,t}^{DA,m}} = o_{g,t}^{m} - \lambda_{t}^{DA} + \alpha_{g,t}^{DA,\max} - \alpha_{g,t}^{DA,\min} = 0 \\[3mm] \dfrac{\partial L1}{\partial P_{g,t}^{DA,n}} = o_{g,t}^{n} - \lambda_{t}^{DA} + \beta_{g,t}^{DA,\max} - \beta_{g,t}^{DA,\min} + \lambda_{t}^{up} - \lambda_{t}^{down} + \gamma_{g,t}^{DA,\min} \\[3mm] \quad - \gamma_{g,t+1}^{DA,\min} - \gamma_{g,t}^{DA,\max} + \gamma_{g,t+1}^{DA,\max} + \displaystyle\sum_{s \in S} \omega_{t,s}^{RT} = 0 \\[3mm] \dfrac{\partial L1}{\partial R_{g,t}^{up,n}} = c_{g,t}^{up,n} - \lambda_{t}^{up} + \delta_{t}^{up} + \sigma_{t,s}^{\max} = 0 \\[3mm] \cdots \end{cases}$$

$$\begin{cases} \dfrac{\partial L1}{\partial R_{g,t}^{down,n}} = c_{g,t}^{down,n} - \lambda_{t}^{down} + \delta_{t}^{down} + \xi_{t,s}^{\max} = 0 \\[3mm] \dfrac{\partial L1}{\partial R_{g,t,s}^{n}} = \pi_{s} o_{g,t}^{n} - \lambda_{t,s}^{RT} + \omega_{t,s}^{RT} + \xi_{t,s}^{\max} - \sigma_{t,s}^{\max} = 0 \\[3mm] \dfrac{\partial L1}{\partial P_{g,t,s}^{RT,m}} = \pi_{s} o_{g,t}^{m} - \lambda_{t,s}^{RT} + \alpha_{g,t}^{RT,\max} - \alpha_{g,t}^{RT,\min} + \theta_{t,s}^{RT,\max} = 0 \\[3mm] \dfrac{\partial L1}{\partial P_{g,t,s}^{RT,n}} = \beta_{g,t,s}^{RT,\min} - \beta_{g,t,s}^{RT,\max} - \omega_{t,s}^{RT} + \gamma_{t,s}^{RT,\min} - \gamma_{t,s+1}^{RT,\min} - \gamma_{t,s}^{RT,\max} + \gamma_{t+1,s}^{RT,\max} = 0 \\[3mm] \dfrac{\partial L1}{\partial P_{g,t,s}^{cut,m}} = \pi_{s} c_{g,t}^{m} - \lambda_{t,s}^{RT} - \theta_{t,s}^{RT,\max} = 0 \\[3mm] \dfrac{\partial L1}{\partial P_{t,s}^{cut,l}} = \pi_{s} c_{t}^{l} - \lambda_{t,s}^{RT} - \tau_{t,s}^{RT,\max} = 0 \end{cases} \qquad (6-52)$$

互补松弛条件为：

$$\begin{cases} 0 \leqslant \alpha_{g,t}^{DA,\min} \perp P_{g,t}^{DA,m} \leqslant 0 \\[2mm] 0 \leqslant \alpha_{g,t}^{DA,\max} \perp (P_{m}^{DA,\max} - P_{g,t}^{DA,m}) \leqslant 0 \\[2mm] 0 \leqslant \beta_{g,t}^{DA,\min} \perp (P_{g,t}^{DA,n} - P_{\min}^{n}) \leqslant 0 \\[2mm] 0 \leqslant \beta_{g,t}^{DA,\max} \perp (P_{\max}^{n} - P_{g,t}^{DA,n}) \leqslant 0 \\[2mm] 0 \leqslant \gamma_{g,t}^{DA,\max} \perp (R_{up}^{n} - P_{g,t}^{DA,n} + P_{g,t-1}^{DA,n}) \leqslant 0 \\[2mm] 0 \leqslant \gamma_{g,t}^{DA,\min} \perp (P_{g,t}^{DA,n} - P_{g,t-1}^{DA,n} + R_{down}^{n}) \leqslant 0 \\[2mm] 0 \leqslant \lambda_{t}^{down} \perp (P_{g,t}^{DA,n} - R_{g,t}^{down,n} - P_{\min}^{n}) \leqslant 0 \\[2mm] 0 \leqslant \lambda_{t}^{up} \perp (P_{\max}^{n} - P_{g,t}^{DA,n} - R_{g,t}^{up,n}) \leqslant 0 \end{cases} \qquad (6-53)$$

$$\begin{cases} 0 \leqslant \alpha_{g,t,s}^{RT,\min} \perp P_{g,t,s}^{RT,m} \leqslant 0 \\ 0 \leqslant \alpha_{g,t,s}^{RT,\max} \perp \left(P_{m,t,s}^{RT,\max} - P_{g,t,s}^{RT,m} \right) \leqslant 0 \\ 0 \leqslant \beta_{g,t,s}^{RT,\max} \perp \left(P_{\max}^{n} - P_{g,t,s}^{RT,n} \right) \leqslant 0 \\ 0 \leqslant \beta_{g,t,s}^{RT,\min} \perp \left(P_{g,t,s}^{RT,n} - P_{\min}^{n} \right) \leqslant 0 \\ 0 \leqslant \sigma_{t,s}^{\min} \perp P_{g,t,s}^{up,n} \leqslant 0 \\ 0 \leqslant \sigma_{t,s}^{\max} \perp \left(R_{g,t}^{up,n} - P_{g,t,s}^{up,n} \right) \leqslant 0 \\ 0 \leqslant \xi_{t,s}^{\min} \perp P_{g,t,s}^{down,n} \leqslant 0 \\ 0 \leqslant \xi_{t,s}^{\max} \perp \left(R_{g,t}^{down,n} - P_{g,t,s}^{down,n} \right) \leqslant 0 \\ 0 \leqslant \gamma_{t,s}^{RT,\max} \perp \left(R_{up}^{n} - P_{g,t,s}^{RT,n} + P_{g,t-1,s}^{RT,n} \right) \leqslant 0 \\ 0 \leqslant \gamma_{t,s}^{RT,\min} \perp \left(P_{g,t,s}^{RT,n} - P_{g,t-1,s}^{RT,n} + R_{down}^{n} \right) \leqslant 0 \\ 0 \leqslant \theta_{t,s}^{RT,\min} \perp P_{g,t,s}^{cut,m} \leqslant 0 \\ 0 \leqslant \theta_{t,s}^{RT,\max} \perp \left(P_{g,t,s}^{RT,m} - P_{g,t,s}^{cut,m} \right) \leqslant 0 \\ 0 \leqslant \tau_{t,s}^{RT,\min} \perp P_{t,s}^{cut,l} \leqslant 0 \\ 0 \leqslant \tau_{t,s}^{RT,\max} \perp \left(P_{t}^{l} - P_{t,s}^{cut,l} \right) \leqslant 0 \end{cases} \quad (6-54)$$

（2）碳市场出清模型的 KKT 条件为：

$$\begin{aligned} L2 &= \left(\sum_{n=1}^{N} p_{g,t}^{n,buy} Q_{n,t}^{CET,buy} - \sum_{n=1}^{N} p_{g,t}^{n,buy} Q_{n,t}^{CET,buy} - \sum_{n=1}^{N} p_{g,t}^{n,sell} Q_{n,t}^{CET,sell} - \sum_{m=1}^{M} p_{g,t}^{m,sell} Q_{m,t}^{CCER,sell} \right) \\ &\quad - \mu_t \left(\sum_{n=1}^{N} Q_{n,t}^{CET,buy} - \sum_{n=1}^{N} Q_{n,t}^{CET,sell} - \sum_{m=1}^{M} Q_{m,t}^{CCER,sell} \right) - \rho_t \left(Q_{m,t}^{Bid} - Q_{n,t}^{CET,buy} + Q_{n,t}^{CET,sell} \right) \\ &\quad - \eta_t \left(Q_{n,t}^{Bid} - Q_{m,t}^{CO_2} + \gamma_{n,t} Q_n^{Gov} \right) - \varphi_{n,t} \left(\sum_{t=1}^{T} \gamma_{n,t} - 1 \right) - \phi_{n,t} \left(-\gamma_{n,t} + 0 \right) \\ &\quad - \zeta_{n,t} \left(Q_n^{Gov} + \sum_{t=1}^{T} \left(Q_{n,t}^{CET,buy} - Q_{n,t}^{CET,sell} \right) - \sum_{t=1}^{T} Q_{n,t}^{CO_2} \right) - \delta_{m,t} \left(Q_{net,m,t}^{CCER} - Q_{net,m,t-1}^{CCER} \right. \\ &\quad \left. - Q_{m,t}^{CCER} + Q_{m,t}^{CCER,sell} \right) \end{aligned} \quad (6-55)$$

互补松弛条件为：

$$\begin{cases} 0 \leqslant \gamma_{n,t} \perp \phi_{n,t} \leqslant 0 \\ 0 \leqslant \zeta_{n,t} \perp \left(Q_n^{Gov} + \sum_{t=1}^{T} \left(Q_{n,t}^{CET,buy} - Q_{n,t}^{CET,sell} \right) - \sum_{t=1}^{T} Q_{n,t}^{CO_2} \right) \leqslant 0 \end{cases} \quad (6-56)$$

（三）对角化求解算法

对角化算法求解过程如图 6-6 所示。在电—碳市场的竞争中，参与交易的风光新能源与常规煤电发电商表现为竞争关系，竞争者需要考虑自身决策和竞争对手的策略来赢得市场的中标出清。因此，博弈理论是解决上述问题的有效方法。

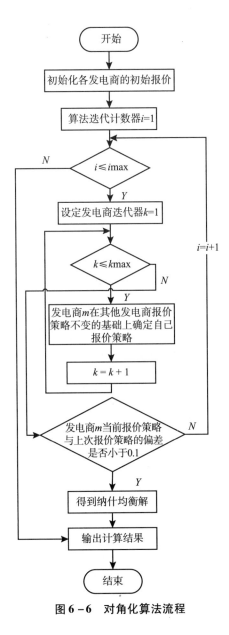

图 6 - 6 对角化算法流程

对于转变后的单层博弈模型，本书采用对角化算法对风光新能源参与电—碳市场耦合交易的市场均衡点进行求解。对角化算法的基本思想是依次求取发电商的最优策略，然后对策略进行更新，直到各个发电商的策略收敛或者达到最大迭代次数，图中 i_{max} 和 k_{max} 分别为算法迭代循环次数和参与市场的全部发电商数量。当发电商的策略收敛时，表明各个发电商在其他发电商不改变策略的前提下，已无法通过改变自己的策略提高自己的收益，即各个发电商之间达到了纳什均衡。在实际的计算中，对角化算法对初值的依赖性较强，如果初值选择不当，就会使算法出现无法收敛的情况，因此需要通过调整初值的方式予以解决，可以利用启发式的智能算法来确定策略主体的初始报价。此外，当市场参与主体较多时，可以利用并行计算的方法来加快模型的求解速度。

四、算例分析

（一）基础数据

为验证本书模型和方法的有效性，本书以区域电力系统为算例分析对象，系统中常规煤电和燃气发电机组的详细参数见表 6-1，常规煤电成本系数及碳排放强度如表 6-2 所示。采用宋晓华等的专利（2022）的方法进行系统日前负荷预测，采用史建等（Shi J, et al., 2014）的方法对风电机组 G1 和光伏机组 G2 进行日前出力预测，结果如表 6-3 所示。

表 6-1　　　　　　　　　　　常规煤电和燃气机组参数

机组编号	类型	最大出力（MW）	最小出力（MW）	上爬坡率（MW/h）	下爬坡率（MW/h）
G3	燃煤	300	90	120	120
G4	燃煤	350	120	105	105
G5	燃煤	600	180	90	90
G6	燃煤	600	240	80	80
G7	燃气	120	5	120	120

表 6 - 2　　　　　　　　　常规煤电成本系数及碳排放强度

机组编号	类型	$a_n/(元 \cdot MW^{-2})$	$b_n/(元 \cdot MW^{-1})$	$c_n/(元 \cdot MW^{-1})$	碳排放强度/$[(t \cdot (MW \cdot h)^{-1})]$
G3	燃煤	0.0014	200	75	0.9266
G4	燃煤	0.0023	100	1250	0.8748
G5	燃煤	0.0015	225	167	0.8066
G6	燃煤	0.0018	238	185	0.8278
G7	燃气	0.0009	125	120	0.3791

表 6 - 3　　　　　　　　　日前风电、光伏、负荷需求预测

时刻	负荷(MW)	G1(MW)	G2(MW)	时刻	负荷(MW)	G1(MW)	G2(MW)
1：00	1284	59	0	13：00	1863	47	85
2：00	1095	48	0	14：00	1554	52	82
3：00	1020	55	0	15：00	1464	70	66
4：00	1005	48	0	16：00	1377	90	50
5：00	983	44	0	17：00	1395	110	37
6：00	1025	44	0	18：00	1437	116	0
7：00	1058	46	48	19：00	1583	98	0
8：00	1101	43	66	20：00	1710	125	0
9：00	1140	45	72	21：00	1947	74	0
10：00	1301	32	86	22：00	1950	87	0
11：00	1530	28	91	23：00	1830	60	0
12：00	1809	27	92	24：00	1683	48	0

（二）场景对比

为深度探究电—碳市场的协同耦合效果，本书考虑设定以下场景进行分析：

（1）场景 1：仅考虑电力市场，不考虑碳市场；

（2）场景 2：考虑电—碳耦合市场；

（3）场景 3：仅考虑电力市场，不考虑碳市场，初始碳排放配额增加 20%。

场景 1 和场景 2 电力市场的出清结果如图 6 – 7 所示。

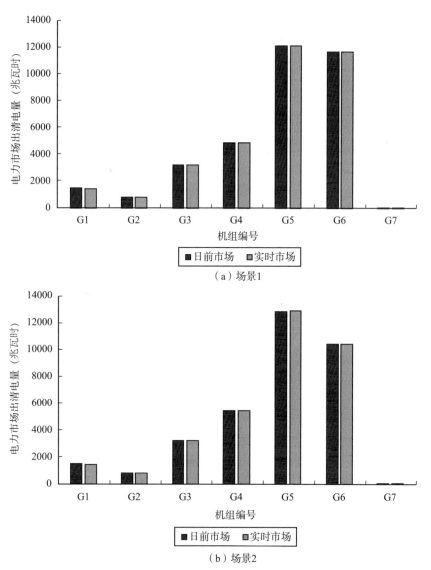

（a）场景1

（b）场景2

图 6 – 7　场景 1 和场景 2 的电力市场出清结果

对比场景 1 和场景 2，G1、G2 在两个场景中的出清量基本相同，主要是因为 G1、G2 报价策略主动跟随电力市场的边际机组报价，新能源机组在报价不高于边际机组的前提下可以尽可能多地在电力市场中出清。与场景 1 相比，场景 2

中的 G4、G5 出清量增加，而容量和技术条件与 G4 较为接近的 G3、与 G5 较为接近的 G6 在电力市场中出清空间受到挤压。以 G5 和 G6 为例进行分析，G5 相较于 G6 电碳排放量较高，需要在碳市场中通过购买碳配额或 CCER 来满足增加发电而产生的配额成本。因此，G6 在电力市场采取升高报价的策略，在试图提升市场出清电价的同时降低一定比例的发电量。这表明，碳市场的引入使电力市场中机组的出清顺序发生新的变化，在引入碳市场之前发电商在电力市场中的出清量依赖于机组报价，低价机组获得优先出清，可以获得较大的市场份额。引入碳市场后，发电商在免费碳配额用尽前，碳市场交易不会对电力市场交易产生明显影响；而在免费配额用尽后，超过配额的发电商需要在碳市场购买配额，其参与碳市场的交易成本将有所增加，会使电力市场中的交易量减少。

电力市场出清电价如图 6-8 所示。对比情景 1 和情景 2 的电力市场出清电价，日前市场和实时市场的出清电价趋势与负荷变化的趋势基本相同，在负荷需求低谷时段电价降低，在负荷需求高峰时段电价升高。引入碳市场后，电力市场出清价格会得到小幅提升。电力市场出清价格变化主要是两个原因，一是由于超配额煤电机组的碳市场交易成本引起部分低报价高碳排放机边际机组成本提高。二是电—碳耦合市场促使常规煤电在电力市场投标决策中考虑碳市场成本，从而使电力市场出清价格升高。

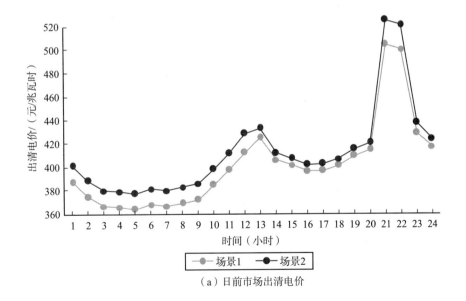

（a）日前市场出清电价

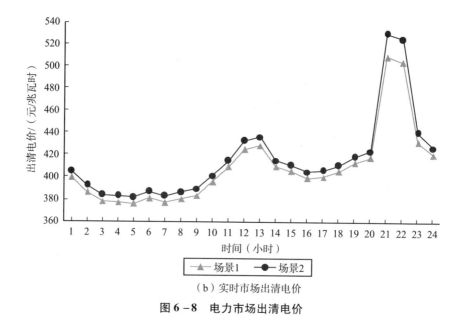

（b）实时市场出清电价

图 6-8　电力市场出清电价

场景 2 的碳市场出清结果如图 6-9 所示。从交易周期内来看，碳配额价格整体呈现波动变化的特点。场景 2 碳价的平均值为 66.33 元/吨，在时刻 4 达到最低的 53.2 元/吨，较平均值降低 19.8%；在 24 时刻达到最高的 85.3 元/吨，较

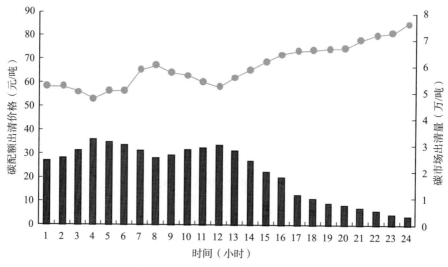

图 6-9　场景 2 的碳市场出清结果

平均值升高 28.6%。进一步分析碳价变动的原因可知，时刻 4 的负荷需求达到最低，风电 G1 出力较多，且时刻 4 常规煤电配额较为丰富，碳市场需求减少，造成碳市场出现低碳价。而 24 时刻，负荷需求为 1683 兆瓦，G1 出力达到 70%，G2 停机，G3、G4 以备用出力为主，G5、G6 处于满发状态，G7 处于调峰出力状态，常规煤电在电力市场激烈博弈获得高电价，促使碳市场交易需求同步旺盛。

在市场均衡条件下，本书结合时段 5 对市场中发电商日前市场投标竞价策略进行分析。发电商投标优化决策结果如表 6 - 4 所示。场景 2 中，发电商在日前市场竞争的竞争力要高于场景 1，表明在电—碳耦合市场下，发电商既要考虑电力市场交易又要考虑碳配额约束，由此会引起电力市场出清价格的提升。

由此，本书构建的电—碳市场耦合模型可以实现常规煤电碳成本的有效传导。风光新能源和常规煤电发电商经过多轮互动博弈，报价逐渐趋于一致，达到市场均衡状态。燃煤发电商分配得到的初始碳排放配额对碳市场交易产生影响，并间接传导到电力市场。当获得较多的初始碳配额时，发电商在碳市场中的交易数量下降，碳配额需求降低导致电价和碳价均下降。因此，为保障碳市场交易的活跃性和电力市场的减碳效果，需要合理设定碳排放配额。

表 6 - 4　　　　　　　　　　　发电商投标优化决策

机组编号	场景 1 投标量（兆瓦）	场景 1 投标报价（元/兆瓦时）	场景 2 投标量（兆瓦）	场景 2 投标报价（元/兆瓦时）	场景 2 碳配额投标量（吨）	场景 2 碳配额投标报价（元/吨）
G1	28	418	28	421	68.0	57.2
G2	91	418	91	421	162.5	57.2
G3	119	424	108	429	327.3	58.1
G4	219	423	258	429	269.2	58.1
G5	549	413	588	420	68.0	56.8
G6	524	419	458	425	162.5	56.8
G7	0	500	0	500	0	0

各场景社会福利如表 6 - 5 所示。场景 2 未考虑碳市场，但为了便于比较各场景的全社会福利，场景 2 的碳市场成本是指考虑碳税的碳排放成本，设定碳税的取值为 72.4 元/吨。

表 6 – 5   各场景社会福利

场景	全社会福利 （万元）	电力市场成本 （万元）	碳市场成本 （万元）	碳排放量 （万吨）
1	−2892	2145	747	24.9
2	−2868	2208	660	23.4
3	−2960	2247	713	25.3

场景 2 电力市场成本较场景 1 增加 63 万元，碳排放量较场景 1 减少 1.5 万吨，电—碳耦合市场较单一的电力市场可以有效地管控碳排放总量。场景 2 的全社会成本较场景 1 降低 0.83%，表明电—碳市场的耦合能够有效降低市场运营成本，增加全社会福利。

风光新能源和常规煤电发电商利润如表 6 – 6 所示。

表 6 – 6   发电商利润   单位：万元

场景	G1	G2	G3	G4	G6	G7
1	59.5	31.6	138.3	255.6	562.1	383.7
2	68.6	34.7	135.3	232.4	541.1	412.4
3	62.2	32.4	141.2	266.4	572.5	395.3
4	68.2	33.5	131.4	228.8	534.2	383.7

（三）收益影响分析

1. 碳配额优化分配对新能源收益影响分析

为进一步分析风光新能源在电—碳市场的决策行为，本书设定场景 4：常规煤电在碳市场不具有策略行为，初始碳配额按照平均值进行分配。经过计算的场景 2 常规煤电碳配额分配结果如表 6 – 7 所示。当考虑电—碳市场耦合时，常规煤电的初始碳配额分解系数将根据碳市场的出清情况进行策略性调整。场景 4 中，常规煤电初始碳排放配额如果按照平均值进行分配，碳市场交易价格的形成则取决于碳配额的供求关系，常规煤电根据碳价信号制定交易策略。

表 6 - 7　　　　　　　　　　场景 2 常规煤电的碳配额分解系数

时刻	G3	G4	G5	G6	G7	时刻	G3	G4	G5	G6	G7
1	0.00	0.00	0.00	0.00	0.00	13	0.09	0.07	0.05	0.13	0.00
2	0.00	0.00	0.00	0.00	0.00	14	0.02	0.02	0.04	0.05	0.00
3	0.00	0.00	0.00	0.00	0.00	15	0.06	0.02	0.11	0.01	0.00
4	0.05	0.00	0.00	0.00	0.00	16	0.00	0.08	0.07	0.06	0.00
5	0.04	0.06	0.04	0.00	0.00	17	0.00	0.07	0.04	0.04	0.00
6	0.06	0.06	0.08	0.00	0.00	18	0.00	0.00	0.03	0.04	0.00
7	0.01	0.09	0.10	0.10	0.00	19	0.01	0.00	0.12	0.03	0.00
8	0.10	0.04	0.00	0.00	0.00	20	0.05	0.00	0.03	0.10	0.00
9	0.01	0.04	0.00	0.00	0.00	21	0.10	0.00	0.09	0.03	0.32
10	0.03	0.11	0.04	0.09	0.00	22	0.10	0.08	0.01	0.03	0.33
11	0.09	0.06	0.04	0.10	0.00	23	0.04	0.11	0.05	0.03	0.35
12	0.11	0.03	0.03	0.09	0.00	24	0.03	0.07	0.06	0.07	0.00

　　场景 4 的碳市场出清结果如图 6 - 10 所示。对比图 6 - 9 和图 6 - 10，情景 2 中常规煤电可以根据碳市场的供求情况进行初始碳配额的分解，从而实现碳市场交易的优化决策。结合表 6 - 7 可知，场景 2 中，碳价在 1 ~ 12 点维持在 59 元/吨左右，且在整个交易时段内维持较低水平，常规煤电不分配或少分配初始碳排放配额会使碳市场出清量升高；而在 13 ~ 24 点碳价逐步攀升，碳市场出清量逐步降低。场景 2 中常规煤电尽可能在碳市场价格较低时购买碳配额或者 CCER，而在碳价较高时，增加初始碳排放配额的分配，降低其在碳市场中的配额购买需求。场景 4 中，碳市场交易量和碳价随市场交易时间而逐渐增加，主要原因是常规煤电持有的初始碳配额随碳市场交易的进行而逐渐减少，需要购买的碳配额逐渐增加。

　　进一步对比分析碳市场优化决策对风光新能源收益的影响。根据表 6 - 6 可知，对比分析场景 2 和场景 4 各发电商的收益，发现常规煤电的初始碳配额优化行为会使风光新能源利润增加，主要原因是风光新能源期望在碳配额价格较高时出售 CCER，在碳配额价格较低时减少 CCER 的出售，以获取较大的收益。经过多轮博弈，最终风光新能源和常规能源发电商达到电—碳市场的均衡。

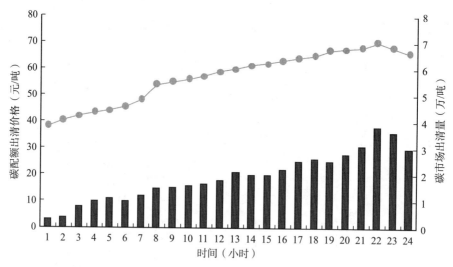

图 6 - 10　场景 4 的碳市场出清结果

2. 新能源不确定性对收益影响分析

风光出力的不确定性和未来装机容量增长会对电—碳市场的均衡结果产生影响，进而影响风光新能源收益。本书设定场景 6：风电、光伏的预测误差 $\sigma = 10\%\mu$ 服从正态分布。假设区域电力系统中目前正在进行风电机组建设（G8），容量为 300 兆瓦，可以采用本书提出的风电出力场景生成和约减方法构建 G8 可能的出力场景。由此本书设定场景 7：在区域电力系统增加一个风电机组 G8。经过计算得到场景 6 和场景 7 发电商收益如表 6 - 8 所示。

表 6 - 8　　　　　　　　**场景 6 和场景 7 发电商收益**　　　　　　单位：万元

场景	G1	G2	G3	G4	G6	G7
6	63.2	30.6	148.2	242.4	541.1	412.4
7	66.2	32.1	130.4	223.4	528.3	383.7

将场景 2 和场景 6 进行对比分析，风光出力不确定性增加会引起收益减少，主要原因是风光出力不确定性增加要求常规煤电机组留有更多的备用，而风光新能源需要承担增加的备用成本。因此，电—碳耦合市场会促使风光新能源主动提高日前出力预测精度，降低偏差和备用成本。

对比场景 2 和场景 6，风光装机容量增加后，风光新能源和常规能源发电商收益同步降低，这是因为风光的低边际成本促使电力市场竞争更加激烈，电力市场出清电价进一步降低，碳市场的碳交易量也同时降低，碳市场出清价格也同步降低，风光新能源在电力市场的收益也降低。同时，常规煤电出力被进一步压缩，碳市场中的配额购买需求减少，碳配额交易量和交易价格降低，风光新能源在碳市场中的收益减少。综上所述，风光新能源装机容量增加会使自身收益减少。

3. 碳配额对新能源收益影响分析

碳配额对常规煤电在电—碳耦合市场中的优化决策具有重要影响，为探究碳排放配额对新能源收益和碳减排效果的影响，本书设定场景 8：将常规煤电机组的碳排放配额减少 5% ~ 25%。场景 8 风光新能源收益敏感性分析结果如图 6 - 11 所示。

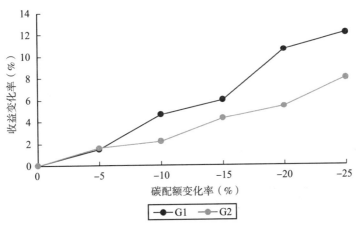

图 6 - 11　场景 8 中风光新能源收益分析

碳配额减少促使常规煤电在碳市场中的交易需求增加，由此保障了碳市场交易的活跃性，从短期来看，常规煤电在电力市场中提升报价以疏导碳市场成本，而在电力市场中常规煤电难以和风光新能源形成有力竞争。由此可知，常规煤电可以通过提升备用报价来疏导碳市场交易成本；从长期来看，碳市场交易可以促使常规煤电通过技术革新来减少碳排放。对于风光新能源，当碳配额减少 5% ~ 25% 时，收益增加 1.5% ~ 12%，碳配额缩减间接增加了风光新能源在电力市场中的出力空间，可以增加电力市场收益。碳排放配额设定对全社会整体减排效果、常规煤电收益、风光新能源收益均有影响，本书所提出的方法可以为碳配额参数设定提供参考。

第四节　本 章 小 结

　　本章建立了风光新能源参与电—碳市场耦合交易模型，研究了风光新能源的市场策略行为。首先，分析了我国碳市场 CCER 交易机制，提出了考虑风光预测精度的 CCER 计算模型。其次，建立了基于能量—备用联合的日前—实时电力市场出清模型和基于边际定价的碳市场出清优化模型，构建了风光新能源参与电—碳市场的非合作博弈优化模型，证明了纳什均衡解的存在性和唯一性，然后利用下层模型的 KKT 条件将双层优化问题转化为 MPEC 问题，利用二进制拓展法、强对偶定理，将 MPEC 问题转化为 MILP 问题，并采用对角化算法求解纳什均衡点。最后，选择我国南方某区域电力系统为算例研究对象进行计算分析。

第七章

风光新能源参与电—绿证—碳多市场耦合交易模型

本书第三章分析了风光新能源参与电—绿证—碳多市场耦合交易基本路径，明确了风光新能源参与多市场耦合交易机制。以此为基础；第四章立足电力商品交易的时序耦合特征，从风光能量价值变现视角研究风光新能源参与电力时序市场耦合交易模型；第五章考虑风光环境价值的绿证变现方式，关注风光新能源参与电—绿证市场耦合交易模型；第六章考虑风光环境价值的 CEER 变现方式，聚焦风光新能源参与电—碳市场耦合交易模型。本章研究风光新能源如何在电—绿证—碳多市场中决策以使自身能量和环境价值的收益最大化。我国电力供需呈现逆向分布特征，送端大规模风光新能源既可以参与送端省内电力市场交易，也可以参与省间电力市场交易。因此，本章以送端大规模风光新能源为对象，研究其参与电—绿证—碳多市场耦合交易问题。首先，为避免环境价值在碳市场和绿证市场中被重复计量，拓宽绿证认购主体，研究了减排量的绿证—碳配额等价交互模型。其次，建立了风光新能源参与电—绿证—碳市场的主从博弈模型，将受端省购电商作为博弈主体，考虑在受端省内市场和省间市场购电成本最小；将送端省风光新能源作为博弈从体，进而实现风光新能源参与电—绿证—碳市场收益的最大化。

第 一 节　引　　言

我国丰富的新能源电力生产基地主要位于西部与北部地区，而电力负荷中心长期在东部地区，电力供需总体呈逆向分布，电力资源需要在全国范围内进行优化配置。位于西部、北部地区的大规模风光新能源如何在电—绿证—碳多市场中进行交易决策，对挖掘风光新能源能量和环境价值，保障大型风光新能源基地的可持续发展具有重要意义。目前，国内外学者主要从以下几个方面开展研究。

在可再生能源参与跨省跨区交易方面，部分学者关注省内和省间交易机制研究。例如，陈艺华等（2021）以最大化消纳新能源为目标，研究省内、省间多市场衔接机制。纪鹏等（2022）以全国统一电力市场建设为目标开展了省内、省间市场耦合路径研究。部分学者关注省内－省间交易出清和调度模型研究。例如，张慧敏等（2022）研究西北地区省间电力交易网络的主要影响因素。于申等（2023）基于边际机会成本研究水电站参与省内－省间月度集中竞价市场的优化方法。方必武等（2023）研究了可再生能源跨省跨区消纳实时调度优化方法。以上研究多集中于省内－省间电力市场的衔接机制和模型研究，并未明确购电主体和风光新能源售电主体的互动关系，也并未考虑风光新能源环境价值的变现问题。绿证和碳市场交易机制以市场化手段促进电力系统的低碳减排。冯天天等（Feng T T et al.，2021）模拟了绿证交易和碳市场交易对电力市场的综合影响，并探索绿证交易与碳市场交易之间的优化关系。冯天天等（Feng T T et al.，2018）基于市场均衡理论和系统动力学模型模拟了绿证交易和碳市场交易对电力市场的双重效应，配额比例和碳价格的提高有利于绿色电力扩张。C. 索等（C Suo et al.，2017）研究发现，城市未来能源结构将在碳市场和绿证市场的基础上过渡到清洁生产模式。上述文献研究集中考虑绿证交易和碳交易机制对电力市场的影响和电力系统绿色低碳转型的效果，并未明确绿证市场和碳市场交易机制应该如何衔接。当前，我国绿证市场和碳市场处于并行交易状态，绿证市场认购率和市场活跃度不高，风光新能源环境价值属性体现得不够明显，绿证市场和碳市场之间的交易互动需要进一步明确。此外，风光新能源如何在电—绿证—碳多市场耦合交易中科学决策也需要进一步研究。

为了解决上述问题，本书研究碳减排量的绿证—碳配额等价交互模型，对不同风光新能源和常规煤电发电商全生命周期二氧化碳排量进行计算，确定风光新能源绿证对应的碳减排量，以实现绿证和碳配额的等价转化。依托我国省内－省间电力市场交易模式，建立送端风光新能源参与电—绿证—碳的主从博弈模型，博弈主体为受端省购电商，以购电成本最小化为优化目标；博弈从体为送端省风光新能源，以售电和环境价值收益最大化为优化目标。

第二节　考虑减排量的绿证—碳配额等价交互模型

目前，我国绿证市场和碳市场均可以实现风光新能源环境价值变现，但绿证市场和碳市场尚未实现有效衔接，造成风光新能源环境价值会被重复计量。本节研究绿证和碳配额等价交互转换机制，提出考虑减排量的等价交互模型，实现绿证和碳市场的有机衔接，避免环境价值被重复计量，为风光新能源参与多市场耦合交易提供前提和基础。

一、等价交互转换机制研究

风光新能源具有能量和环境双重价值，能量价值可以通过电力市场变现，环境价值可以通过绿证市场或碳市场变现。其中，绿证市场的绿色环境属性以绿证表征，碳市场中的绿色环境属性以 CCER 表征。我国现有的碳市场交易机制和绿证市场交易机制尚未实现有效协同，风光新能源的绿色价值会被重复计量。针对上述问题，本书在第三章的多市场耦合交易中研究了碳市场和绿证市场协同时风光新能源环境价值被重复计量的问题。为了进一步激发风光新能源参与市场交易的积极性，本书基于风光新能源可以根据碳市场和绿证市场的价格信号实现环境价值兑现方式的灵活选择，即风光新能源可以通过对比绿证市场和碳市场价格进行策略优化。在绿证市场价格高时，将自身环境价值兑换为绿证；在碳市场价格高时，可以将所持有的绿证兑换为碳配额。本章考虑将风光新能源环境价值全部核发为绿证，风光新能源可以将持有的绿证在绿证市场中售出，或者将绿证进行留存在碳价较高时将绿证兑换为碳配额售出。经过上述分析，风光新能源和常规煤电发电商可以同时参与电—绿证—碳市场交易，常规煤电发电商可以作为绿证的购买者将购买的绿证转化为碳配额。这种耦合交易机制设计将常规煤电作为绿证认购主体，由此可以提升绿证的购买需求。

二、考虑减排量的等价交互模型

碳配额和绿证的等价交互模型需要考虑以下三个方面：一是计算常规煤电全生命周期碳排放量，二是计算风光新能源的碳减排量，三是计算风光新能源环境的价值收益。

（一）碳排放量计算

当前，我国采用基准线法对常规煤电免费分配碳排放配额，本书从全生命周期的角度，通过碳足迹等方法考虑常规煤电从开发到使用的全过程中二氧化碳的排放量。常规煤电碳交易成本计算模型如式（7-1）所示：

$$\begin{cases} f_{CET} = \lambda_{CET}(\sum_{n=1}^{N} D_i - \sum_{n=1}^{N} Q_i) \\ D_i = \sum_{n=1}^{N} \sigma_i P_i \\ Q_i = \sum_{n=1}^{N} \lambda_i P_i \end{cases} \tag{7-1}$$

其中，f_{CET} 为碳排放成本，λ_{CET} 为碳配额价格，N 为常规能源机组数量，D_i、Q_i 分别为机组 i 实际的碳排放量和分配的碳配额量，P_i 为机组 i 的实际出力，σ_i 为机组 i 单位出力碳排放量，λ_i 为机组 i 单位出力碳排放配额。

（二）风光新能源碳减排量计算

本书将风光新能源和常规煤电发电产生的二氧化碳排放量进行对比，计算获得风电和光伏绿证的碳减排量，如式（7-2）所示：

$$E_{gc,j} = D_n^{all} - D_m^{all} \tag{7-2}$$

其中，$E_{gc,j}$ 为风电或光伏碳减排量，D_n^{all}、D_m^{all} 分别表示常规煤电和风光新能源在全生命周期内的二氧化碳排放量。

（三）风光新能源环境价值的收益计算

风光新能源的环境价值收益需要考虑绿证市场和碳市场价格信号，进而实现环境价值收益的最大化，如式（7-3）所示：

$$\begin{aligned} &\max \lambda_{CET} Q_{CET}^{G2C} + \lambda_{TGC} Q_{TGC}^{REST} \\ &\text{s. t. } Q_{CET}^{G2C} + Q_{TGC}^{REST} = Q_{TGC} \end{aligned} \tag{7-3}$$

其中，λ_{TGC} 为绿证价格，Q_{CET}^{G2C} 绿证转为碳配额的数量，Q_{TGC}^{REST} 为剩余的绿证数量，Q_{TGC} 为风光新能源获得的总绿证数量。

三、算例分析

风光新能源和常规煤电全生命周期碳排放量需要计量生产、运输和使用环节的碳排放量，其中涉及的数据量较大，计算过程也较为复杂，因此本书参考王泽森等（2019）研究结果获得煤电、风电和光伏全生命周期碳排系数，如表 7 – 1 所示。煤电的碳排放来源于煤炭生产、电煤运输和燃烧使用三个环节，风电、光伏的碳排放主要来源于生产和运输过程，运行阶段的碳排放极少，可以忽略不计。

表 7 – 1　　　　　　　　煤电、风电和光伏全生命周期碳排放系数

发电类型	生产	运输	使用	碳排放系数 （千克/兆瓦时）
煤电	√	√	√	1303
风电	√	√	/	43
光伏	√	√	/	154.5

根据式（7 – 2）可知，计算得到风电的碳减排量为 1260 千克/兆瓦时，光伏的碳减排量为 1148.5 千克/兆瓦时，结合现有政策 1 兆风电或光伏可以核发 1 个绿证、1 个碳配额相当于 1 吨二氧化碳，计算得到 1 个风电绿证可以等价于 1.26 个碳配额，1 个光伏绿证可以等价于 1.15 个碳配额。

下面以某风电和光伏为例进行绿证和碳配额等价转化计算。该风电和光伏 2022 年 8 月 12 日的实际出力如图 7 –1 所示。

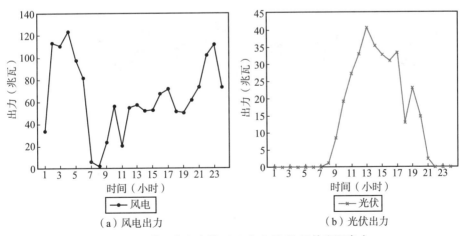

（a）风电出力　　　　　　　　　（b）光伏出力

图 7 – 1　某风电和光伏 2022 年 8 月 12 日的实际出力

目前，我国碳市场建设还不完善，还未有实时的碳价变换数据，参考我国2022年全国碳市场价格，假定碳市场价格在30~60元/吨变化，本书采用随机函数生成2022年8月12日的碳价变化曲线，如图7-2所示。

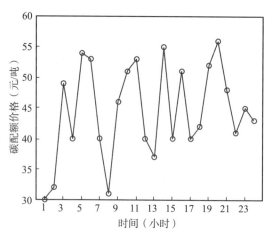

图7-2　2022年8月12日碳配额价格变化曲线

从我国绿色电力证书认购交易平台查询该日风电和光伏绿证价格如图7-3所示，风光绿证价格均为48.8元/个。

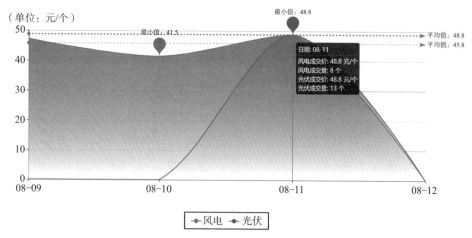

图7-3　2022年8月12日我国风电和光伏绿证价格

　　基于以上数据，根据式（7-3）可知，在风光新能源环境价值收益最大化的目标下，计算得到风光新能源绿证和碳配额等价转换结果如图7-4所示。根据图7-4可知，在碳价高于绿证价格的时段，风电和光伏选择将绿证按照碳减排量计算得到的兑换系数转换为碳配额；在碳价低于绿证的时段，风光新能源可以通过绿证售卖获取最大化的收益，此时采取的策略是保留绿证、不与碳配额转换。对比风电和光伏的转化结果，风电将绿证转化的数量多于光伏，主要原因是风电绿证碳减排量高于光伏绿证，1个风电绿证比1个光伏绿证可以兑换更多的碳配额，风电在碳价较高的时段可以兑换到更多的碳配额。算例研究表明，通过等价交互转换机制的设计，风光新能源的环境价值可以在绿证市场和碳市场进行灵活变现，进而增加风光新能源环境价值的变现收益。本书提供的等价交互机制为绿证市场和碳市场的衔接提供了思路，为市场参与者的购买和售出绿证、碳配额提供多元渠道。

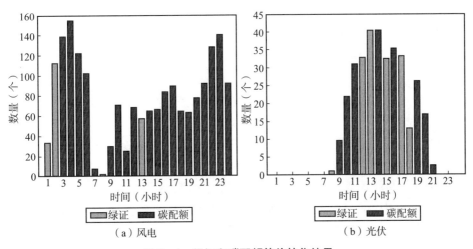

图7-4　绿证和碳配额等价转化结果

第三节　风光新能源参与电—绿证—碳多
市场耦合交易模型

　　我国电力能源供给和需求逆向分布，80%的风能、90%的太阳能资源集中在"三北"地区，负荷需求却主要集中在"三华"地区，由此决定了我国西电东送、北电南送的电力供应和规划格局，大规模风能、光新能源消纳需要跨省跨区合理流动。具体来讲，位于我国西北和北部地区的大规模风光新能源需要通过跨省跨区输电通道输送到我国东部负荷中心，送端电网不仅需要煤电调峰，其外送通道还与煤电常规能源共用，以形成风光新能源和常规煤电耦合送电系统，如图 7 - 5 所示。

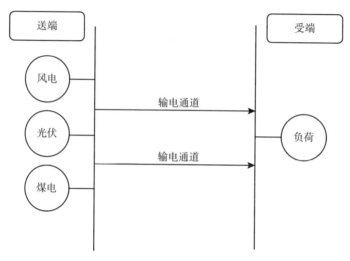

图 7 - 5　风电、光伏和煤电耦合外送示意

　　面对我国的电力资源情况，送端风光新能源要考虑如何参与送端省内电力市场、省间电力市场、绿证市场和碳市场耦合交易，以实现自身收益的最大化。在送端侧，风光新能源需要考虑与常规煤电的竞价博弈；在受端侧，风光新能源需要考虑与购电用户的博弈互动。因此，本节引入主从博弈理论，研究送端风光新能源参与电—绿证—碳多市场耦合交易的问题。

一、电—绿证—碳多市场耦合交易框架

（一）主从博弈理论

　　主从博弈是非合作博弈的一种特殊形式。主从博弈模型各主体之间的决策过程是有先后顺序的，博弈过程中的领导者率先制定决策，随后参与者根据已知的信息制定策略，因此领导者在博弈过程中具有先动优势。在主从博弈的格局中，

当所有博弈主体在一定的条件下，制定的决策使各主体均达到最优时，则称博弈达到 Stackelberg 均衡。

领导者的所有可能策略集记为 X，跟随者的所有可能策略集记为 Y，记 $f: X \times Y \to R$ 为领导者的收益函数，记为 $f: X \times Y \to R$ 跟随者的收益函数，则 Stackelberg 取得均衡解 $(x^*, y^*) \in X \times Y$ 可表示为：

$$\max_{x \in X} f(x^*, y^*(x^*))$$
$$\text{s. t. } g(x^*, y^*) \geqslant g(x^*, y) \tag{7-4}$$

其中，$y^*(x^*)$ 表示 y^* 是关于 x^* 的函数。

本书第六章提出了风光新能源参与电—碳市场的经典非合作博弈模型，经典非合作模型和主从模型虽然都属于非合作模型，但二者博弈主体的所处地位不同，经典非合作博弈主体的地位一致需要同时作出决策，而主从博弈模型博弈主体的地位不同，先由领导者作出决策，再由跟随者对领导者决策作出最优反应，然后领导者再根据追随者的反应作出最有利于自己的决策。风光新能源需要考虑参与送端省内市场和省间市场，受端购电商需要考虑参与受端省内市场和省间市场交易。在市场交易决策中，受端购电商和送端的风光新能源以自身收益的最大化进行博弈决策，受端购电商在博弈中占据领导者地位，送端风光新能源根据购电需求确定送端省内市场和省间市场的交易决策，受端购电商再根据省间出清结果确定自身策略。因此，本章引入主从博弈模型研究风光新能源的博弈行为。

（二）主从博弈模型框架

风光新能源参与电—绿证—碳多市场主从博弈模型框架如图 7-6 所示。在送端和受端新能源交易过程中，受端购电商和送端省风光新能源的电力市场收益主体主要由新能源的交易电价和交易电量决定，在交易决策的过程中，双方作为独立利益的主体，以自身收益的最大化为目标进行决策博弈。对于受端购电商，需要考虑购电需求在受端省内和省间市场分配，以实现省内和省间购电成本之和最小；对于送端的风光新能源，则需要考虑自身发电能力在送端省内和省间市场的分配，以实现电力市场收益的最大化。省间市场可以连接受端省间购电主体和送端风光新能源主体。此外，送端风光新能源还需要考虑环境价值收益，在博弈从体内部，送端风光新能源与送端常规煤电发电商以非合作博弈方式参与省间市场、送端省内市场以及等价机制下的碳市场和绿证市场交易。

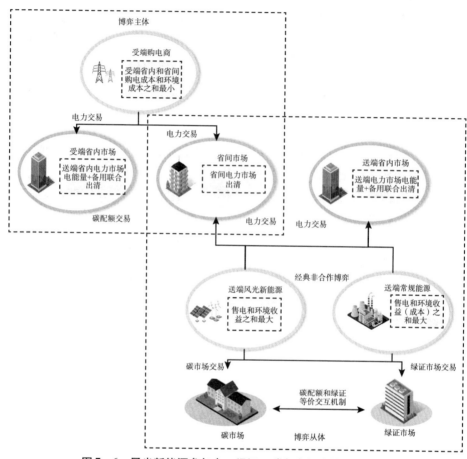

图7-6 风光新能源参与电—绿证—碳多市场主从博弈模型

二、电—绿证—碳多市场主从博弈优化模型

(一) 博弈主体模块

1. 受端购电商购电优化模型

受端购电商一般为受端省内的电网企业，优化目标为购电成本之和最小，目标函数设定为：

$$
\begin{cases}
\min O' \\
O' = O'_{NRG} + O'_{BAk} + O^{IP}_{NRG} \\
O'_{NRG} = \sum_{t=1}^{T} \left(\sum_{m=1}^{M} o^{m}_{g,t} P^{m}_{g,t} + \sum_{n=1}^{N} o^{n}_{g,t} P^{n}_{g,t} + \sum_{u=1}^{U} o^{u}_{g,t} P^{u}_{g,t} \right) \\
O'_{BAk} = \sum_{t=1}^{T} \left(\sum_{n=1}^{N} o^{n}_{r,t} P^{n}_{r,t} + \sum_{u=1}^{U} o^{u}_{r,t} P^{u}_{r,t} \right) \\
O^{IP}_{NRG} = \sum_{t=1}^{T} \left(o^{IP}_{t} P^{IP}_{D,t} \right)
\end{cases}
\tag{7-5}
$$

其中，O' 为受端购电商成本，O'_{NRG}、O'_{BAk}、O^{IP}_{NRG} 分别为受端省内市场的电能量、备用、省间购电成本；M、N、U 分别为受端省内风光新能源、常规煤电发电商、其他常规能源发电商的数量；$o^{m}_{g,t}$、$o^{n}_{g,t}$、$o^{u}_{g,t}$ 分别为受端省内风光新能源 m、煤电常规能源发电商 n、其他常规能源发电商 u 的电能量报价；$P^{m}_{g,t}$、$P^{n}_{g,t}$、$P^{u}_{g,t}$ 分别为发电商 m、n、u 的发电出力；$o^{n}_{r,t}$、$o^{u}_{r,t}$ 分别为发电商 n、u 的备用报价；$P^{n}_{r,t}$、$P^{u}_{r,t}$ 分别为发电商 n、u 的备用出力；o^{IP}_{t} 为省间市场在时段 t 的出清电价，$P^{IP}_{D,t}$ 为受端省从省间购买的电量。

主要约束条件包括以下五个方面。

（1）电力平衡约束为：

$$
\sum_{m=1}^{M} P^{m}_{g,t} + \sum_{n=1}^{N} P^{n}_{g,t} + \sum_{u=1}^{U} P^{u}_{g,t} + \sum_{j=1}^{J} \sum_{m_j=1}^{M_j} P^{m_j,IP}_{g,t} - \sum_{l=1}^{L} P^{l}_{t} = 0 , \quad \forall t \in T \tag{7-6}
$$

其中，P^{l}_{t} 为受端用户 l 在时段 t 的负荷需求，L 为负荷需求用户的数量。

（2）备用容量约束为：

$$
\sum_{n=1}^{N} P^{n}_{r,t} + \sum_{u=1}^{U} P^{u}_{r,t} \geqslant \alpha \sum_{l=1}^{L} P^{l}_{t} , \quad \forall t \in T \tag{7-7}
$$

其中，α 为受端省内电网的备用系数。

（3）机组爬坡约束为：

$$
\begin{cases}
P^{m}_{t+1} - P^{m}_{t} \leqslant P^{m}_{up} & \forall t \in T, \ \forall m \in M \\
P^{m}_{t+1} - P^{m}_{t} \geqslant -P^{m}_{down} & \forall t \in T, \ \forall m \in M \\
P^{n}_{g,t+1} - P^{n}_{g,t} \leqslant P^{n}_{up} & \forall t \in T, \ \forall n \in N \\
P^{n}_{g,t+1} - P^{n}_{g,t} \geqslant -P^{n}_{down} & \forall t \in T, \ \forall n \in N \\
P^{u}_{g,t+1} - P^{u}_{g,t} \leqslant P^{u}_{up} & \forall t \in T, \ \forall u \in U \\
P^{u}_{g,t+1} - P^{u}_{g,t} \geqslant -P^{u}_{down} & \forall t \in T, \ \forall u \in U
\end{cases}
\tag{7-8}
$$

其中，P_{up}^m、P_{down}^m、P_{up}^n、p_{down}^n、P_{up}^u、P_{down}^u 分别为风光新能源 m，常规煤电发电商 n，其他常规能源发电商 u 爬坡出力的上限、下限。

（4）机组出力约束为：

$$\begin{cases} P_{\min}^m \leqslant P_t^m \leqslant P_{\max}^m \\ P_{\min}^n \leqslant P_{g,t}^n + P_{r,t}^n \leqslant P_{\max}^n \\ P_{\min}^u \leqslant P_{g,t}^u + P_{r,t}^u \leqslant P_{\max}^u \end{cases} \qquad (7-9)$$

其中，$P_{\max}^m$、$P_{\min}^m$、$P_{\max}^n$、$P_{\min}^n$、$P_{\max}^u$、$P_{\min}^u$ 分别为风光新能源 m，常规煤电发电商 n，其他常规能源发电商 u 出力的上限、下限。

（5）受端购电商省间购电价格为省间市场出清价格为：

$$o_t^{IP} = \lambda_t \qquad (7-10)$$

2. 省间市场的电能出清价格

省间市场优化目标为省间电力市场运行成本最小。

$$\min \quad O_{ERG}^{IP} = \sum_{t=1}^T \sum_{j=1}^J \left(\begin{array}{l} \sum_{m_j=1}^{M_j} P_{g,t}^{m_j,IP} (o_t^{m_j,IP} + o_l^{j,IP}) + \sum_{n_j=1}^{N_j} P_{g,t}^{n_j,IP} (o_t^{n_j,IP} + o_l^{j,IP}) \\ + \sum_{u_j=1}^{U_j} P_{g,t}^{u_j,IP} (o_t^{u_j,IP} + o_l^{j,IP}) \end{array} \right)$$

$$(7-11)$$

其中，O_{ERG}^{IP} 为省间市场的电能量成本，J 为送端省数量；M_j、N_j、U_j 分别为送端省 j 省内的风光新能源，常规煤电发电商和其他常规能源发电商的数量；$o_t^{m_j,IP}$、$o_t^{n_j,IP}$、$o_t^{u_j,IP}$ 送端省 j 风光新能源 m_j，煤电常规能源发电商 n_j，其他常规能源发电商 u_j 参与省间市场交易的电能量报价；$o_l^{j,IP}$ 为送端省 j 到受端省的跨省输电价格；$P_{g,t}^{m_j,IP}$、$P_{g,t}^{n_j,IP}$、$P_{g,t}^{u_j,IP}$ 为发电商 m_j、n_j、u_j 参与省间电力市场的出清电量。

主要约束条件包括以下三个方面。

（1）受端购电需求与省间电力供给的平衡约束为：

$$\sum_{j=1}^J (1-\xi_j)(\sum_{m_j=1}^{M_j} P_{g,t}^{m_j,IP} + \sum_{n_j=1}^{N_j} P_{g,t}^{n_j,IP} + \sum_{u_j=1}^{U_j} P_{g,t}^{u_j,IP}) = P_{D,t}^{IP} : \lambda_t$$

$$\forall t \in T, \ \forall m_j \in M_j, \ n_j \in N_j, \ u_j \in U_j \qquad (7-12)$$

其中，ξ_j 为省间输电线路的线路损耗。

（2）省间输电线路传输容量约束为：

$$P_{\min}^j \leqslant (\sum_{m_j=1}^{M_j} P_{g,t}^{m_j,IP} + \sum_{n_j=1}^{N_j} P_{g,t}^{n_j,IP} + \sum_{u_j=1}^{U_j} P_{g,t}^{u_j,IP}) \leqslant P_{\max}^j : \mu_t^{j,\min}, \ \mu_t^{j,\max}, \ \forall t \qquad (7-13)$$

其中，$P^j_{\min}$、$P^j_{\max}$为省间输电线路传输能力的上限、下限。

（3）送端省参与省间市场的出清电量约束为：

$$\begin{cases} P^{m_j,IP}_{\min} \leqslant P^{m_j,IP}_{g,t} \leqslant P^{m_j,IP}_{\max} : \mu^{m_j,IP,\min}_t, \ \mu^{m_j,IP,\max}_t, \ \forall t \\ P^{n_j,IP}_{\min} \leqslant P^{n_j,IP}_{g,t} \leqslant P^{n_j,IP}_{\max} : \mu^{n_j,IP,\min}_t, \ \mu^{n_j,IP,\max}_t, \ \forall t \\ P^{u_j,IP}_{\min} \leqslant P^{u_j,IP}_{g,t} \leqslant P^{u_j,IP}_{\max} : \mu^{u_j,IP,\min}_t, \ \mu^{u_j,IP,\max}_t, \ \forall t \end{cases} \quad (7-14)$$

其中，$P^{m_j,IP}_{\max}$、$P^{m_j,IP}_{\min}$、$P^{n_j,IP}_{\max}$、$P^{n_j,IP}_{\min}$、$P^{u_j,IP}_{\max}$、$P^{u_j,IP}_{\min}$分别为发电商m_j、n_j、u_j参与省间交易的容量上限、下限。

（二）博弈从体模块

博弈从体模块为风光新能源参与电—绿证—碳多市场收益计算模型，优化目标函数为

$$\max_{m_j \in M_j} R_{m_j} = \sum_{t=1}^{T} \lambda_t P^{m_j,IP}_{g,t} + \sum_{t=1}^{T} \lambda^{self}_t P^{m_j,self}_{g,t} + \lambda_{CET} Q^{G2C}_{CET} + \lambda_{TGC} Q^{REST}_{TGC} \quad (7-15)$$

其中，R_{m_j}为风光新能源m_j参与电—绿证—碳市场收益，λ^{self}_t为送端省内市场出清电价，$P^{m_j,self}_{g,t}$为风光新能源在送端省内市场的发电出力。

主要约束条件包括以下三个方面。

（1）报价约束为：

$$o^{m_j,IP,\min} \leqslant o^{m_j,IP}_t \leqslant o^{m_j,IP,\max} : \delta^{m_j,IP,\min}_t, \ \delta^{m_j,IP,\max}_t, \ \forall t \quad (7-16)$$

其中，$o^{m_j,IP,\max}$、$o^{m_j,IP,\min}$分别为风光新能源m_j报价的上限、下限。

（2）风光新能源在省内和省间分配的出力约束为：

$$0 \leqslant P^{m_j,IP}_{g,t} + P^{m_j,self}_{g,t} \leqslant P^{m_j}_{\max} \quad (7-17)$$

其中，$P^{m_j}_{\max}$为机组的最大发电出力。

（3）绿证和碳配额核发量约束为：

$$Q^{G2C}_{CET} + Q^{REST}_{TGC} = Q_{TGC} \quad (7-18)$$

$$Q_{TGC} = \alpha_{TGC} (P^{m_j,IP}_{g,t} + P^{m_j,self}_{g,t}) \quad (7-19)$$

其中，α_{TGC}为单位风光新能源核发的绿证数量，可以通过综合评价模型计算。

三、模型转换与求解流程

主从博弈由博弈参与者、策略集、收益以及博弈均衡策略四个要素构成，送端风光新能源与受端购电商共同构成主从博弈模型。为了叙述方便，用W代表

送端风光新能源、S 代表受端购电商。W 以省间出清电价作为优化策略，记作 λ_t；S 以省间电量购买为决策策略 $P_{D,t}^{IP}$。在实际的决策中，购电商和风光新能源受机组特性、负荷需求和电网约束。设定购电商的收益为 O' 和风光新能源的收益 R_{m_j}，根据 Stackelberg - Nash 均衡的定义，博弈模型存在 Stackelberg - Nash 均衡的解（λ_t^*，$P_{D,t}^{IP,*}$）应满足式（7 - 20）和式（7 - 21）：

$$\arg\min O'(\lambda_t, P_{D,t}^{IP,*}) \qquad (7-20)$$

$$\arg\min R_{m_j}(\lambda_t^*, P_{D,t}^{IP}) \qquad (7-21)$$

目前，主从博弈模型均衡的常见求解方法有最优驻点法、不动点迭代搜索法，核心是利用 KKT 条件将主从博弈问题转化为等价 MILP 问题，而后利用整数规划理论获得 Stackelberg - Nash 均衡解。

首先，本书将博弈主体模型中送端省内电力市场出清模型和省间电力市场看作一个双层模型，由于下层模型是线性规划问题，KKT 条件是满足模型最优性的充分必要条件。基于 KKT 最优性条件代换，可以将双层问题转化为单层问题。

其次，将转化得到的单层模型与博弈从体模块看作另一个双层模型，上层模型为转化得到的单层模型，下层模型为博弈从体的非合作博弈优化模型。本书前文已对非合作博弈模型的求解展开了详细的论述，因此本章在非合作博弈优化模型已经转化为单层模型的基础上继续模型求解。

最后，新双层模型的下层模型同为线性规划问题，因此可以采用 KKT 条件将新双层模型转化为单层模型进行求解。此外，在实际求解的过程中需要基于对偶理论、大 M 法将非线性问题转化为线性问题后使用软件求解。

（一）KKT 最优性条件

受端购电商购电优化模型和省间电力市场出清模型可以看作一个双层优化模型，下层的省间市场出清模型为线性的凸优化问题，并且满足 Slater 条件，可以将下层模型用 KKT 条件转化为上层模型的约束条件进行模型求解。

（1）拉格朗日函数为：

$$\begin{cases} L = f(x) + \lambda H(x) + \mu G(x) \\ \quad H(x) = 0 \\ \quad G(x) \leqslant 0 \\ \quad \lambda, \ \mu \geqslant 0 \end{cases} \qquad (7-22)$$

其中，$f(x)$ 为下层模型的目标函数，$H(x)$、$G(x)$ 分别为下层模型的等式约束与不等式约束。

（2）拉格朗日函数的最优性条件为：

$$
\begin{cases}
\partial L/\partial P_{g,t}^{m_j,IP} = (o_t^{m_j,IP} + o_l^{j,IP}) + \lambda_t(1-\xi_j) + (\mu_t^{j,max} - \mu_t^{j,min}) + (\mu_t^{m_j,IP,max} - \mu_t^{m_j,IP,min}) = 0 \\
\partial L/\partial P_{g,t}^{n_j,IP} = (o_t^{n_j,IP} + o_l^{j,IP}) + \lambda_t(1-\xi_j) + (\mu_t^{j,max} - \mu_t^{j,min}) + (\mu_t^{n_j,IP,max} - \mu_t^{n_j,IP,min}) = 0 \\
\partial L/\partial P_{g,t}^{u_j,IP} = (o_t^{u_j,IP} + o_l^{j,IP}) + \lambda_t(1-\xi_j) + (\mu_t^{j,max} - \mu_t^{j,min}) + (\mu_t^{u_j,IP,max} - \mu_t^{u_j,IP,min}) = 0
\end{cases}
$$

$$(7-23)$$

（3）互补松弛条件为：

$$
\begin{cases}
0 \leq (\sum_{m_j=1}^{M_j} P_{g,t}^{m_j,IP} + \sum_{n_j=1}^{N_j} P_{g,t}^{n_j,IP} + \sum_{u_j=1}^{U_j} P_{g,t}^{u_j,IP} - P_{min}^j) \perp \mu_t^{j,min} \geq 0 \\
0 \leq (P_{max}^j - \sum_{m_j=1}^{M_j} P_{g,t}^{m_j,IP} - \sum_{n_j=1}^{N_j} P_{g,t}^{n_j,IP} - \sum_{u_j=1}^{U_j} P_{g,t}^{u_j,IP} P_{min}^j) \perp \mu_t^{j,max} \geq 0 \\
0 \leq (P_{g,t}^{m_j,IP} - P_{min}^{m_j,IP}) \perp \mu_t^{m_j,IP,min} \geq 0 \\
0 \leq (P_{max}^{m_j,IP} - P_{g,t}^{m_j,IP}) \perp \mu_t^{m_j,IP,max} \geq 0 \\
0 \leq (P_{g,t}^{n_j,IP} - P_{min}^{n_j,IP}) \perp \mu_t^{n_j,IP,min} \geq 0 \\
0 \leq (P_{max}^{n_j,IP} - P_{g,t}^{n_j,IP}) \perp \mu_t^{n_j,IP,max} \geq 0 \\
0 \leq (P_{g,t}^{u_j,IP} - P_{min}^{u_j,IP}) \perp \mu_t^{u_j,IP,min} \geq 0 \\
0 \leq (P_{max}^{u_j,IP} - P_{g,t}^{u_j,IP}) \perp \mu_t^{u_j,IP,max} \geq 0
\end{cases}
$$

$$(7-24)$$

（4）对于形如 $0 \leq a \perp b \geq 0$ 的互补松弛条件，进一步可以使用大 M 法进行等价处理：

$$
\begin{cases}
0 \leq a \leq Mc \\
0 \leq b \leq M(1-c)
\end{cases}
$$

$$(7-25)$$

其中，c 为二元变量，取 0 或 1，M 为足够大的常数。

通过 KKT 条件，双层模型可以转变为单层模型，具体形式为：

$$
\begin{cases}
\min O' \\
O' = O'_{NRG} + O'_{BAk} + O_{NRG}^{IP} \\
O'_{TGC} = o_{TGC} P'_{TGC} \\
O_{NRG}^{IP} = \sum_{t=1}^{T} (o_t^{IP} P_{D,t}^{IP}) \\
s.t.\ eq.\ (7-6) - (7-10), (7-21) - (7-22)
\end{cases}
$$

$$(7-26)$$

（二）线性化处理

式（7-26）目标函数中 $o_t^{IP} P_{D,t}^{IP}$ 为两个决策变量相乘，模型无法直接求解，需要将非线性问题进行线性化处理。利用强对偶性质，下层模型的对偶问题为：

$$
\begin{cases}
\max g(\lambda, \mu) = \sum_{t=1}^{T} \left[\lambda_t P_{D,t}^{IP} + \sum_{j=1}^{J} \left[\begin{array}{l} (\mu_t^{j,\min} P_{\min}^{j} - \mu_t^{j,\max} P_{\max}^{j}) \\[4pt] + \sum_{m_j=1}^{M_j} (\mu_t^{m_j,IP,\min} P_{\min}^{m_j,IP} - \mu_t^{m_j,IP,\max} P_{\max}^{m_j,IP}) \\[4pt] + \sum_{n_j=1}^{N_j} (\mu_t^{n_j,IP,\min} P_{\min}^{n_j,IP} - \mu_t^{n_j,IP,\max} P_{\max}^{n_j,IP}) \\[4pt] + \sum_{u_j=1}^{U_j} (\mu_t^{u_j,IP,\min} P_{\min}^{u_j,IP} - \mu_t^{u_j,IP,\max} P_{\max}^{u_j,IP}) \end{array} \right] \right] \\[12pt]
\mu_t^{j,\min}, \mu_t^{j,\max}, \mu_t^{m_j,IP,\min}, \mu_t^{m_j,IP,\max}, \mu_t^{n_j,IP,\min}, \mu_t^{n_j,IP,\max}, \mu_t^{u_j,IP,\min}, \mu_t^{u_j,IP,\max} \geq 0
\end{cases}
$$

$$(7-27)$$

根据强对偶问题的性质，原问题的最优解和对偶问题的最优解相等，即：

$$
\min \sum_{t=1}^{T} \sum_{j=1}^{J} \left(\sum_{m_j=1}^{M_j} P_{g,t}^{m_j,IP} (o_t^{m_j,IP} + o_l^{j,IP}) + \sum_{n_j=1}^{N_j} P_{g,t}^{n_j,IP} (o_t^{n_j,IP} + o_l^{j,IP}) + \sum_{u_j=1}^{U_j} P_{g,t}^{u_j,IP} (o_t^{u_j,IP} + o_l^{j,IP}) \right)
$$
$$
= \max g(\lambda, \mu) \tag{7-28}
$$

进一步改写上式为：

$$
\sum_{t=1}^{T} \lambda_t P_{D,t}^{IP} = \sum_{t=1}^{T} \sum_{j=1}^{J} \left(\sum_{m_j=1}^{M_j} P_{g,t}^{m_j,IP} (o_t^{m_j,IP} + o_l^{j,IP}) + \sum_{n_j=1}^{N_j} P_{g,t}^{n_j,IP} (o_t^{n_j,IP} + o_l^{j,IP}) \right.
$$
$$
\left. + \sum_{u_j=1}^{U_j} P_{g,t}^{u_j,IP} (o_t^{u_j,IP} + o_l^{j,IP}) \right)
$$

$$
- \sum_{t=1}^{T} \sum_{j=1}^{J} \left[\begin{array}{l} (\mu_t^{j,\min} P_{\min}^{j} - \mu_t^{j,\max} P_{\max}^{j}) + \sum_{m_j=1}^{M_j} (\mu_t^{m_j,IP,\min} P_{\min}^{m_j,IP} - \mu_t^{m_j,IP,\max} P_{\max}^{m_j,IP}) \\[4pt] + \sum_{n_j=1}^{N_j} (\mu_t^{n_j,IP,\min} P_{\min}^{n_j,IP} - \mu_t^{n_j,IP,\max} P_{\max}^{n_j,IP}) \\[4pt] + \sum_{u_j=1}^{U_j} (\mu_t^{u_j,IP,\min} P_{\min}^{u_j,IP} - \mu_t^{u_j,IP,\max} P_{\max}^{u_j,IP}) \end{array} \right]
$$

$$(7-29)$$

将式（7-29）代入式（7-26），优化模型中的非线性项被转化为可以方便求解的线性项。将式（7-26）和博弈从体非合作博弈模型组合成新的双层模型，按照式（7-22）可以将博弈从体转化为上层模型的最优性条件，针对新的非线性项可以采用式（7-27）进行线性化处理。

四、算例分析

（一）基础数据

本书以我国南方的某 P1 省为算例研究对象，该省是全国首个提出创建国家清洁能源示范省的省份，且省内具有较为丰富的煤电和清洁能源。P1 省外来电主要来源于中国西部和北部的 P2、P3 和 P4 三个省份。P2 省位于中国西部煤炭富集地区，配套送出 P1 省的电源主要为煤电、光伏、风电。P3 省位于中国西南部拥有丰富的水能资源，高比例的水电、光伏、风电输送到 P1 省。P4 省与 P1 省相邻，P4 省的火电、水电、光伏、风电通过的省间联网通道输送到 P1 省。P1 省与 P2 省、P3 省、P4 省三省省间联络关系如图 7-7 所示。本书算例研究的跨省电网拓扑结构及参数主要来源于国家电力调度中心。根据四个省当前服役燃煤机组的容量和技术特性，本书将燃煤机组分为六种类型，发电机组出力数据来源于中国电力企业联合会机组能效对标，如表 7-2 所示；受端省内和送端省间发电装机容量数据来源于各省统计年鉴公告，如表 7-3 所示。在相同的负荷需求下，受端省内单一电力市场、省内-省间市场运行优化结果不同。受端省内单一电力市场是以受端省内电力市场进行集中优化的，省间的风光新能源电力则作为优化边界条件，不直接参与市场竞价。而送端省内和省间市场实现了风光新能源参与省间电力市场交易的自主决策。

由此，本书设定以下两种情景进行对比研究。情景 1：送端 P2 省、P3 省、P4 省风光新能源作为 P1 省省内电力市场的运行边界，不具有参与省间交易的主动策略，省间新能源机组为价格接受者，不考虑碳配额和绿证的等价交易机制。情景 2：送端 P2 省、P3 省、P4 省风光新能源策略性参与送端省内和省间电力市场，并考虑碳配额和绿证的等价交易机制。

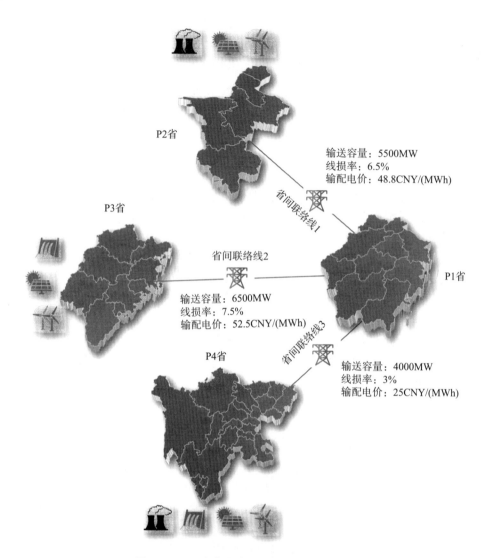

图 7 - 7　**P1 省电网省间联络拓扑及参数**

表 7 - 2　　　　　　　　　　　发电机组出力特性

机组类型	单位时间上爬速率（％）	单位时间下爬速率（％）	最大、最小出力比率（％）
超超临界 1000 兆瓦	8	8	60
超超临界 600 兆瓦	10	10	45

续表

机组类型	单位时间上爬速率 （％）	单位时间下爬速率 （％）	最大、最小出力比率 （％）
超临界 600 兆瓦	15	15	41
亚临界 600 兆瓦	15	15	38
超临界 300 兆瓦	30	30	51
亚临界 300 兆瓦	25	25	43
水电	50	50	10
光伏	100	100	0
风电	100	100	0
气电	35	35	40

表 7 - 3　　　　　　　　　　发电机组装机容量及报价

机组类型	P1 （兆瓦）	P2 （兆瓦）	P3 （兆瓦）	P4 （兆瓦）	P1 （元/兆瓦时）
超超临界 1000 兆瓦	18000		1200	—	380
超超临界 600 兆瓦	5700	2520	—	1260	390
超临界 600 兆瓦	7620	1860	—	1200	410
亚临界 600 兆瓦	7440		—	1800	420
超临界 300 兆瓦	11700	—	—	—	—
亚临界 300 兆瓦	13130	—	—	—	—
水电	11820	—	3500	1385	371
光伏	15170	1500	550	200	390
风电	1860	1200	1000	400	388
气电	12620	—	—	—	—

P1 省内典型日负荷需求和风光新能源出力预测数据来源于受端省电力调度中心的实际调研，如图 7 -8 所示。

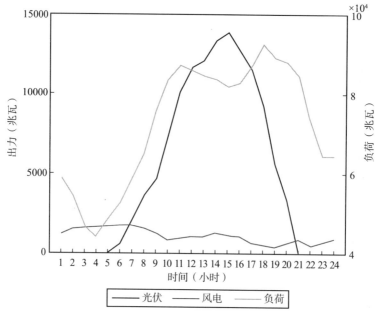

图 7 – 8　P1 省典型日负荷需求和风光预测出力

（二）结果分析

1. 情景 1 结果分析

情景 1 受端省内发电商出清优化结果如图 7 – 9 所示。1 ~ 8 点时段发电商出力随负荷先上升后下降，火电和水电为主力电源，9 ~ 20 点时段，光伏出力持续攀升且获得市场出清，协同火电、水电、风电共同满足负荷需求，19 ~ 21 点时段气电在市场中出清以满足尖峰时段的负荷需求。风电在夜间负荷低谷时段出现一定量的弃风，光伏在日间出力较多，而负荷减少的 15 ~ 17 点时段发生部分弃电。

情景 2 省间联络线输送功率如图 7 – 10 所示。情景 1 省间联络输送功率反映各个时段各送端省发电商根据计划安排的出清结果。省间联络线 1 随负荷变化呈波动的下降趋势，在 1 ~ 10 时段内输送功率保持在 1000 ~ 1500 兆瓦，12 ~ 13 时输送功率攀升到 1800 兆瓦，其他时段输送功率基本小于 1000 兆瓦。P3 省在负荷需求从降低到逐步提升的 1 ~ 18 时段，省间联络线 2 功率在 500 ~ 1000 兆瓦，在负荷高峰的 19 ~ 22 时段，省间联络线 2 输送功率快速攀升到 4000 兆瓦左右，负荷需求较低的 23 ~ 24 时段，输送功率维持在 500 兆瓦左右。P4 省输送功率变化的整体趋势与负荷需求的变动趋势相同，在第 1 个负荷需求高峰时段输送功率为 2200 兆瓦，在第 2 个负荷需求高峰时段负荷需求为 3200 兆瓦，其他时段输送功率基本稳定。

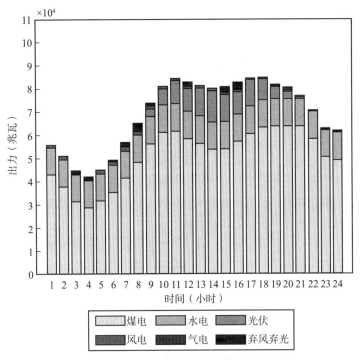

图 7 – 9　情景 1 中省内发电机组出清优化结果

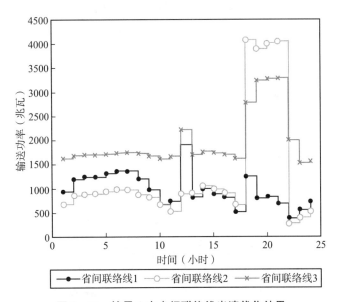

图 7 – 10　情景 1 中省间联络线出清优化结果

　　情景 1 中送端省 P2、P3、P4 发电机组出清优化结果如图 7 - 11 所示。参与省间交易的送端省 P2 主要以风电、光伏出力为主，风光在出力较多的 7 ~ 11 点时段和 13 ~ 17 点时段出现了较多的弃风弃光现象。主要原因是，情景 1 模式下送端 P2 省新能源机组根据计划电量进行出清，无法直接主动参与省间市场交易。参与省间交易的送端省 P3 以水电、风电、光伏为主，在各交易时段内，风光新能源在 7 ~ 11 点时段内出现少量的弃风弃光，其他时段按照实际出力发电，水电只有在 18 ~ 21 点时段发电，其他时段均出现弃水现象。参与省间交易的送端省 P4，省间送电以水风光为主，在负荷需求高峰的 12 点、18 ~ 22 点煤电机组出力，其他时段内煤电机组不出力，未出现弃风弃光。

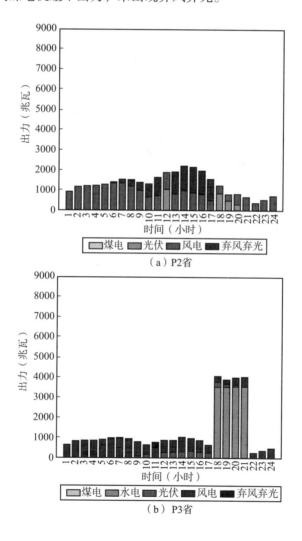

（a）P2省

（b）P3省

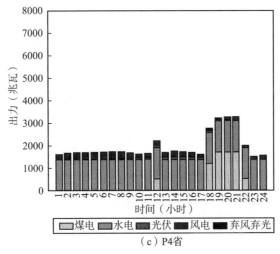

（c）P4省

图7-11 送端省参与省间交易的机组出清优化结果

2. 情景2结果分析

情景2受端省内发电商出清优化结果如图7-12所示。从图7-12可以看出，与情景1类似，在白天负荷需求的平稳阶段，光伏出力攀升且获得市场出清，火电、水电、风电、光伏等共同满足负荷需求，但气电在全天未获得出清。情景2，P1省风电在夜间低谷时段出现一定量的弃风，光伏在日间高峰出力时段出现弃光。主要原因是参与省间市场的水电、风电、光伏较本地光伏具有更大的市场竞争优势，使得省内的风光新能源出力空间受到挤压。

情景2省间联络线输送功率如图7-13所示。省间联络输送功率反映各个时段各送端省发电商参与省间市场交易的出清结果。P2省在负荷需求相对平稳的1~18点时段，省间联络线1功率在1000~2000兆瓦，在负荷高峰的19~22点时段，省间联络线输送功率快速攀升到4000兆瓦左右，在负荷需求较低的23~24点时段，输送功率维持在500兆瓦左右。P3省省间输送功率变化基本稳定，省间联络线2输送功率保持在4000~4500兆瓦，在风光出力较多的时段输送功率略高。省间联络线3输送功率变化的整体趋势与P1省份相同，在负荷需求平稳时段输送功率保持在1700兆瓦左右，在负荷需求较高的18~22点时段，输送功率攀升到3200兆瓦左右。

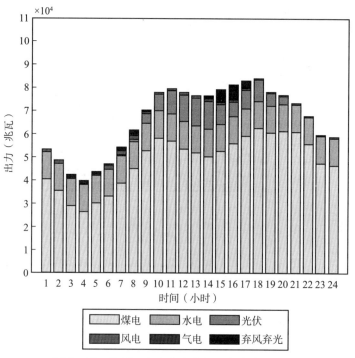

图 7 – 12　情景 2 中省内发电机组出清优化结果

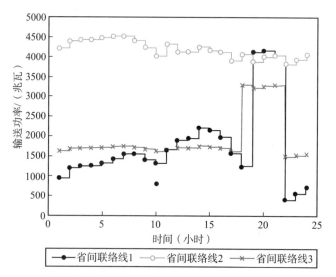

图 7 – 13　情景 2 中省间联络线出清优化结果

　　情景 2 中送端省 P2、P3、P4 参与省间交易出清优化结果如图 7－14 所示。参与省间交易的送端省 P2，在 1～18 点时段、22～24 点时段，省间交易主要以风光新能源出力为主，19～21 点时段负荷需求较高，煤电机组出力。参与省间交易的送端省 P3 以水风光为主，在各交易时段内水电机组满发，风电、光伏在 7～10 点时段内出现少量的弃风弃光，其他时段按照实际出力发电。参与省间交易的送端省 P4，机组以煤电和水电为主，在负荷需求高峰的 18～21 点时段内煤电机组出力，其他时段内煤电机组不出力，省间送电以水风光为主。

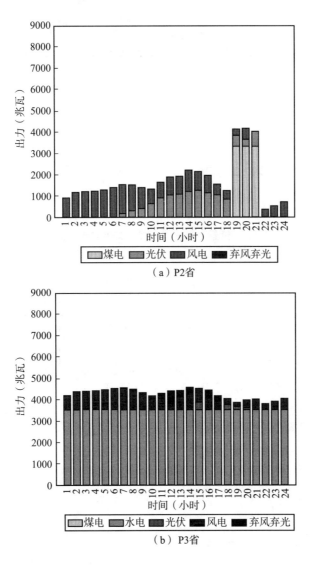

（a）P2省

（b）P3省

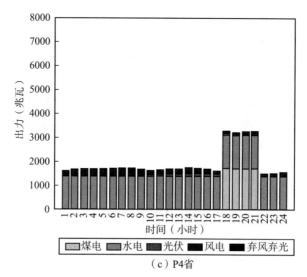

（c）P4省

图 7 - 14　情景 2 送端省参与省间交易的机组出清优化结果

3. 情景 1 和情景 2 对比分析

情景 1 和情景 2 优化结果如表 7 - 4 所示。

表 7 - 4　　　　　　　　　　　　情景 1 和情景 2 优化结果对比

优化结果	情景 1				情景 2			
	P1	P2	P3	P4	P1	P2	P3	P4
煤电（兆瓦时）	1227596	0	—	7403	1158085	9999	—	6886
水电（兆瓦时）	281040	—	14146	33240	281040	—	84874	33240
光伏（兆瓦时）	106656	2718	2692	1110	100644	11089	1117	1110
风电（兆瓦时）	22563	20769	14892	5247	20269	20769	14892	5247
气电（兆瓦时）	2176	—	—	—	0	—	—	—
受端省内出力（兆瓦时）	1640031				1560038			
送端省间出力（兆瓦时）	102217				189223			
分省弃风弃光率（%）	12.8	8.5	2.3	2.3	16.4	0.0	9.1	0.0

优化结果	情景 1				情景 2			
	P1	P2	P3	P4	P1	P2	P3	P4
系统弃风弃光率（％）	13.5				10.2			
电力市场成本（万元）	72053				70203			
风电售电收益（万元）	983	796	796	201	880	713	511	180
光伏售电收益（万元）	4729	116	571	43	4488	386	29	39

　　在发电商出力方面，情景 1 中 P1 省内机组出力高于情景 2，而省间发电商出力低于情景 2。主要原因是省间低价新能源机组策略性参与省间市场交易，提高了自身的市场竞争力，进一步压缩了 P1 省内发电商出力空间。具体而言，情景 2 中的煤电机组出力减少 69511 兆瓦时、光伏减少 6012 兆瓦时、风电减少 2294 兆瓦时、气电减少 2176 兆瓦时。

　　在弃风弃光率方面，情景 2 中系统弃风弃光率较情景 1 下降 3.2 个百分点，具体原因要结合分省弃风弃光率进行分析。情景 2 中的 P1 省内新能源机组的弃风弃光率较情景 1 增加 3.6 个百分点，情景 2 中 P1 省、P3 省没有弃风弃光，但 P3 省弃风弃光率增加 2.6 个百分点，主要是因为情景 1 中省间交易会考虑政府间协商和机组固有的保障性收购份额，省间新能源机组具有较强的计划色彩，这种模式既难以挖掘风光新能源的真实价值和交易潜力，也无法反映风光真实成本，情景 2 中风光新能源可以通过市场化交易策略实现发电成本的有效疏导。例如，P2 省位于我国西北地区，风光富集且开发成本较低，当发电机组具有参与市场的理性策略时，其在省间交易时较 P3 省具有较大的竞争优势，故情景 2 中 P2 省风光新能源会挤占一部分市场份额，由此导致 P3 省弃风弃光率上升。

　　在电力市场成本方面，情景 2 中的电力市场成本较情景 1 降低 1850 万元，下降 2.56 个百分点，故相比单一的省级电力市场运行模式，送端风光新能源参与省间市场交易会增加全社会福利。进一步结合省间交易出清价格（见图 7 - 15）分析成本下降原因，电力市场交易成本的降低得益于省间出清电价变化的降低，在负荷相对平稳的 1~17 点时段，省间交易电价从 375 元/兆瓦时下降到 330 元/兆瓦时,此时出清电能都来自省间联络线送端省低成本风光新能源资源;而在负荷需求高峰的 18~21 点时段,两种情景的省间出清电价都攀升到 440 元/兆瓦时左右。

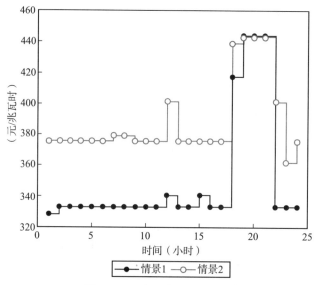

图 7-15　省间交易出清电价

在风光新能源收益方面,根据表 7-4 可知,情景 2 中风光新能源收益基本上较情景 1 均有所下降,省间市场促使 P2 省、P3 省、P4 省的风光新能源之间的竞争更为激烈,充分释放了省间新能源低成本特性。但仍有个别省风光新能源收益增加,例如,P2 省的光伏发电商,主要是因为 P2 省平价光伏装机占光伏总装机的比例较高,光伏发电成本较低,与 P3 省光伏发电商相比,在省间市场竞争中处于相对优势,故 P3 省产生了 9.1% 的弃光,量价的同步降低促使 P3 省光伏出清电量下降加快。

上述交易结果表明,低价策略仍是风光新能源实现其收益最大化的有效手段。我国当前新能源发展正处于关键的过渡时期,一方面,政府需要对享受补贴的存量新能源项目进行高价保障性收购;另一方面,需要兼顾新建平价新能源机组的收益,本书提出的风光新能源参与省间市场交易为平衡补贴型和平价型风光新能源的收益提供了解决思路。

风光新能源环境价值收益结果如图 7-16 所示。由图 7-16 可知,情景 1中,风电和光伏的环境价值收益均来自绿证市场,在不考虑绿证市场和碳市场等价交互机制时，风光新能源环境价值主要通过绿证市场变现；情景 2 中，由于绿证市场和碳市场的等价交互机制，风光新能源可以根据碳市场和绿证市场的价格信号，对环境价值选择更优的兑现方式，因此情景 2 中 P2 省光伏发电商的绿证市场和碳市场收益较情景 1 增加，情景 2 中 P2 省、P3 省、P4 省风电商的绿证市场和碳市场收益较情景 1 增加。情景 2 中 P3 省和 P4 省光伏环境价值收益减少的主要原因是省间市场电量减少。

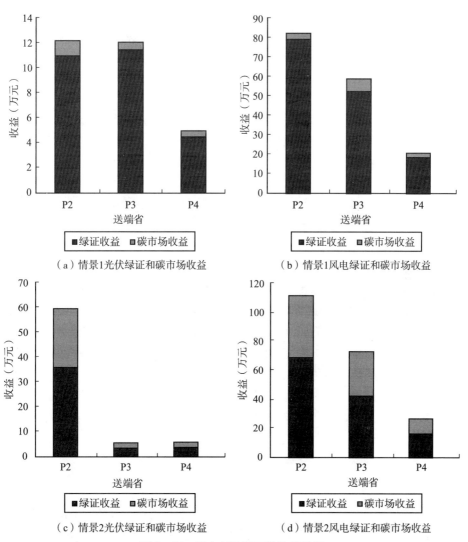

（a）情景1光伏绿证和碳市场收益　　　（b）情景1风电绿证和碳市场收益

（c）情景2光伏绿证和碳市场收益　　　（d）情景2风电绿证和碳市场收益

图 7－16　风光新能源环境价值收益

在通道利用方面，根据图 7 - 17 可知，情景 2 中的省间联络线通道利用率整体比情景 1 有所提高，省间市场交易规模明显增加，例如，情景 2 中省间联络线 2 利用率达到 64%。总体来说，三条省间输电通道利用率仍有较大提升空间。

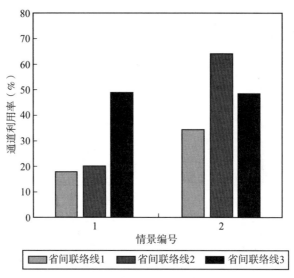

图 7 - 17　省间联络线通道利用率

4. 新能源装机比例提高对其收益的影响

情景 1 和情景 2 中，新能源装机容量占整个系统装机容量的 17.5%，这与 P1 省电力系统目前的实际运营情况一致。然而，非新能源电源占比会因为风光新能源渗透率的提高而下降，其中，高成本的煤电机组将成为系统调峰和备用的主力电源。因此，本节主要研究不同新能源装机比例的规模下，风光新能源收益的变化。本书在场景 2 的基础上设定情景 3：将省内、省间新能源机组装机容量提高 20%、25%、30%、35%。为更明确地对比情景 2 和情景 3 中风光新能源收益的变化，引入风光新能源单位电量加权平均收益指标，如式（7 - 30）所示：

$$\bar{R} = \frac{\sum\limits_{t=1}^{T} Q_{RE,t} o_t}{\sum\limits_{t=1}^{T} Q_{RE,t}} \qquad (7-30)$$

其中，$O_{RE,t}$ 为 t 时刻新能源机组的发电量，o_t 为省内或省间市场的出清电价。

根据式（7 - 30），计算得到风光新能源加权平均收益如图 7 - 18 所示。

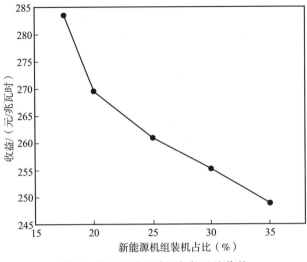

图7-18　风光新能源加权平均收益

由图7-18可以看出，风光新能源装机容量占比提高，风光新能源单位电量收益呈下降趋势。当新能源装机占比从当前的17.5%增加到35%，1兆瓦新能源发电量收益平均下降3.68%。这表明风光新能源在长期内度电收入会减少，因为风光新能源在电力市场中的出清电价减少效应大于发电量的增加效应。

第四节　风光新能源参与电—绿证—碳多市场耦合交易保障建议

以多市场交易路径为依托，本书构建了风光新能源参与电力时序市场、电—绿证市场、电—碳市场、电—绿证—碳多市场的耦合交易模型，为风光新能源多市场决策提供了模型和方法。为了确保风光新能源采用本书提出的模型进行多市场交易决策，立足风光新能源视角，提出以下四方面的保障建议。

一、开展多市场耦合交易决策仿真模拟

电力市场、绿证市场和碳市场在交易时间、交易数量和交易价格方面存在复杂的关联关系，风光新能源需要开展多市场耦合交易决策仿真模拟工作。首先，根据现有电力市场、绿证市场和碳市场运行与结算机制，搭建多市场交易运行环

境，内置多市场之间的耦合交易关系，尽可能真实地模拟多市场实际运作过程。其次，将多种交易模型进行程序化处理，以供风光新能源进行选择。最后，开展多市场耦合交易决策仿真模拟工作，风光新能源的交易人员进行多市场交易对抗与演练，事后进行交易结果的对比分析，并总结多市场交易经验，为真实的多市场耦合交易提供知识与经验。

二、研发多市场耦合交易决策支持技术

研发多市场耦合交易决策支持技术是风光新能源进行多市场交易决策的关键工具。首先，开展多市场交易数据的收集和整合工作。我国风光新能源的开发主要依托大型发电集团，要加强集团与子公司、子公司与子公司之间交易数据的共享，积极研发区块链、人工智能、大数据等关键技术，追踪风光新能源绿电生产、交易、消费各个环节的数据信息，全面、准确地记录全生命周期的碳排放量，实现绿电、绿证、碳排放的可追溯和精确计量。对接碳市场和绿证市场交易平台，完善市场信息交互方式，及时、准确地获取多市场交易数据。其次，对本书提出的优化模型进行组件化开发，并结合多市场交易环境与交易人员的决策偏好，依托决策支持系统，进行交易策略的智能推荐，同时留出人工经验干预接口，从技术角度保障风光新能源参与多市场耦合交易。

三、持续更新风光新能源多市场交易策略

目前，我国风光新能源进行电力市场交易仍处于探索阶段，市场交易机制与细则仍在不断地完善和调整。例如，山东、甘肃、青海等省份允许新能源报量报价参与市场，而山西、青海只允许新能源电力报量不报价参与市场。针对绿证市场，国家政策正在积极推进绿证核发主体和范围的扩大，并进一步衔接绿电市场和碳市场交易。针对碳市场，目前正在探索绿证与碳配额等环境权益产品的有机衔接。综上所述，电力市场、绿证市场和碳市场的交易机制与规则将会发生动态变化。面对多市场交易机制的变化，风光新能源要及时修订多市场耦合交易决策仿真平台的内置规则，定期持续更新多市场交易策略，同时跟进决策支持技术的研发工作。总之，持续更新风光新能源多市场交易策略将保障风光新能源适应多市场交易的变化。

四、积极培养专业化的市场交易队伍

风光新能源需要培养专业的市场交易队伍。首先，在设立专业化市场交易团

队的基础上，基于风光新能源自身的需求、经济性测算以及多市场参与的基本要求，通过制定并下发专业性学习指导手册，定期组织专业化集中培训等方式对相关人员进行能力建设，包括财务部门、市场营销部门和生产技术部门等相关人员。其次，加深企业内员工对多市场交易概念的理解和把握，强化多市场耦合交易理论、模型和方法的学习和掌握，并准确、及时地把这些信息提供给企业市场交易的决策者，以提升市场交易管理能力，进而整体提升风光新能源参与多市场交易决策的能力。

第五节　本 章 小 结

本章建立了风光新能源参与电—绿证—碳多市场耦合交易模型，研究了风光新能源参与电—绿证—碳多市场耦合交易的策略与行为。首先，为避免风光新能源环境价值在碳市场和绿证市场中被重复计量，研究了考虑减排量的绿证—碳配额等价交互模型。其次，立足我国电力供需实际，建立了风光新能源参与电—绿证—碳市场的主从博弈模型，将受端省购电商作为博弈主体，考虑在受端省内市场和省间市场购电成本最小；将送端省风光新能源作为博弈从体，实现风光新能源参与电—绿证—碳市场收益的最大化。最后，提出了风光新能源参与多市场耦合交易的保障建议。

第八章

研究成果与结论

近年来，在"双碳"目标及其配套政策的支持下，我国风电、光伏新能源电力高速发展，由于风电、光伏具有间歇性和波动性，因此其规模化发展带来严重的并网消纳难题。政策和市场机制是促进新能源消纳的重要机制，当前，我国逐步深化电力市场建设，并积极推进新配额制及配套绿证市场、碳排放权交易政策及碳市场。新形势下，电力市场、碳市场和绿证市场之间存在复杂共生的互促关系。因此，本书研究了风光新能源参与多市场耦合交易问题，并对促进风光新能源可持续发展具有重要研究价值。主要研究成果与结论如下所示。

（1）研究了风光新能源参与电—绿证—碳多市场耦合交易路径。论述了多市场交易的内涵与典型特征，梳理了多市场交易相关理论，分析了多市场交易政策与机制。在此基础上，建立了多市场交易的系统动力学模型，进一步分析了电价、碳价、绿证价格的联动关系，厘清了多市场交易机制和作用关系。开展了多市场耦合交易关系分析，建立了风光新能源参与多市场耦合交易的路径。

（2）提出了风光新能源参与电力时序市场耦合交易模型。首先，研究了风光新能源在中长期市场的交易决策，构建了年度双边协商和月度集中竞价交易模型。其次，建立了中长期合约分解的多目标优化模型。最后，在现货市场电价和偏差惩罚机制下，引入条件风险价值理论度量风光出力不确定性产生的风险，建立了中长期合约分解的现货市场交易模型。研究结果表明，在中长期市场中，风光新能源经过多轮竞价交易会获得最优的市场策略。中长期合约分解模型使风光新能源中长期交易分解结果尽可能地跟踪风光的实际出力，从而保障新能源消纳。在现货市场中，相对于风险中立优化模型，风险偏好交易优化模型可以体现风光不确定性引起的极端损失，能有效辅助风光新能源，进行市场风险防控。

（3）建立了考虑绿色价值的风光新能源参与电—绿证市场耦合交易模型。首先，为了支持风光新能源绿证市场交易决策，提出了基于熵权－CRITIC－改进

TOPSIS 的绿证测算模型，体现了不同类型风光新能源的绿色价值。其次，建立了风光新能源参与电—绿证市场双层耦合交易模型，上层模型为风光新能源收益模型，下层模型为电—绿证市场出清模型。再次，采用混沌麻雀算法求解双层模型。研究结果表明，在电力市场发展初期，风光新能源报量不报价参与市场，日前市场的电价波动较为稳定，有利于电力市场的平稳起步。市场逐步发展成熟后，报量报价参与市场可以获得更多的市场收益，能够充分激发风光新能源的市场活力。具有个体理性的风光新能源可以灵活设定交易策略，在弃风弃光时段降低市场报价，可以保障电力市场的中标电量；其他时段适当提高市场报价，降低电力市场的出清量，以避免较低的日前市场出清电价，并平衡日前市场和实时市场的中标量偏差，进而增加电力市场的总收益。最后，风光新能源可以通过降低电力市场的出清量来减少绿证供给，间接提高绿证交易价格，增加绿证市场收益，最终实现电—绿证市场的协同优化。

（4）提出了 CCER 的风光新能源参与电—碳市场耦合交易模型。首先，提出了风光预测精度的 CCER 测算模型，支持风光新能源碳市场交易决策。其次，建立了基于能量—备用联合的日前—实时电力市场出清模型和基于边际定价的碳市场出清优化模型，构建了风光新能源参与电—碳市场非合作博弈优化模型。研究结果表明，风光新能源可以通过电—碳耦合市场交易提升自身出清量，并同步压缩常规煤电出清量，间接提升全社会福利。常规煤电在碳市场中根据碳市场出清情况进行碳配额优化分配，在提升自身收益的同时增加风光新能源收益。风光出力不确定性增加使备用需求增加，且在机组爬坡约束时段，会使系统调峰能力受限，导致弃风弃光，进而促使风光新能源收益降低。最后，风光装机容量增加，会进一步拉低电—碳市场出清价格，使风光新能源收益下降；而常规煤电机组碳配额减少，将会使风光新能源收益增加。

（5）提出了风光新能源参与电—绿证—碳多市场耦合交易模型。首先，研究了考虑减排量的绿证—碳配额等价交互机制及模型。其次，根据我国电力供需实际，针对风光新能源能量和环境价值的变现要求，基于省内—省间电力市场交易模式，建立碳配额和绿证等价交互下受端购电商和送端风光新能源的主从博弈模型。研究结果表明，风光新能源参与电—绿证—碳多市场交易，能够实现自身收益的最大化。省间风光新能源策略性参与省间市场交易，进一步压缩了省内常规能源发电商出力空间，促使电力系统弃风弃光率和电力市场成本均降低。低价策略、保障自身出清是风光新能源实现其收益最大化的有效手段。而风光装机容量占比提高，会使单位电量收益下降。

电—绿证—碳多市场建设涉及复杂的政策机制和市场规则，需要协调好各类政策及市场工具，打破多市场耦合的关键堵点，深入挖掘多市场耦合的综合效果，并为风光新能源参与多市场耦合交易决策提供条件。基于本书研究的成果与结论，为促进新能源高质量发展，从风光新能源角度、电力市场组织者角度和政策制定者角度提出如下相关建议。

（1）风光新能源角度：加强风光新能源参与多市场耦合交易决策能力。在电—绿证—碳多市场交易逐步成熟的情况下，风光新能源需要主动适应未来市场化交易趋势，充分挖掘低成本和绿色环保价值，保障自身可持续发展。面对电力时序市场交易时，风光新能源需要充分利用好中长期市场和现货市场功能，优化电力时序交易策略，在保障自身收益的同时规避市场交易风险。风光新能源在进入电—绿证—碳市场时，需要根据风光新能源参与多市场耦合交易路径，并选择合适的市场交易决策方法和工具，充分规避自身出力不确定性产生的偏差风险。未来，风光新能源可以尝试与常规煤电、储能、电制氢等多市场主体的互补协同作用，优化多主体协同参与多市场耦合交易策略，为解决新能源消纳、缓解补贴压力、保障平价项目收益提供解决思路。

（2）电力市场组织者角度：推进适应风光新能源的多层次电力市场体系建设。我国电力能源供给和需求逆向分布，80%的风能、90%的太阳能资源集中在"三北"地区，负荷需求却主要集中在"三华"地区，这决定了我国西电东送、北电南送的电力供应和规划格局，大规模清洁能源消纳需要跨省跨区合理流动，因此迫切需要加强全国、区域、省（区、市）空间层次的紧密耦合，充分利用市场价格信号引导和鼓励清洁能源科学规划、合理布局、高效利用。各级电力市场紧密耦合需要以全局化、系统化思维开展统一市场的总体设计，明确各层级电力市场的功能定位和运行边界，完善各层级电力市场交易规则和技术标准，并持续提升全国范围内电力资源优化、互济和共享能力，以保障电力能源安全、稳定供应。我国已经初步建立"中长期＋现货"的电力市场体系，但中长期市场和现货市场在交易机制、交易模式、交易标的等方面还未实现有效衔接，尚不能兼容大规模风光新能源和大范围用户参与市场。加强电力市场在时序层次的紧密耦合，需要结合风光新能源的技术经济特性，明确中长期交易和现货交易的功能定位与运行边界，创新中长期、现货交易机制和交易模式，强化电力中长期市场对冲交易风险和现货市场发现价格信号的市场属性，以实现电力市场的安全、稳定、高效运营。

（3）政策制定者角度：加强电力、绿证和碳市场的协同发展。电力市场为绿证市场和碳市场的实施提供了良好的载体，有利于实现政策机制、电力市场、环境权益市场的高效配合。首先，加强多市场顶层机制的设计和协同，多市场协同机制需要以风光新能源的开发和利用为导向，体现价格—需求的有效传导，充分释放送端省风光新能源的潜在价值。其次，厘清绿证市场和碳市场的交易范围、价格机制、产品体系、治理体系，还原风光新能源绿色价值。强化可再生能源配额制和绿证市场衔接，提出需求侧消纳责任权重分解任务，提高绿证认购需求，增强绿证市场流动性；推动碳市场的整合和建设，逐步扩大全国碳市场主体的涵盖范围，统一碳市场企业排放计量标准。最后，完善绿证和碳市场等价互认和抵扣机制，增强风光新能源绿色正外部属性在绿证市场和碳市场交易的灵活性，进一步促进电力市场、绿证市场和碳市场之间形成合力、协同发展。

综上所述，本书以风光新能源为研究对象，梳理了电—绿证—碳多市场的内涵和典型特征、基础理论、相关政策与机制、多市场交易现状与问题，明确了多市场耦合关系，建立了风光新能源参与多市场耦合交易路径。以多市场耦合交易路径为基础，建立了风光新能源参与多市场耦合交易模型，并分析了风光新能源参与多市场耦合交易策略。

本书的研究还有一些不足。第一，在研究风光新能源参与电—绿证耦合市场、电—碳耦合市场、电—绿证—碳耦合市场时，为降低模型的复杂度，设定电力市场为现货市场，忽略了电力中长期市场对多市场耦合交易的影响，且绿证、碳市场的交易时间尺度设定参考现货市场的小时尺度，未从更长的时间尺度研究风光新能源可能的策略。第二，本书研究主要聚焦风光新能源独立或非合作参与电—绿证—碳多市场耦合交易研究，未考虑风光新能源与储能、需求响应等灵活性资源主体合作参与多市场耦合交易。基于以上不足，未来本书将继续开展以下几个方面的研究。第一，将电—绿证耦合市场、电—碳耦合市场、电—绿证—碳耦合市场中的电力市场外延为电力中长期和现货市场，研究引入中长期市场对风光新能源交易决策的影响，进一步贴合风光新能源交易决策的实际需求。第二，考虑分布式风光新能源与储能、电转气、电制氢、需求响应等灵活性资源主体的互补协同作用，研究其聚合参与多市场耦合交易优化问题。第三，进一步扩展多市场范围，探索电力市场、绿证市场、碳市场、天然气市场、氢能市场和用能权等多市场耦合关系，研究市场主体聚合参与多市场耦合交易问题。

参 考 文 献

［1］安学娜，张少华，李雪．考虑绿色证书交易的寡头电力市场均衡分析［J］．电力系统自动化，2017，41（9）：84-89．

［2］曹胡辉，裘智峰，向劲勇，等．考虑中长期交易与短期调度衔接的风电消纳模型［J］．电网技术，2020，44（11）：4200-4210．

［3］陈启鑫，刘学，房曦晨，等．考虑可再生能源保障性消纳的电力市场出清机制［J］．电力系统自动化，2021，45（6）：26-33．

［4］陈先龙，王秀丽，吕建虎，等．基于消纳责任权重的两级电力市场优化运行模型［J］．全球能源互联网，2020，3（5）：430-440．

［5］陈艺华，张炜，张成刚，等．促进新能源消纳的省间、省内两级电力现货市场运行机制［J］．电力系统自动化，2021，45（14）：104-113．

［6］陈熠，王晗，徐潇源，等．省间-省内两级市场协调下两阶段分布鲁棒经济调度模型［J/OL］．上海交通大学学报：1-27［2023-04-06］．http：//kns. cnki. net/kcms/detail/31. 1466. U. 20230228. 1708. 019. html．

［7］崔杨，沈卓，王铮等．考虑绿证-碳排等价交互机制的区域综合能源系统绿色调度［J/OL］．中国电机工程学报：1-12［2023-05-23］．http：//kns. cnki. net/kcms/detail/11. 2107. TM. 20220520. 1350. 003. html．

［8］邓盛盛，陈皓勇，肖东亮，等．发电商参与碳市场与电力中长期市场联合决策模型［J］．电力系统保护与控制，2022，50（22）：1-10．

［9］邓盛盛，陈皓勇，肖东亮等．考虑碳市场交易的寡头电力市场均衡分析［J/OL］．南方电网技术：1-10［2023-05-23］．http：//kns. cnki. net/kcms/detail/44. 1643. TK. 20230201. 0954. 003. html．

［10］董福贵，时磊．可再生能源配额制及绿色证书交易机制设考虑仿真［J］．电力系统自动化，2019，43（12）：113-121．

［11］段声志，陈皓勇，郑晓东，等．碳市场背景下发电商竞价策略及电力市场均衡分析［J］．电测与仪表，2022，59（5）：33-41．

［12］方必武，姜拓，陈亦平等．促进可再生能源消纳的跨省区实时优化调

度方法及应用［J/OL］.电力系统自动化：1-12［2023-04-06］.http：//kns. cnki. net/kcms/detail/32. 1180. TP. 20221107. 1329. 002. html.

［13］冯昌森，谢方锐，文福拴，等.基于智能合约的绿证和碳联合交易市场的设计与实现［J］.电力系统自动化，2021，45（23）：1-11.

［14］冯永晟，周亚敏."双碳"目标下的碳市场与电力市场建设［J］.财经智库，2021，6（4）：102-123，143-144.

［15］高洪超，陈启鑫，金泰，等.考虑虚拟电厂灵活调节特性的现货市场出清模型及灵活性溢价评估方法［J］.电网技术，2023，47（1）：194-207.

［16］郭静蓉，向月，吴佳婕，等.考虑CCUS电转气技术及碳市场风险的电-气综合能源系统低碳调度［J］.中国电机工程学报，2023，43（4）：1290-1303.

［17］国家发展和改革委.截至2022年底全国风电光伏发电装机突破7亿千瓦［EB/OL］. https：//news. cctv. com/2023/01/19/ARTIDiMp3YV2uxOCOwwhsdI0230119. shtml.

［18］国家能源局.国家能源局发布2022年全国电力工业统计数据［EB/OL］. http：//www. nea. gov. cn/2023-01/18/c_1310691509. htm.

［19］国家能源局.国家能源局2023年一季度新闻发布会文字实录［EB/OL］. http：//www. gov. cn/xinwen/2023-02/14/content_5741481. htm.

［20］国家能源局.2022年全社会用电量同比增长3.6%［EB/OL］.2022年全社会用电量同比增长3.6%. http：//www. nea. gov. cn/2023-01/18/c_1310691508. htm.

［21］国家能源局.王大鹏：可再生能源呈现发展速度快、运行质量好、利用水平高、产业竞争力强的良好态势［EB/OL］. http：//www. nea. gov. cn/2023-02/13/c_1310697026. htm.

［22］国家能源局西北监管局.2022年1-12月全国电力市场交易简况［EB/OL］. http：//xbj. nea. gov. cn/website/Aastatic/news-238729. html.

［23］何蕾，包铁，刘闯，等.可再生能源年度合同电量优化分解及滚动修正算法［J］.电力系统及其自动化学报，2021，33（11）：56-65.

［24］和军梁，许爽，米晨旭，等.电力现货背景下的可再生能源配额制、绿色电力证书及碳交易等机制改进设计［J］.中外能源，2020，25（10）：19-25.

［25］黄冬梅，吴涵文，孙锦中等.考虑阶梯式碳交易的海岛综合能源优化调度［J/OL］.电力系统及其自动化学报：1-8［2023-04-06］. https：//doi. org/10. 19635/j. cnki. csu-epsa. 001090.

［26］黄远明，陈青，韦薇，等．考虑风－储参与直接交易的中长期－现货市场物理交割建模及快速求解算法［J］．电力建设，2020，41（1）：55－63.

［27］纪鹏，曾丹，孙田，等．全国统一电力市场体系深化建设研究——以省间、省内市场耦合演进路径设计为切入点［J］．价格理论与实践，2022（5）：105－109.

［28］蒋轶澄，曹红霞，杨莉，等．可再生能源配额制的机制设计与影响分析［J］．电力系统自动化，2020，44（7）：187－199.

［29］解瑞硕，于泽旭，窦震海，等．基于议价能力的风－光－CHP多主体优化运行策略［J］．电力建设，2023，44（1）：118－128.

［30］靳冰洁，李家兴，彭虹桥，等．需求响应下考虑电碳市场耦合的多元主体成本效益分析［J］．电力建设，2023，44（2）：50－60.

［31］李宏仲，魏静怡，吕勇荡．考虑储能与新能源双边交易的日前市场报价策略［J］．电网技术，2022，46（12）：4843－4853.

［32］李嘉龙，陈雨果，刘思捷，等．考虑碳排放成本的电力市场均衡分析［J］．电网技术，2016，40（5）：1558－1563.

［33］李凌，卓毅鑫，黄道，等．考虑梯级水电参与的电力市场出清模型研究［J］．电力需求侧管理，2023，25（1）：27－32.

［34］李鹏，余晓鹏，周青青，等．考虑风电不确定信息间隙的火电－储能－需求响应多源低碳调峰交易优化模型［J］．电力建设，2022，43（12）：131－140.

［35］李淑静，谭清坤，张煜，等．虚拟电厂关键技术及参与电力市场模式设计研究［J］．电测与仪表，2022，59（12）：33－40.

［36］李雅超，撒晨宇，肖艳炜，等．基于可再生能源经济调度时序模拟的绿色证书市场交易研究［J］．智慧电力，2021，49（4）：58－65.

［37］林晓凡，曾佳妮，冯冬涵．可再生能源消纳责任权重制下电力市场优化决策模型［J］．电力系统自动化，2021，45（6）：158－168.

［38］刘敦楠，李竹，董治新，等．基于标准能量块合约的电力中长期市场连续运营方案设计［J］．电网技术，2023，47（1）：129－144.

［39］刘可真，代莹皓，赵庆丽等．考虑碳—绿色证书交易机制的新能源跨省交易模型［J/OL］．电力系统及其自动化学报：1－13［2023－05－23］．https：//doi. org/10. 19635/j. cnki. csu-epsa. 001184.

［40］刘子旭，米阳，卢长坤等．考虑需求响应和风电消纳的电－热系统低碳优化调度［J/OL］．上海交通大学学报：1－10［2023－04－06］．https：//

doi. org/10. 16183/j. cnki. jsjtu. 2022. 056.

[41] 吕小秀，李培强，刁涵彬，等．能量与备用市场主体自调度的电热综合能源系统优化化学报 [J]．电力系统及其自动，2022，34（3）：132 – 141，150．

[42] 吕宇桦，杨苹，陈锦涛，等．多元化绿色交易体系下直流微电网优化配置方法 [J]．电网技术，2021，45（3）：997 – 1005．

[43] 罗莎莎，余欣梅，刘云．碳市场与电能量市场均衡交易分析 [J]．南方电网技术，2014，8（1）：104 – 108．

[44] 骆钊，秦景辉，梁俊宇，等．含绿色证书跨链交易的综合能源系统运行优化 [J]．电网技术，2021，45（4）：1311 – 1320．

[45] 马云聪，武传涛，林湘宁，等．考虑碳排放权交易的光热电站市场竞价策略研究 [J]．电力系统保护与控制，2023，51（4）：82 – 92．

[46] 孟繁林，钟海旺，夏清．高比例可再生能源电力系统中电量约束型机组参与现货市场的机制 [J]．电网技术：2023（2）1 – 10．

[47] 苗树敏，罗彬，申建建，等．考虑市场过渡和中长期合约电量分解的水火电短期多目标发电调度 [J]．电网技术，2018，42（7）：2221 – 2231．

[48] 潘郑楠，梁宁，徐慧慧等．基于纳什谈判理论的风电 – 虚拟氢厂参与现货市场合作运行策略 [J]．电力自动化设备，2023，43（5）：129 – 137. DOI：10. 16081/j. epae. 202301008．

[49] 裴哲义，郭国梁，胡超凡．富余可再生能源跨区电力现货交易的探索与实践 [J]．中国电力，2018，51（1）：16 – 21．

[50] 彭谦，周晓洁，杨睿．国家绿色电力证书交易市场与省级日前电力市场协调均衡机制设计 [J]．电网技术，2020，44（7）：2565 – 2571．

[51] 任景，周鑫，程松，等．源荷双边参与的高比例新能源电力系统能量与备用市场联合出清方法 [J]．电力建设，2023，44（1）：30 – 38．

[52] 商波，黄涛珍．可再生能源配额制下异质权力发电商的绿色生产决策研究 [J]．运筹与管理，2021，30（11）：6 – 13．

[53] 尚楠，陈政，卢治霖，等．电力市场、碳市场及绿证市场互动机理及协调机制 [J]．电网技术，2023，47（1）：142 – 154．

[54] 生态环境部．关于印发《2019 – 2020 年全国碳排放权交易配额总量设定与分配实施方案（发电行业）》《纳入 2019 – 2020 年全国碳排放权交易配额管理的重点排放单位名单》并做好发电行业配额预分配工作的通知 [EB/OL]. https：//www. mee. gov. cn/xxgk2018/xxgk/xxgk03/202012/t20201230_815546. html．

[55] 时维帅，孙欣，谢敬东，等. "双碳"目标下风氢联合系统参与现货市场的优化运行与效益分析 [J]. 电力建设，2022，43 (7)：1 - 12.

[56] 宋嘉启，杨永标，徐青山，等. 多虚拟电厂参与日前电力市场的鲁棒竞标博弈方法 [J/OL]. 电力自动化设备：1 - 23 [2023 - 04 - 06]. https：//doi. org/10. 16081/j. epae. 202211020.

[57] 宋晓华，汪鹏，刘金朋等. 一种区域电网负荷预测方法和装置 [P]. 北京市：CN113642677B，2022 - 02 - 22.

[58] 宋晓华，汪鹏，牛东晓. 基于多源异构数据融合的短期电力负荷预测 [J]. 计算机仿真，2023 (1).

[59] 陶悦川，孙荣峰，姜建国，等. 基于博弈论的可再生能源证书交易双层优化模型 [J]. 全球能源互联网，2021，4 (1)：64 - 76.

[60] 王辉，徐浩成，赵文会. 不确定需求与配额制下电力市场多主体交易决策优化 [J]. 电网与清洁能源，2021，37 (9)：34 - 44.

[61] 王剑晓，夏清，李庚银，等. 基于多市场均衡的综合能源市场机制设计 [J]. 中国电机工程学报，2021，41 (17)：5789 - 5803.

[62] 王坤，徐程炜，文福拴，等. 绿色证书交易下可再生能源参与现货市场的过渡机制 [J/OL]. 电力系统自动化：1 - 11 [2023 - 04 - 06]. http：//kns. cnki. net/kcms/detail/32. 1180. TP. 20221115. 1331. 007. html.

[63] 王喜平，王婉晨. 中国碳市场与电力市场间的风险溢出效应研究——基于 BK 溢出指数模型 [J]. 工业技术经济，2022，41 (5)：53 - 62.

[64] 王晛，李丰荣，张少华. 考虑风电与能源转换和存储设备联营的电力和天然气市场均衡分析 [J]. 电力系统保护与控制，2022，50 (9)：64 - 74.

[65] 王晛，张颖，张少华. 微电网参与投标竞争的多能源市场博弈分析 [J]. 电网技术，2019，43 (9)：3184 - 3192.

[66] 王小昂，邹鹏，任远，等. 山西电力现货市场中长期与现货衔接问题及对策 [J]. 电网技术，2022，46 (1)：20 - 27.

[67] 王心昊，蒋艺璇，陈启鑫，等. 可交易减排价值权证比较分析和衔接机制研究 [J]. 电网技术，2023，47 (2)：594 - 603.

[68] 王一，吴洁璇，王浩浩，等. 碳排放权市场与中长期电力市场交互作用影响分析 [J]. 电力系统及其自动化学报，2020，32 (10)：44 - 54.

[69] 王泽森，石岩，唐艳梅，等. 考虑 LCA 能源链与碳交易机制的综合能源系统低碳经济运行及能效分析 [J]. 中国电机工程学报，2019，39 (6)：1614 - 1626，1858.

［70］吴彪，张少华，王晛，等．多能源市场环境下综合能源服务商的需求响应策略研究［J］．电网技术，2022，46（5）：1800 – 1811.

［71］吴刚，刘俊勇，向月，等．考虑中长期合同电量分解和风电不确定性的电－气综合能源系统日前优化调度［J］．电力自动化设备，2019，39（8）：246 – 253.

［72］武群丽，席曼．考虑绿色证书交易的跨省区电力市场均衡分析［J］．现代电力，2021，38（4）：434 – 441.

［73］谢畅．基于供给函数模型的电力主能量及辅助服务市场竞价均衡分析［D］．东南大学，2018.

［74］邢单玺，谢俊，段佳南，等．含风电电力系统能量—调频—备用联合运行日前市场电价机制智能代理仿真分析［J］．电网技术，2022，46（12）：4822 – 4833.

［75］邢玉辉，王帮灿，丁文娇，等．考虑梯级水量匹配约束的中长期电量合约分解方法［J］．云南电力技术，2020，48（3）：21 – 26.

［76］徐江，高源，刘康平，等．火电与绿电竞合策略对市场均衡及议价能力的影响研究——基于可再生能源消纳责任权重下发电商市场行为博弈分析［J］．价格理论与实践，2020（12）：139 – 143.

［77］许彦平，黄越辉，李湃，等．考虑优先级及电力平衡的新能源中长期交易电量分解方法［J］．电力系统自动化，2021，45（17）：117 – 125.

［78］许喆，陈玮，丁军策．两级交易模式下南方区域省间中长期交易机制优化路径［J］．电力自动化设备，2022，42（3）：175 – 181.

［79］薛贵元，吴晨，王浩然，等．"双碳"目标下碳市场与电力市场协同发展机制分析［J］．电力科学与工程，2022，38（7）：1 – 7.

［80］杨春祥，张天宇，张晓斌，等．适应高比例新能源电网的甘肃双边现货市场机制设计与运行分析［J］．电网技术，2022，46（1）：63 – 69.

［81］杨建华，李鹏飞，范晨凯，等．发用电计划放开下跨省区中长期电力市场交易机制设计［J］．水电能源科学，2021，39（5）：207 – 210，101.

［82］杨立兵，张汀荟，李雅超，等．基于配额制的可再生能源电力交易系统动力学仿真［J］．全球能源互联网，2020，3（5）：497 – 507.

［83］叶晨，牟玉亭，王蓓蓓，等．考虑动态碳交易曲线的电－碳市场出清模型及节点边际电价构成机理分析［J］．电网技术，2023，47（2）：613 – 624.

［84］叶泽．从理顺中长期市场与现货市场关系入手深化电力市场改革［J］．中国电力企业管理，2022（16）：37 – 41.

［85］于娜，何远舰，黄大为，等．风电企业与蓄热电采暖联合参与调频市场的运营模式［J］．电力系统自动化，2023，47（4）：27－33.

［86］于申，申建建，张俊涛等．巨型水电站参与省内－省间电力市场竞价策略联合优化方法［J/OL］．电力自动化设备：1－13［2023－04－06］．https：//doi. org/10. 16081/j. epae. 202303014.

［87］员江洋，杨明，刘宁宁，等．不完全信息下基于多代理深度确定策略梯度算法的发电商竞价策略［J］．电网技术，2022，46（12）：4832－4844.

［88］袁桂丽，刘培德，唐福斌，等．考虑绿色电力证书与碳交易制度的"源－荷"协调优化调度［J］．太阳能学报，2022，43（6）：190－195.

［89］曾杨超，吴巧玲，魏法国，等．电力现货市场下风电短期定价决策研究［J］．价格理论与实践，2022（3）：147－152.

［90］张慧敏，李晏，冯天天，等．碳中和背景下跨省电力交易空间结构及影响因素研究［J］．智慧电力，2022，50（11）：56－61.

［91］张粒子，许传龙，贺元康，等．兼容中长期实物合同的日前市场出清模型［J］．电力系统自动化，2021，45（6）：16－25.

［92］张璐路．基于可再生能源配额制的风火联合竞价策略研究［D］．华北电力大学（北京），2019.

［93］张宁，庞军．全国碳市场引入 CCER 交易及抵销机制的经济影响研究［J］．气候变化研究进展，2022，18（5）：622－636.

［94］张书盈，周欣佳，凌晓波，等．基于代理模式的市场化购电月度平衡机制研究［J/OL］．现代电力：1－9［2023－04－06］．https：//doi. org/10. 19725/j. cnki. 1007－2322. 2022. 0144.

［95］张硕，李薇，李英姿，等．面向新型电力系统的可再生能源绿色电力证书差异化配置模型［J］．上海交通大学学报，2022，56（12）：1561－1571.

［96］张翔，陈政，马子明，等．适应可再生能源配额制的电力市场交易体系研究［J］．电网技术，2019，43（8）：2682－2690.

［97］张旭，王洪涛．高比例可再生能源电力系统的输配协同优化调度方法［J］．电力系统自动化，2019，43（3）：67－75，115.

［98］张尧翔，刘文颖，庞清仑，等．基于主从博弈的跨境新型电力系统双边交易决策方法［J］．电力系统自动化，2023，47（4）：19－26.

［99］赵新刚，冯天天，杨益晟．可再生能源配额制对我国电源结构的影响机理及效果研究［J］．电网技术，2014，38（4）：974－979.

［100］中国新闻网．2022 年全国碳市场总成交量逾 5088. 9 万吨［EB/OL］.

https：//baijiahao. baidu. com/s？ id = 1753644139085449766&wfr = spider&for = pc.

［101］周明，武昭原，贺宜恒，等 . 兼顾中长期交易和风电参与的日前市场出清模型［J］. 中国科学：信息科学，2019，49（8）：1050 – 1065.

［102］朱婵霞，奚巍民，陈倩，等 . 新型电力系统下可再生能源如何参与电力市场［J］. 中国电力企业管理，2023（1）：59 – 62.

［103］邹文进，郝少飞，马刚，等 . 基于 CEEMD – GA – BP 神经网络的风光发电功率预测［J］. 电网与清洁能源，2022，38（3）：111 – 118.

［104］邹宇航，曾艾东，郝思鹏等 . 阶梯式碳交易机制下综合能源系统多时间尺度优化调度［J/OL］. 电网技术：1 – 13［2023 – 04 – 06］. https：//doi. org/10. 13335/j. 1000 – 3673. pst. 2022. 1625.

［105］祖文静，杜易达，李鹏，等 . 考虑不确定性与相关性的虚拟电厂参与主辅市场联合交易优化研究［J］. 智慧电力，2022，50（10）：70 – 77，86.

［106］Alskaif T，Crespo – Vazquez J L，Sekuloski M，et al. Blockchain-based fully peer-to-peer energy trading strategies for residential energy systems［J］. *IEEE Transactions on Industrial Informatics*，2022，18（1）：231 – 241.

［107］Bamberg G，Neuhierl A. On the non-existence of conditional value-at-risk under heavy tails and short sales［J］. *Or Spectrum*，2010，32（1）：49 – 60.

［108］Barroso L A，Carneiro R D，Granville S，et al. Nash equilibrium in strategic bidding：A binary expansion approach［J］. *IEEE Transactions on Power Systems*，2006，21（2）：629 – 638.

［109］Cai T，Dong M，Chen K，et al. Methods of participating power spot market bidding and settlement for renewable energy systems［J］. *Energy Reports*，2022，8：7764 – 7772.

［110］Cheng Q，Luo P，Liu P，et al. Stochastic short-term scheduling of a wind-solar-hydro complementary system considering both the day-ahead market bidding and bilateral contracts decomposition［J］. *International Journal of Electrical Power & Energy Systems*，2022，138.

［111］Chen S，Conejo A J，Wei Z. Conjectural-variations equilibria in electricity，natural-gas，and carbon-emission markets［J］. *IEEE Transactions on Power Systems*，2021，36（5）：4161 – 4171.

［112］Dai T，Qiao W. Trading wind power in a competitive electricity market using stochastic programing and game theory［J］. *IEEE Transactions on Sustainable Energy*，2013，4（3）：805 – 815.

［113］Deng X, Li N, Mguni D, et al. On the complexity of computing Markov perfect equilibrium in general-sum stochastic games ［J］. *National Science Review*, 2023, 10 (1).

［114］Dinh Hoa N, Ishihara T. Distributed peer-to-peer energy trading for residential fuel cell combined heat and power systems ［J］. *International Journal of Electrical Power & Energy Systems*, 2021, 125.

［115］Du C, Wang X, Wang X, et al. A block-based medium-long term energy transaction method ［J］. *IEEE Transactions on Power Systems*, 2016, 31 (5): 4155 – 4158.

［116］Fan W, Huang L, Cong B, et al. Research on an optimization model for wind power and thermal power participating in two-level power market transactions ［J］. International Journal of Electrical Power & Energy Systems, 2022, 134.

［117］Faraji J, Hashemi – Dezaki H, Ketabi A. Optimal probabilistic scenario-based operation and scheduling of prosumer microgrids considering uncertainties of renewable energy sources ［J］. *Energy Science & Engineering*, 2020, 8 (11): 3942 – 3960.

［118］Feng R, Lin P A, Hou C X, et al. Study of the Effect of China's emissions trading scheme on promoting regional industrial carbon emission reduction ［J］. *Frontiers in Environmental Science*, 2022, 10.

［119］Feng T T, Li R, Zhang H M, et al. Induction mechanism and optimization of tradable green certificates and carbon emission trading acting on electricity market in China ［J］. *Resources Conservation and Recycling*, 2021, 169.

［120］Feng T T, Li R, Zhang H M, et al. Induction mechanism and optimization of tradable green certificates and carbon emission trading acting on electricity market in China ［J］. *Resources Conservation and Recycling*, 2021, 169: 105487.

［121］Feng T T, Yang Y S, Yang Y H. What will happen to the power supply structure and CO_2 emissions reduction when TGC meets CET in the electricity market in China? ［J］. *Renewable & Sustainable Energy Reviews*, 2018, 92: 121 – 132.

［122］Gao R, Guo H, Zhang R, et al. A two-stage dispatch mechanism for virtual power plant utilizing the CVaR theory in the electricity spot market ［J］. *Energies*, 2019, 12 (17).

［123］Gao X, Knueven B, Siirola J D, et al. Multiscale simulation of integrated energy system and electricity market interactions ［J］. *Applied Energy*, 2022, 316.

[124] Guo H Y, Chen Q X, Xia Q, et al. Modeling strategic behaviors of renewable energy with joint consideration on energy and tradable green certificate markets [J]. *IEEE Transactions on Power Systems*, 2020, 35 (3): 1898 – 1910.

[125] He H, Luo Z, Wang Q, et al. Joint operation mechanism of distributed photovoltaic power generation market and carbon market based on cross-chain trading technology [J]. *IEEE Access*, 2020, 8: 66116 – 66130.

[126] Helgesen P I, Tomasgard A. An equilibrium market power model for power markets and tradable green certificates, including Kirchhoff's Laws and Nash – Cournot competition [J]. *Energy Economics*, 2018, 70: 270 – 288.

[127] Hongliang W, Benjie L, Daoxin P, et al. Virtual power plant participates in the two-level decision-making optimization of internal purchase and sale of electricity and external multi-market [J]. *IEEE Access*, 2021, 9: 133625 – 133640.

[128] Huang W Q, Wang Q F, Li H, et al. Review of recent progress of emission trading policy in China [J]. *Journal of Cleaner Production*, 2022, 349.

[129] Hu M C, Lu S – Y, Chen Y – H. Stochastic-multiobjective market equilibrium analysis of a demand response program in energy market under uncertainty [J]. *Applied Energy*, 2016, 182: 500 – 506.

[130] Jafari M, Foroud A A. A medium/long-term auction-based coalition-forming model for a virtual power plant based on stochastic programming [J]. *International Journal of Electrical Power & Energy Systems*, 2020, 118.

[131] Jiang K, Yan X, Liu N, et al. Energy trade-offs in coupled ICM and electricity market under dynamic carbon emission intensity [J]. *Energy*, 2022, 260.

[132] Jiang Y, Hou J, Lin Z, et al. Optimal bidding strategy for a power producer under monthly pre-listing balancing mechanism in actual sequential energy dual-market in China [J]. *IEEE Access*, 2019, 7: 70986 – 70998.

[133] Kamyab F, Amini M, Sheykhha S, et al. Demand response program in smart grid using supply function bidding mechanism [J]. *IEEE Transactions on Smart Grid*, 2016, 7 (3): 1277 – 1284.

[134] Karakosta O, Petropoulou D. The EU electricity market: renewables targets, Tradable Green Certificates and electricity trade [J]. *Energy Economics*, 2022, 111.

[135] Kardakos E G, Simoglou C K, Bakirtzis A G. Short-term electricity market simulation for pool-based multi-period auctions [J]. *IEEE Transactions on Power Systems*, 2013, 28 (3): 2526 – 2535.

［136］ Kim I Y, De Weck O L. Adaptive weighted sum method for multiobjective optimization: a new method for Pareto front generation ［J］. *Structural and Multidisciplinary Optimization*, 2006, 31 (2): 105 – 116.

［137］ Koltsaklis N E, Dagoumas A S. Incorporating unit commitment aspects to the European electricity markets algorithm: An optimization model for the joint clearing of energy and reserve markets ［J］. *Applied Energy*, 2018, 231: 235 – 258.

［138］ Li F, Lu S R, Cao C W, et al. Operation optimization of regional integrated energy system considering the responsibility of renewable energy consumption and Carbon Emission Trading ［J］. *Electronics*, 2021, 10 (21).

［139］ Linnerud K, Simonsen M. Swedish-norwegian tradable green certificates: scheme design flaws and perceived investment barriers ［J］. *Energy Policy*, 2017, 106: 560 – 578.

［140］ Liu H, Qiu J, Zhao J. Virtual power plant containing electric vehicles scheduling strategies based on deep reinforcement learning ［J］. *International Journal of Electrical Power & Energy Systems*, 2022, 137.

［141］ Liu L W, Chen C X, Zhao Y F, et al. China's carbon-emissions trading: Overview, challenges and future ［J］. *Renewable & Sustainable Energy Reviews*, 2015, 49: 254 – 266.

［142］ Liu T T, Xu J P. Equilibrium strategy based policy shifts towards the integration of wind power in spot electricity markets: a perspective from China ［J］. *Energy Policy*, 2021, 157: 112482.

［143］ Li X, Gu J, Sun X, et al. Parameter identification of robot manipulators with unknown payloads using an improved chaotic sparrow search algorithm ［J］. *Applied Intelligence*, 2022, 52 (9): 10341 – 10351.

［144］ Li Y Z, Huang J J, Liu Y, et al. Day-ahead risk averse market clearing considering demand response with data-driven load uncertainty representation: a Singapore electricity market study ［J］. *Energy*, 2022, 254.

［145］ Loschenbrand M, Korpas M. Multiple Nash equilibria in electricity markets with price-making hydrothermal producers ［J］. *IEEE Transactions on Power Systems*, 2019, 34 (1): 422 – 431.

［146］ Lu T, Zhang W, Wang Y, et al. Medium-and long-term trading strategies for large electricity retailers in China's electricity market ［J］. Energies, 2022, 15 (9).

　[147] Maccormack J, Zareipour H, Rosehart W D. Long-term market equilibrium model with strategic, competitive, and inflexible generation [J]. *IEEE Transactions on Power Systems*, 2012, 27 (4): 2291 – 2292.

　[148] Malik S, Duffy M, Thakur S, et al. A priority-based approach for peer-to-peer energy trading using cooperative game theory in local energy community [J]. *International Journal of Electrical Power & Energy Systems*, 2022, 137.

　[149] Marquez Diaz J A, Badaoui M, Sebastian Baltazar D. Game theory and its impact on economic profit in the electric power market [J]. *IEEE Latin America Transactions*, 2022, 20 (8): 2063 – 2070.

　[150] Matsumoto T, Bunn D, Yamada Y. Mitigation of the inefficiency in imbalance settlement designs using day-ahead prices [J]. *IEEE Transactions on Power Systems*, 2022, 37 (5): 3333 – 3345.

　[151] Mokhtari S, Yen K K. Impact of large-scale wind power penetration on incentive of individual investors, a supply function equilibrium approach [J]. *Electric Power Systems Research*, 2021, 194: 12.

　[152] Mu C, Ding T, Sun Y, et al. Energy block-based peer-to-peer contract trading with secure multi-party computation in Nanogrid [J]. *IEEE Transactions on Smart Grid*, 2022, 13 (6): 4759 – 4772.

　[153] Ozdemir O, Hobbs B F, Van Hout M, et al. Capacity vs energy subsidies for promoting renewable investment: benefits and costs for the EU power market [J]. *Energy Policy*, 2020, 137: 14.

　[154] Pan G, Gu W, Qiu H, et al. Bi-level mixed-integer planning for electricity-hydrogen integrated energy system considering levelized cost of hydrogen [J]. *Applied Energy*, 2020, 270.

　[155] Pineda S, Bock A. Renewable-based generation expansion under a green certificate market [J]. *Renewable Energy*, 2016, 91: 53 – 63.

　[156] Romanko O, Mausser H. Robust scenario-based value-at-risk optimization [J]. *Annals of Operations Research*, 2016, 237 (1 – 2): 203 – 218.

　[157] Sadeghi S, Jahangir H, Vatandoust B, et al. Optimal bidding strategy of a virtual power plant in day-ahead energy and frequency regulation markets: a deep learning-based approach [J]. *International Journal of Electrical Power & Energy Systems*, 2021, 127: 16.

[158] Sadeghi S, Jahangir H, Vatandoust B, et al. Optimal bidding strategy of a virtual power plant in day-ahead energy and frequency regulation markets: A deep learning-based approach [J]. *International Journal of Electrical Power & Energy Systems*, 2021, 127.

[159] Schusser S, Jaraite J. Explaining the interplay of three markets: green certificates, carbon emissions and electricity [J]. *Energy Economics*, 2018, 71: 1 – 13.

[160] Shang J Y, Jiang X, Gao J F, et al. A new double-market parallel trading mechanism for competitive electricity markets [J]. *Iet Renewable Power Generation*, 2022, 16 (4): 740 – 750.

[161] Shayegh S, Sanchez D L. Impact of market design on cost-effectiveness of renewable portfolio standards [J]. *Renewable & Sustainable Energy Reviews*, 2021, 136: 12.

[162] Shi B B, Li N, Gao Q, et al. Market incentives, carbon quota allocation and carbon emission reduction: Evidence from China's carbon trading pilot policy [J]. *Journal of Environmental Management*, 2022, 319.

[163] Shi J, Ding Z H, Lee W J, et al. Hybrid forecasting model for very-short term wind power forecasting based on grey relational analysis and wind speed distribution features [J]. *IEEE Transactions on Smart Grid*, 2014, 5 (1): 521 – 526.

[164] Shojaabadi S, Galvani S, Talavat V. Wind power offer strategy in day-ahead market considering price bidding strategy for electric vehicle aggregators [J]. *Journal of Energy Storage*, 2022, 51.

[165] Shojaabadi S, Talavat V, Galvani S. A game theory-based price bidding strategy for electric vehicle aggregators in the presence of wind power producers [J]. *Renewable Energy*, 2022, 193: 407 – 417.

[166] Sijm J, Chen Y, Hobbs B F. The impact of power market structure on CO_2 cost pass-through to electricity prices under quantity competition: a theoretical approach [J]. *Energy Economics*, 2012, 34 (4): 1143 – 1152.

[167] Sun C Y, Wei J, Zhao X L, et al. Impact of carbon tax and carbon emission trading on wind power in China: based on the evolutionary game theory [J]. *Frontiers in Energy Research*, 2022, 9.

[168] Sun J, Zhang X, Guo S. Research on power producer's bidding behavior based on the best-response dynamic model [J]. *Journal of Applied Mathematics*, 2014.

［169］ Sun P, Hao X, Wang J, et al. Low-carbon economic operation for integrated energy system considering carbon trading mechanism ［J］. *Energy Science & Engineering*, 2021, 9 (11): 2064 – 2078.

［170］ Suo C, Li Y P, Jin S W, et al. Identifying optimal clean-production pattern for energy systems under uncertainty through introducing carbon emission trading and green certificate schemes ［J］. *Journal of Cleaner Production*, 2017, 161: 299 – 316.

［171］ Tang A, Zhou H, Han T, et al. A chaos sparrow search algorithm with logarithmic spiral and adaptive step for engineering problems ［J］. *Cmes-Computer Modeling in Engineering & Sciences*, 2022, 130 (1): 331 – 364.

［172］ Tan R P, Lin B Q. The long term effects of carbon trading markets in China: evidence from energy intensive industries ［J］. *Science of the Total Environment*, 2022, 806.

［173］ Tsimopoulos E G, Georgiadis M C. Nash equilibria in electricity pool markets with large-scale wind power integration ［J］. *Energy*, 2021, 228: 21.

［174］ Wang H, Zhao X G, Ren L Z, et al. An agent-based modeling approach for analyzing the influence of market participants' strategic behavior on green certificate trading ［J］. *Energy*, 2021, 218: 16.

［175］ Wang J, Guo C, Yu C, et al. Virtual power plant containing electric vehicles scheduling strategies based on deep reinforcement learning ［J］. *Electric Power Systems Research*, 2022, 205.

［176］ Wang L, Li K. Research on renewable energy consumption and emission reduction in power market based on bi-level decision making in China ［J］. *Energy*, 2022, 260.

［177］ Wang N, Liu Z, Heijnen P, et al. A peer-to-peer market mechanism incorporating multi-energy coupled and cooperative behaviors ［J］. *Applied Energy*, 2022, 311.

［178］ Wang Z, Jin X, Zhang T, et al. Expert system-based multiagent deep deterministic policy gradient for swarm robot decision making ［J］. *IEEE Transactions on Cybernetics*, 2022.

［179］ Wu C S, Zhou D Q, Zha D L. The interplay of the carbon market, the tradable green certificate market, and electricity market in South Korea: dynamic transmission and spillover effects ［J］. *Energy & Environment*, 2022, 30: 22 – 32.

[180] Wu S, Xu W, Wang F, et al. Distributed federated deep reinforcement learning based trajectory optimization for air-ground cooperative emergency networks [J]. *IEEE Transactions on Vehicular Technology*, 2022, 71 (8): 9107 – 9112.

[181] Wu Y, Wu J, De G. Research on trading optimization model of virtual power plant in medium-and-long-term market [J]. *Energies*, 2022, 15 (3).

[182] Xu D, Chen Z, Yang L. Scenario tree generation approaches using K – means and LP moment matching methods [J]. *Journal of Computational and Applied Mathematics*, 2012, 236 (17): 4561 – 4579.

[183] Xu L, Di Z J, Chen J H, et al. Evolutionary game analysis on behavior strategies of multiple stakeholders in maritime shore power system [J]. *Ocean & Coastal Management*, 2021, 202: 13.

[184] Yang P, Jiang H, Liu C, et al. Coordinated optimization scheduling operation of integrated energy system considering demand response and carbon trading mechanism [J]. *International Journal of Electrical Power & Energy Systems*, 2023, 147.

[185] Yang S H, Chen C B, Wang L Y, et al. A method for decomposing mid- and long-term trading power curve linked with spot trading [C]. International Conference on Optoelectronic Science and Materials (ICOSM), 2020.

[186] Yang X, Cai Y, Cao Y, et al. The semi-scheduling mode of multi-energy system considering risk-utility in day-ahead market [J]. *Energies*, 2022, 15 (21).

[187] Yan Q Y, Ai X B, Li J M. Low-carbon economic dispatch based on a CCPP – P2G virtual power plant considering carbon trading and green certificates [J]. *Sustainability*, 2021, 13 (22): 12423.

[188] Yu X G, Li G, Cheng C T, et al. Research and application of continuous bidirectional trading mechanism in Yunnan electricity market [J]. *Energies*, 2019, 12 (24).

[189] Yu X Y, Dong Z J, Zhou D Q, et al. Integration of tradable green certificates trading and carbon emissions trading: How will Chinese power industry do? [J]. *Journal of Cleaner Production*, 2021, 279: 123485.

[190] Zhang C, Han Z, Liu B, et al. SCC – rFMQ: a multiagent reinforcement learning method in cooperative Markov games with continuous actions [J]. *International Journal of Machine Learning and Cybernetics*, 2022, 13 (7): 1927 – 1944.

[191] Zhang G, Zhu Y N, Xie T, et al. Wind power consumption model based

on the connection between Mid-and-long-term monthly bidding power decomposition and short-term wind-thermal power joint dispatch [J]. *Energies*, 2022, 15 (19).

[192] Zhang J, Zheng Y N, Yao M T, et al. An agent-based two-stage trading model for direct electricity procurement of large consumers [J]. *Sustainability*, 2019, 11 (18).

[193] Zhang L B, Chen C Q, Wang Q W, et al. The impact of feed-in tariff reduction and renewable portfolio standard on the development of distributed photovoltaic generation in China [J]. *Energy*, 2021, 232: 16.

[194] Zhang L, Liu D Y, Cai G W, et al. An optimal dispatch model for virtual power plant that incorporates carbon trading and green certificate trading [J]. *International Journal of Electrical Power & Energy Systems*, 2023, 144: 10.

[195] Zhang T, Qin Y, Wu W, et al. Research on optimal scheduling in market transaction for the participation of virtual power plants [C]. 6th International Conference on Information Science and Control Engineering (ICISCE), 2019: 841 –845.

[196] Zhang X, Liu X, Zhong J, et al. Electricity-gas-integrated energy planning based on reward and penalty ladder-type carbon trading cost [J]. *Iet Generation Transmission & Distribution*, 2019, 13 (23): 5263 –5270.

[197] Zhang Y F, Li S, Luo T Y, et al. The effect of emission trading policy on carbon emission reduction: Evidence from an integrated study of pilot regions in China [J]. *Journal of Cleaner Production*, 2020, 265.

[198] Zhang Y Z, Zhao X G, Ren L Z, et al. The development of China's biomass power industry under feed-in tariff and renewable portfolio standard: A system dynamics analysis [J]. *Energy*, 2017, 139: 947 –961.

[199] Zhao H R, Wang Y W, Zhao M R, et al. Day-ahead market modeling for strategic wind power producers under robust market clearing [J]. *Energies*, 2017, 10 (7).

[200] Zhao X G, Zhou Y, Zuo Y, et al. Research on optimal benchmark price of tradable green certificate based on system dynamics: a China perspective [J]. *Journal of Cleaner Production*, 2019, 230: 241 –252.

[201] Zhou B, Zhang C, Song H Y, et al. How does emission trading reduce China's carbon intensity? an exploration using a decomposition and difference-in-differences approach [J]. *Science of the Total Environment*, 2019, 676: 514 –523.

［202］Zhou Y, Zhao X G, Jia X F, et al. Can the renewable portfolio standards improve social welfare in China's electricity market？［J］. *Energy Policy*, 2021, 152: 14.

［203］Zhu C P, Fan R G, Lin J C. The impact of renewable portfolio standard on retail electricity market: a system dynamics model of tripartite evolutionary game ［J］. *Energy Policy*, 2020, 136: 13.